AF467582

RACINES HÉBRAIQUES

AVEC

LEURS DÉRIVÉS DANS LES PRINCIPALES LANGUES DE L'EUROPE,

PRÉCÉDÉES

DE L'EXPLICATION DES SYMBOLES

FORMÉS PAR LES DIVERSES COMBINAISONS DES LETTRES HÉBRAIQUES,

ET DE RAPPROCHEMENTS ENTRE LE CHINOIS, L'HÉBREU, LE COPTE ET LE SANSCRIT;

PAR

AD. LETHIERRY BARROIS.

Les langues comme les peuples ont une seule et même origine.

Première Partie.

PARIS.

BROCKHAUS ET AVENARIUS, LIBRAIRES, RUE RICHELIEU, N° 69;

LEIPZIG, MÊME MAISON.

1842

PARIS, IMPRIMERIE ORIENTALE DE Mme Ve DONDEY-DUPRÉ,
RUE SAINT LOUIS, 46, AU MARAIS.

PRÉFACE.

En publiant la première partie de nos Racines hébraïques, nous ne nous dissimulons point qu'elles seront loin de remplir le but que nous nous sommes proposé; il eût fallu pour réussir la connaissance parfaite de toutes les langues que nous voulions comparer; nous n'aurons donc formé qu'un cadre, un modèle qui pourra servir de jalon à ceux qui parcourront la même carrière. Nous avons cherché à réunir toutes les racines; il se trouve par conséquent dans le cours de l'ouvrage beaucoup de mots que les dictionnaires modernes ne donnent pas; souvent le même mot a été employé à dessein, dans le texte et dans le commentaire, avec une terminaison différente, comme עפה et עפא rameau; לבה et להב milieu, etc. Il en est un grand nombre d'autres qui ne se trouvent que dans un seul lexique (יובל , אובל porta; הכיל , האכיל pediculus, etc., n'existent que dans Sébastien Munster). La nomenclature que nous avons adoptée a l'avantage d'offrir de suite toutes les acceptions d'une racine et même tous les mots qui s'en rapprochent; la recherche du verbe n'est ni moins prompte ni moins facile qu'avec l'ordre alphabétique ordinaire; il suffit de prendre le radical formé par les deux lettres dernières en ordre dans l'alphabet : par exemple נבל se trouve après les combinaisons de נ et ל ; למד après les combinaisons de מ et ל ; גבניה , גבן après les combinaisons de ג et נ , etc.

Dans le Discours préliminaire et dans l'Explication des chapitres nous avons essayé de comparer le copte à l'hébreu, quoique cette langue ne dût pas, dans notre plan primitif, faire partie de celles que nous voulions rapprocher; néanmoins la similitude qui existe entre un grand nombre de mots de ces deux langues nous a engagé à revenir sur notre première idée, et à nous servir du copte surtout pour l'explication des symboles, toutes les fois que nous avons trouvé des expressions qui pouvaient s'appliquer justement.

Nous avons aussi tenté un parallèle entre les clefs chinoises et les racines hébraïques et indiennes, mais nous nous sommes peu étendu sur cet objet, notre but ayant été seulement de faire voir qu'un rapprochement entre ces langues n'est pas impossible, et que l'on pourrait, en le poussant plus loin, parvenir à prouver leur origine commune; nous laissons ce travail à de plus habiles que nous.

On avait reconnu avant nous que la langue hébraïque tout entière est symbolique; la Bible, personne ne l'ignore, renferme un sens mystérieux que l'on a cherché à interpréter; mais l'explication de tous les mots eût été sans doute au-dessus de nos forces, et nous nous sommes borné à expliquer les plus importants.

Il nous reste maintenant à signaler les principaux ouvrages dans lesquels nous avons puisé; ce sont les *Racines hébraïques* de Séb. Munster; le *Parallèle des langues de l'Europe et de l'Inde*, par M. Eichhoff; *De l'affinité des langues celtiques avec le sanscrit*, par M. Ad. Pictet; la *Grammaire copte* de M. Rosellini; le *Lexicon linguæ copticæ* de M. Amédée Peyron; *Les symboles des Égyptiens comparés à ceux des Hébreux*, par M. Fréd. Portal; les *Hiéroglyphes* de Pierius et d'Horapollon; l'*Étude des hiéroglyphes* (Paris 1812, 5 vol. in-12); le *Dictionnaire chinois* de Deguignes; le *Dictionnaire grec* de Schrevelius et celui de M. Planche; le *Panorama des langues* de M. l'abbé Latouche; les *Éléments primitifs des langues*, par Bergier; enfin le *Glossarium universale hebraicum* du P. Thomassin, qui nous a été de la plus grande utilité pour le rapport des diverses langues avec l'hébreu.

Malgré les soins que nous avons apportés à la correction des épreuves, il nous est échappé quelques fautes, inévitables dans un travail de ce genre; nous les signalerons dans un errata qui sera joint à la seconde partie de l'ouvrage.

DISCOURS PRÉLIMINAIRE.

L'origine du langage est la question la plus importante que l'on puisse traiter; la religion et l'histoire sont également intéressées à la solution de ce problème. Une grande obscurité règne encore sur le berceau des langues; il n'est cependant pas impossible de se rattacher à quelque étincelle qui semble jaillir de cette profonde nuit; et à force de travaux on est parvenu à reconnaître que toutes les langues ont une même origine, une même source, quoique au premier abord plusieurs d'entre elles semblent s'éloigner du faisceau commun: les mots identiques que l'on retrouve chez les peuples les plus éloignés, chez les Hébreux, les Indiens, les Chinois, etc., ne permettent pas le moindre doute sur ce fait important (*). Il n'y eut donc longtemps qu'une nation, qu'une famille; la parole, ainsi que la lumière du soleil, part d'un point unique, se partage en une infinité de rayons, et se répand sur toute la terre.

Cette similitude des langues a longtemps causé de grandes erreurs; chacun a cru voir la langue primitive dans celle qui lui était familière; l'impossibilité de concilier ces différentes prétentions a fait supposer qu'elles descendent toutes d'un premier idiome monosyllabique inconnu, mais dont on retrouve partout les débris. Il est facile de concevoir que tous les mots possibles peuvent se réduire à des monosyllabes ou plutôt à des racines; il n'est pas nécessaire pour celà de créer une langue dont on n'aurait jamais entendu parler; l'hébreu m'a paru renfermer toutes ces racines.

Je ne discuterai point ici la question de la parenté des langues de l'Orient; les travaux déjà tentés sur ce sujet par les savants n'ont laissé aucun doute sur l'homogénéité de tous les idiomes sémitiques; mais ces travaux partiels ont peu d'étendue et n'embrassent que des rapprochements généraux; il serait à désirer que l'on fit pour l'Orient les mêmes recherches que j'entreprends pour l'Europe. Je passerai donc de suite à l'exposé de mon système hébraïque, et j'essayerai ensuite de rapprocher de l'hébreu les langues sanscrite et chinoise.

Pour mettre au jour tout le génie de la langue hébraïque, j'ai pensé qu'il n'y avait d'autre moyen que de la recomposer, en commençant par la première lettre, l'aleph (א). J'étudie d'abord le caractère de cette lettre et des noms que l'antiquité lui a donnés; j'examine également la valeur de chaque voyelle, puis je cherche leurs différentes combinaisons, et je rapproche des mots qu'elles forment les correspondants grecs et latins. Je suis la même marche pour le beth (ב), et les combinaisons de cette consonne avec les voyelles me donnent un tableau ou cadre de racines; j'obtiens ainsi seize tableaux formés par l'union de chacune des consonnes aux voyelles, qui contiennent les racines de tous les mots hébreux renfermés dans cent quatorze autres tableaux ou combinaisons de consonnes entre elles; j'appellerai ces secondes combinaisons des radicaux, parce qu'elles servent à former les verbes ou mots de trois consonnes. J'aurai donc un total de cent trente chapitres.

Le premier moyen de rendre la pensée, les premières communications d'idées ont dû avoir lieu par la peinture; les hiéroglyphes ont donc précédé les lettres. Le dépôt de ces connaissances primitives a été conservé

(*) « Interprétez comme vous voudrez cette parenté dans les idiomes, toujours vous serez ramené à la nécessité d'une « souche centrale de laquelle sont sortis les rameaux de cet arbre de vie que l'on appelle l'histoire; et cette conclusion, « tirée de ce qu'il y a de plus intime dans le génie de l'homme, s'accorde pleinement avec les traditions primitives, qui « toutes placent à l'origine de chaque race une même société, une même humanité; en sorte que des peuples qui depuis « avaient cru être séparés par toutes les circonstances de l'organisation sociale, subitement rapprochés, ne forment plus « aux yeux de la science et de la religion qu'une même famille. » (Bergier, *Éléments primitifs des langues.*)

par les prêtres égyptiens ; les Chinois, séparés des autres peuples, ont également conservé l'écriture emblématique ; ces figures se sont transformées en chiffres ou caractères faciles à transcrire ; les lettres chaldéennes ou hébraïques portent encore le nom des figures qu'elles représentaient : א chef, bœuf ; ב maison ; ג chameau, etc. Ainsi s'explique le rapport que l'on retrouve entre les symboles égyptiens, les mots ou symboles hébraïques, et les clefs chinoises.

La première lettre א a pris la forme d'une croix ; l'idée de vie est représentée en égyptien par le même signe ☥ ; en chinois la 24ᵉ clef 十 *che* dix, la perfection, l'extrémité ; la 33ᵉ clef 士 *sse* la maîtrise d'un art, les respects dus au maître, ses qualités ; docteur, gouverneur ; אלף chef, bœuf : le premier, le dernier ; איש l'homme ; שיא élévation ; יאש désespoir ; אש être ; ind. AS ; lat. esse. La croix, le signe le plus simple, marque l'unité, la première lettre ; la dernière est encore une croix : ת, תו signe ; en copte ϯ, éthiopien ተ, samaritain ✕, grec τ ; en copte ϯ je suis. Dans les hiéroglyphes égyptiens, l'*a* est quelquefois représenté par une tête ; χαρ, χαρη tête, sommet ; χρεω commander ; χαρ, χηρ mort, destin ; en copte ϣⲁ être, exister, et faire ; ϣ marque du prétérit.

1° א, אלף (ALP) CHEF (1), BOEUF (2), marque l'unité collective : il indique le premier אלף le chef, comme le dernier אלוף (ALUP) le bœuf, l'emblème de la soumission, de l'abaissement : אפל obscurité ; פלח (PLA) servir, être sujet, en opposition à פלח (PLE) décréter ; פלל juger.

2° ה, הא (EA) marque l'ÊTRE, ce qui est. Ch. 1ʳᵉ clef, *ye* ou *y* 一 unité, perfection, droiture ; 10549 *he* briller, resplendissant ; ϵ en copte marque le temps présent.

3° ח, חית (AIT) QUADRUPÈDE. Le quadrupède marque la vie animale : même analogie de vie et animal dans ζωος et ζωον : חיות (AIUT) vie ; חיותא (AIUTA) animal ; animé, animal ; nous distinguons également les mots *être* et *vivre*, ce dernier appartient essentiellement à la nature animale ; ⲱⲛϧ vie, ⲱⲛϧϵ vivre ; ⲉϩⲉ bœuf.

4° ע, עין (OIN) OEIL. La lettre en a pris précisément la forme. Ch. *iane* œil.

5° י, יוד (IUD) MAIN (3). La main indique la puissance : elle marque aussi la diminution : minuo, minus la diminution, le partage (nº 454).

6° ו, וו (UU) CROCHET (4). Son nom et sa forme indiquent son usage, sa signification ; il est une jonction. Ch. 6ᵉ clef 亅 *kioué* croc, arrêt.

(1) Je ne fais pas usage des points-voyelles, suivant en cela l'exemple des pères de l'Église grecque et latine qui n'en ont point parlé, et qui n'expliquaient pas l'Écriture selon la diversité des points. Saint Jérôme dit précisément qu'il n'y avait pas de voyelles dans le mot דבר (DBR), et qu'on le lisait à volonté : si on prononçait *dabar*, il signifiait *discours ;* si on lisait *deber*, on entendait la *peste ;* et si *daber*, c'était *parler.* Toutes les langues qui ont le plus approché de l'hébreu ont été sans points, la samaritaine n'en a pas ; les paraphrases chaldaïques étaient également sans points ; les Persans en ont à peine quelques-uns ; les Arabes n'en ont que trois qui furent inventés après le Coran pour fixer le sens de ce livre ; ils lisaient auparavant avec les mêmes voyelles que les Hébreux. L'usage des points-voyelles dans l'hébreu date du cinquième siècle après Jésus-Christ ; et leur invention est attribuée aux Massorètes de Tibériade. Les Juifs conservent encore et lisent, dans leurs synagogues, une Bible roulée et sans points pour représenter celle de Moïse.

(2) Le symbole du bœuf représente plusieurs idées ; il marque la force, la puissance ; le taureau est le symbole de la génération. (Voyez le chap. 1ᵉʳ et ses explications.) Salvolini donne la forme de l'*aleph* des différents alphabets sémitiques comme étant dérivée de la forme hiératique de l'hiéroglyphe égyptien une tête. Or, le mot אלף signifie en hébreu *chef.*

(3) La forme hiératico-démotique de l'hiéroglyphe l'avant-bras ou la main est évidemment la forme primitive du *iod ;* le mot יוד signifie *main.*

(4) Salvolini donne comme origine du *vav* sémitique la forme hiératique et démotique égyptienne du crochet (autrement appelé *lituus*) ou *v*, et le mot וו signifie *crochet.*

« Les voyelles représentent les tuyaux d'un orgue, *voci* des sons ; mais les consonnes sont les touches, c'est-à-dire le signe de l'intelligence qui articule le cri. » (DE MAISTRE.) Consonne, qui sonne avec.

7° ב, בית (BIT) MAISON, signe paternel et viril, image de l'action de la construction ; je le représente par la préposition απο par, de ; en chinois la 48e clef 工 *kong* artisan, métier, ouvrage.

8° ג, גימל (GIML) CHAMEAU ou bosse, élévation, croissance ; par antithèse, creux, humiliation ; je le rends par συν, ξυν avec.

9° ד, דלת (DLT) PORTE ou entrée, sortie. En grec Δ triangle, symbole de la Divinité ; source des biens et des maux ; εκ, εξ, de.

10° ז, זין (ZIN) TRAIT, GLAIVE, MASSUE, représente la vie active, la chaleur, le bouillonnement, et par antithèse la sécheresse, la destruction, la cessation ; je le rends par εις, ες dans, à, pour. Ch. 100 *seng* 生 naître, vivre, produire, engendrer, croître ; 139 *se* couleur, l'amour, plaisirs de l'amour, figure, mode.

11° ט, טיט (TIT) BOUE, la terre humide, symbole de la végétation ; la boue, la poussière marquent aussi l'abaissement, le rejet. Ch. 32 *thou* la terre et ses qualités ; αντι pour, contre, en place ; cette lettre en grec a le nom du sein et de l'action de téter.

12° כ, כף (CP) PAUME DE LA MAIN (5), qui prend, saisit, contient, et qui lâche, laisse, abandonne ; emblème de la force et de la faiblesse. Ενεκα pour, à cause de. Ch. clef 64 *cheoou* la main ; 113 *chi* avertir, signifier, ordonner.

13° ל, למד (EMD) POINTE POUR ANIMER LE BOEUF AU TRAVAIL. La forme de cette lettre est celle du fouet ; למד apprendre, instruire et étudier ; apprendre : emblème de maître et d'élève. Ch. 5936 *ly* gouverner ; 925 *ly* tâcher, s'efforcer ; élévation, commandement : Υπερ dessus, soumission, bassesse : υπο dessous.

14° מ, מם (MM) TACHE, EAU (6). Signe d'abondance, de réunion, d'amas ; signe collectif, il marque le pluriel. Ch. 2038 *mo* mère ; clef 199 *me* froment, orge ; comme tache, il est manque, défaut, absence ; une tache est un trou, ou du moins en a l'apparence ; je rends מ par μετα avec, entre, dans. Les mêmes lettres donnent τεμω couper. Ch. 1659 *mo* finir, mourir, terme ; clef 80 *mou* mère, la femelle parmi les animaux ; lorsqu'on le prononce *voû*, il signifie non, sans.

15° נ, נון (NUN) POISSON, RACE, LIGNÉE (7) ; נין se propager ; signe augmentatif, production, extension, indiquant aussi l'affirmation, l'existence : נין fils, etc. Ch. 2074 *noû* fils, épouse ; 1876 *nay* lait, mamelle. Par antithèse il marque la diminution, la négation : ינה (INA) abandonner, laisser ; ינה perdre, détruire. Εν dans, avec, entre ; νη particule d'affirmation avec jurement ; νη particule privative. Ch. 99 *ny* cacher, serrer.

16° ס, סמך (SMC) APPUI, FORCE, SOUTIEN, STABILITÉ ; סמך soutenir, appuyer, poser. Σοω garder, sauver : il marque aussi la faiblesse, la fuite, l'extermination ; σοω mettre en fuite ; כמס (CMS) cacher, recouvrir ; je le rends par περι autour.

17° פ, פה (PE) BOUCHE, VISAGE, OUVERTURE ; פה ouverture, os, oris ; פה finis, fin ; פה (PA) exitium. Ch. 1118 *pa* bouche ouverte ; κατα vers, avec, à cause, dans.

18° צ, צדי (TSDI) LES CÔTÉS : la coupure, la scission, la séparation, la pousse qui perce et se fait jour ; il marque aussi le départ, la privation, la mort : צ δια par, à travers ; il dérive du ס et du ז.

(5) Le *k* reçoit le nom de *kaph*, qui signifie *paume ;* en égyptien la paume reçoit aussi le nom de GOP ou KOP, KAP ou KAPH, et elle pouvait représenter la même consonne *k*.

(6) Le signe hébreu de la consonne *m* qu'on nomme *mim* ressemble à la forme hiératique de l'hiéroglyphe un bassin d'eau, M, abréviation habituelle dans les textes du mot égyptien *mou* l'eau ; le mot hébreu מים signifie *eau*.

(7) En hébreu, la lettre *n* recevait le nom de *noun*, qu'on explique dans les langues sémitiques par *poisson ;* l'image d'une espèce de poisson exprimait en Égypte la même lettre ; le signe de l'eau était aussi le caractère le plus généralement employé pour représenter la consonne N, et l'on sait que l'eau se nommait *noun* dans l'ancien égyptien, d'où peut-être est dérivé le sémitique *noun*. (Pour cette note et les précédentes, voyez Salvolini, *Analyse des textes égyptiens*, p. 87 et 88.)

19° ק, קוף (QUP) SINGE. קוף tourner autour, d'où תקופה circuit, contour; פוק (PUQ) redundavit regorger; פוק eduxit faire sortir, tirer dehors, signe compressif, astringent, agglomérant; פוק consummavit consommer: faiblesse, ténuité, consomption; ce caractère approche du ב; je le rends par επι dessus, au-dessus, devant, dans; επι contre, à l'opposé, après, sous.

20° ר, ריש (RICH) TÊTE; ראש (RACH) tête, sommet, somme, mouvement, cours, impulsion; ראש fiel, aigreur, pauvreté, misère, obscurité; ריש pauvreté, image du renouvellement des choses quant à leur mouvement. Ανα par, entre, dans; ανα contre, près, à l'opposé, en arrière; ἄνα mouvement de bas en haut, réduplication.

21° ש, שין (CHIN) DENT. « ש représente la partie de l'arc d'où la flèche s'élance en sifflant. » (Fabre d'Olivet.) C'est la vie ou le feu, la flamme, l'impulsion. אש (ACH) feu; איש être, יש il est; אנש (ANCH) homme: נשא (NCHA) porter, exalter. Ch. clef 158 *chin* moi, moi-même, le corps, la personne; clef 60 *sin* le cœur. Les dents représentent aussi la haine, la séduction: שנא (CHNA) haïr; נשא (NCHA) errer, séduire; ש αμφι par, à cause, autour, environ: αμφι contrà. Οι αμφι Πριαμον, ceux autour de Priam, pour dire ipse Priamus, Priam.

22° ת, תו (TU) TERME, BORNE: signe, marque, réciprocité; תו signum: 1596 *to* but; 104 *ta* lui, elle, il; 2521 *tou* mesure. Προ devant, vis-à-vis, pour, à cause.

« Tels sont les caractères ou plutôt les images qui dans le principe ont figuré la parole; leur forme simple « et presque composée de lignes droites rappelle des temps primitifs; plus les temps s'éloignent, et plus les « nouveaux chiffres ou caractères s'arrondissent pour la facilité de leur transcription. » (Fabre d'Olivet.) On reconnaîtra que leurs traits ont quelque rapport à la signification que je leur prête: ע, ו, ז, כ, ל, פ, ש, sont parlants; d'ailleurs l'antiquité leur a laissé des noms qui ne permettent aucun doute sur leur valeur. J'ai représenté chaque lettre par une préposition grecque, pour pouvoir combiner les prépositions suivant la combinaison des lettres et obtenir des mots équivalents (8 et 9).

La signification des lettres établie, j'arrive aux racines. « Une racine ne peut jamais être que monosylla-

(8) Pour prouver que le mot απο est bien celui qui correspond à ב, il suffit de remarquer que toutes les racines produites par ב se retrouvent avec le π ou le φ: א ב (je, par) *ego ab* ou *abeo, obeo* (*ego* correspondant à εω je vais; εὼ, subj. de ειμι je suis; hongrois ba; anglais, saxon be; all. bey; suédois be dans, de, par.

בא, בוא aller, venir; φαω briller, resplendir.	בא, בוא tuer; φαω id.
אב père; αππα id.	איב ennemi; αφη coup; βια violence.
הבה *eya* allons; βα voix; φαω dire.	חבא cacher; φαιος sombre.
אבה vouloir; αφη tact.	בעה ulcérer; אבעבעות inflammations, pustules; αφθαι.
אבה fleur, fruit; φυος fruit, germe.	ביב creux, cave; חוב faute; φυση vessie, souffle, φυσημα.
עב dense, gras; φυσιαω enfler, etc.	אוב magie, etc.

La préposition *per* en latin, d'où découleraient les *parco*, les *fero*, les *pereo*, rendrait les mêmes idées; les racines formées par la lettre ב jointe aux voyelles ressortent de la nature même de cette consonne.

(9) Mêmes remarques pour le נ rendu par συν, ξυν, le ν et le γ se substituant ainsi que le σ et le τ: συννεω rassembler en tas; ξυνοω joindre, et en opposition νυσσω blesser, piquer, etc.

גו corps; γυιον, γυια, corps.	גו milieu, intérieur; גיא vallée; γυα, γυια champ, fosse.

Je dois faire remarquer que plusieurs mots hébreux correspondent au même mot grec et réciproquement: αγω, par exemple, correspond à עשה faire, opérer; à חקק statuer, décréter; à יגע travailler, etc.

Exemples de la composition des mots.

ד joint à א et aux autres voyelles donne אד source, et une suite de racines dont le tableau se trouve au chapitre x; par la réunion d'une de ces racines avec une autre du chapitre VII, on obtient, en élidant une ou deux voyelles, un nouveau mot de deux ou trois lettres. Ex.: de עב poutre et de יד main se forme בד poids; בד levier, soutien; דבא force. Dans le sens opposé: de בא, בוא tuer, איב ennemi, חבא cacher, et de אד perdition, עד proie, עוד outre, au-delà, etc., l'on déduira אבד périr, דוב ours, דבא vieillesse, בד le milieu de l'enfer, etc. (Voy. chap. XI.)

De גו corps, גאה s'élever, se gonfler, et de והב masse, יהב poids, charge, on tire גב corps, dos; גבע colline, et

« bique ; elle résulte de la réunion de deux signes ou lettres; un seul signe ne saurait constituer une racine, « parce que l'idée fondamentale qu'il renferme n'étant pour ainsi dire qu'un germe, attend pour se déve- « lopper l'influence d'un autre signe; l'hébreu n'est composé que de racines monosyllabiques s'attachant « toutes à un petit nombre de signes. » (Fabre d'Olivet.) Pour connaître à fond l'hébreu, il suffira d'étudier les seize tableaux de racines : la combinaison du ב et des voyelles donne la première racine ou le premier symbole dont les diverses acceptions forment le chapitre VII, etc.

Le radical, formé de la combinaison de deux racines, sert de la même manière à la formation du verbe. Le verbe et le nom sont un seul et même mot : אמר (AMR) parler, אמר parole, *verbum* dans toute la force de son expression. L'hébreu reconnaît trois temps : le futur, le présent, le passé. Le futur א פקד je visiterai; le présent : infinitif, פקד (PQD) visiter ; פקד visite, et le participe présent, פקיד visitant; le passé, פקדא (10) j'ai visité; participe passé, פקיד visité. Nous n'avons aussi dans nos verbes que ces mêmes temps; les autres sont dus aux verbes auxiliaires, car l'imparfait *j'aimais* peut se rendre par *j'ai été aimant*, et le conditionnel *j'aimerais* par *je serais aimant*. L'infinitif et le nom ou substantif étant le même mot, le dernier est presque seul employé, ce qui fait dire que l'hébreu n'a que deux temps : le passé et le futur. La réflexion nous prouve que le présent est bien près du passé, le présent est insaisissable, déjà il n'existe plus; aussi notre indicatif présent est défectueux, il indique plutôt le futur et le passé. *Je lis des livres* signifie *j'ai lu* et *je lirai*; les Anglais ne disent point *je lis*, mais *je suis lisant*; les Hébreux font de même. Voici un exemple qui prouve que les auxiliaires dont nous faisons un si grand usage peuvent être sous-entendus sans nuire à la clarté du discours : « In principio « creans Deus cœlum et terram; terra autem existens inanis et vacua, et tenebræ super faciem abyssi, et « spiritus Dei agitans se vel flans super aquam; et, dicente Deo, esto lux, lux existens, etc. Gen. I, 6 : esto « dividens pour *dividat;* Deut. IX, 24 : fuistis rebellantes pour *rebellastis;* Néhém. I, 4 : fui jejunans pour « *jejunavi;* Exode, XXIII, 19 : ecce ego mittens pour *mitto;* Ex. XIII, 21 : et Dominus antecedens eos pour « *antecessit* ou *antecedebat;* Gen. VI, 17 : ecce ego adducens diluvium pour *adducam;* Ps. LXVIII, 4 : in « generatione alterâ narrantes pour *qui narrabant*, etc. » (*Eléments primitifs des langues*, IVe dissertation.)

La conjugaison hébraïque, syriaque, chaldéenne et arabe, est formée par les pronoms que l'on place avant ou après le radical du verbe. Ex. : קטלתי j'ai tué, קטלת tu as tué, קטל il a tué, קטלנו nous avons tué, קטלתם vous avez tué, קטלו ils ont tué.

	לוהתי ou לוה-א je prête (11).	לוה-ת	לוה-ה ·לוה	לוה-נו	לוה-תן לוה-תם	לוה-ו
(12) Indien	LAY-AMI je dissous.	LAY-ASI.	LAY-ATI.	LAY-AMAS.	LAY-ATHA.	LAY-ANTI.
Grec	λύ-ω je délivre.	λυ-εις.	λυ-ει.	λυ-ομεν.	λυ-ετε.	λυ-ουσι, -οντι.
Latin	lu-o.	lu-is.	lu-it.	lu-imus.	lu-ite.	lu-unt.
Français	lav-e.	lav-es.	lav-e.	lav-ons.	lav-ez.	lav-ent.
Anglais	lav-e.	lav-est.	lav-es.	lav-e.	lav-e.	lav-e.
Allem.	laug=:.	laug=est.	laug=et.	laug=en.	laug=et.	laug=en.
Russe	лї-ю.	лї-емь.	лї-ем'ъ.	лї-ем'ъ.	лї-еме.	лї-юм'ъ.

par antithèse de נו milieu, גוה gaîne; חגה fente, coupure, et de ביב creux, cave, בהו vide, on peut tirer גב, גבא fosse, citerne; גוב puits; גביע coupe, cratère, etc.

Les mots composés de deux consonnes se combinent encore bien plus facilement. Ex. : טל rosée et טבע plonger donnent טבל teindre, baptiser; בל non, טב b..n, donnent לבט être pervers; de בד menteur et גב fosse se forme בגד tromper, prévariquer, etc. Je donne donc à chaque mot deux racines; toutes ne seront pas aussi justes, mais elles serviront néanmoins à prouver la vérité incontestable du principe.

(10) Le futur étant אקטל, le passé devrait être קטלא, puisque le pronom suit le verbe pour marquer le prétérit. Mais voyez le verbe secondaire copte, où le pronom Ꮖ je, devient Ϯ je suis; Ⲉ tu au féminin devient ⲦⲈ tu es. Par analogie, l'hébreu au prétérit change א en תי : קטלתי j'ai tué, קטלת tu as tué; לוהתי j'ai prêté, etc.

(11) Voyez à la suite du verbe copte le motif qui me fait marquer indifféremment je prête ou j'ai prêté.

(12) Ces exemples et les suivants sont extraits du *Parallèle des langues* de M. Eichhoff.

DÉSINENCES TEMPORELLES.

Indicatif présent, voix active.

Indien	MI.	AMI.	Grec	μι.	ω.	Latin	m.	o.
	SI.	ASI.		ς.	εις.		s.	is.
	TI.	ATI.		σι.	ει.		t.	it.
	MAS.	AMAS.		μεν.	ομεν.		mus.	imus.
	THA.	ATHA.		τε.	ετε.		tis.	itis.
	NTI.	ANTI.		ντι.	ουσι.		nt.	unt.
	VAS.	AVAS.						
	THAS.	ATHAS.		τον.	ετὸν.			
	TAS.	ATAS.		τον.	ετον.			

Ces désinences jointes au radical fixe sont évidemment la représentation des pronoms א, ת, י ou ה, נו, תם ou תן, ו, je, tu, il, nous, vous, ils. La conjugaison hébraïque peut donc être regardée comme le type ou modèle de toutes les autres (13). Il n'y a de différence entre les verbes des diverses langues que la place qu'occupe le pronom avant ou après le radical, et les temps formés par les auxiliaires.

La déclinaison est précisément construite de la même manière.

	Nominatif.	Génitif.	Datif.	Accusatif.	Vocatif.	Ablatif.
Indien.	PALL-I.	PALL-YAS.	PALL-YAI.	PALL-IN.	PALL-I.	PALL-YA.
Grec.	πολ-ις.	πολ-εος.	πολ-ει.	πολ-ιν.	πολ-ι.	
	κεφαλ-η.	κεφαλ-ης.	κεφαλ-η.	κεφαλ-ην.	κεφαλ-η.	
Latin.	domin-us.	domin-i.	domin-o.	domin-um.	domin-e.	domin-o.
Allemand.	mann.	mann-es.	manne.	mann.		mann-e.
Russe.	чадо l'enfant.	чад-а.	чад-у.	чад-о.	о чад-ь.	чад-омэ.

Les Hébreux ont donc raison d'appeler verbe le nom substantif : conjuguer et décliner sont même chose ; nos déclinaisons françaises sont absolument les mêmes que celles hébraïques.

Le seigneur בעל (BOL), au seigneur לבעל, le seigneur את בעל, du seigneur מבעל ; ce sont les prépositions le, du, au, את, מ, ל jointes au nom invariable. L'italien, l'espagnol ont adopté ce mode en donnant seulement une terminaison en *i* ou en *e* au pluriel.

Le parfait des verbes grecs a été formé par la répétition de la première lettre du radical ; cette répétition se nomme redoublement : λυω, λελυκα ; τιω, τετικα ; τυπτω (τυπω), τετυφα ; δηλοω, δεδηλωκα ; φιλεω, πεφιληκά, etc. Le redoublement indique qu'une chose non-seulement est faite, mais qu'elle continue à se faire ; dans l'hébreu le redoublement d'une lettre exprime la fréquence, l'accélération, l'empressement ; en copte, le redoublement du radical augmente la signification de la racine. (Voyez l'explication du chap. VI.)

(13) « La conjugaison est née dans la formation du langage de l'adjonction des pronoms personnels à la syllabe « radicale de chaque verbe ; son expression abrégée, dont il reste des traces dans tous les idiomes, est *m* pour la pre- « mière personne du singulier et du pluriel, *s* et *t* pour la deuxième, *t* et *nt* pour la troisième représentée par le pro- « nom démonstratif. Mais ces traces deviennent plus évidentes encore à mesure qu'on remonte dans l'antiquité, jusqu'à « ce qu'on les trouve résumées dans le verbe substantif indien, dont le radical AS, joint aux terminaisons pronomi- « nales, suffit pour expliquer presque tous les temps des verbes tels que chaque conjugaison spéciale les complique et « les diversifie. Au milieu de cette multitude de formes, la flexion fondamentale n'en est pas moins la même, et toutes « les analogies partielles s'assimilant à différents degrés, laissent clairement entrevoir l'idée mère qui a conçu la con- « jugaison européenne. » (EICHHOFF, *Introduction au parallèle des langues de l'Europe et de l'Inde.*)

Exemple : הוא (EUA) celui-ci, celle-là.	הוה (EUE) il fut.
יש (ICH) il est.	שש, שוש (CHUCH) se réjouir; ישיש vieux.
רי (RI) irrigation.	ריר (RIR) salive; רור (RUR) cracher, avoir la pituite.
יצא (ITSA) sortir.	צאצאים (TSATSAIM) productions, enfants; ציץ (TSITS) fleurir;
	סוס, סיס (SUS, SIS) cheval, hirondelle.
ים (IM) mer.	ימים (IMIM) les eaux, les jours.
ינה (INA) placer, asseoir.	נין (NIN) race; נון (NUN) reproduire, faire race.
	דוד (DUD) amour; דוד troubler.
	התת (ETT) se jeter sur; טאטא (TATA) balayer.
En copte ⲁⲓ (AI), faire, être, vivre.	ⲁⲓⲁⲓ croître; ⲁⲓⲁⲓ augment.

Le redoublement marque donc une action qui se fait avec vivacité, comme dans *factito* faire souvent, donc une action qui est déjà presque faite. En latin, le parfait *amavi* pour *am-habui*; *audivi* pour *aud-ivi* : *ivi*, qui a formé tous les parfaits de même que *eo* les présents (*i-ui*), n'est autre que הוה ou le prétérit, la répétition / הה (aa) la chaîne, le redoublement; image du temps qui s'écoule, qui termine sa course *præter-it*. En latin, *feci* a dû suivre la même règle, *ii* se contractant en *i*; on trouve encore dans les anciens livres *audii*, au lieu de *audivi*; λυεω s'est contracté en λυω, lat. *lu-eo* en *luo*, *am-eo* en *amo*, *am-ivi* en *amavi*, etc. (Voyez la règle des contractions grecques εω en ω, ει en ι, etc.) En indien, le parfait prend également le redoublement : ASA, parfait ou prétérit de AS être; LILAY A, parfait du verbe LI dissoudre. En français *j'aimais* ou *j'ai aimé*, l'auxiliaire remplace הוה (EUE); en espagnol on se sert de l'auxiliaire *haber*, en allemand de *haben*, en anglais de *to have*, en hébreu רחמתי (RAMTI) aimer je : le pronom suit le verbe, de même qu'il le précède pour le futur א רחם j'aimerai; je aimer, les Indiens ont fait LAI SYAMI, LAI SYASI, les Grecs λυ-σω, λυ-σεις, les Français lave-rai, laveras; la désinence tirée de *ero*, *eras* comme en grec ορα-σω; la désinence de σοω conserver, garder sain et sauf : λυσοω je reste pour délier : le futur d'ειναι être est εσομαι, εση (εσεσαι), εσεται : de l'indien AS, ASYAMI, SYASI, SYATI : de ιημι envoyer, ησω, ησεις, ησει. En italien, *saro* vient de *ess-ero*, *avrei* de *hab-ero*, *intendero* de *intend-ero*, comme ich werde haben, comme en latin *amabo*, *am-ibo* composé du radical *i*, *eo*, *ire*, et du présent βω, de βαω je marche, je vais venir, je marche à être, je serai; cette même formation est applicable aux futurs *audiam*, *legam*, etc. ; l'impératif dans toutes les langues est le radical prononcé avec le ton du commandement. (Voyez pour les autres temps l'*Essai de grammaire générale* faisant suite aux *Éléments primitifs des langues*, de Bergier, pages 286 et 287. Besançon, 1837.)

Le verbe passif φιλ-εω-μ-αι amour suis moi fait, je suis aimé, est une imitation de התאהב il s'est aimé lui-même ; הת terminaison adverbiale ajoutée au pronom הוא, היא il, elle, d'où le mot *hithpael*, הת פעל lui-même fait. « Dans toutes les langues modernes, les verbes passifs ne se forment que par le verbe *être* accompagné du « participe passif; il en fut de même chez les Grecs et les Latins pour la plupart des prétérits passifs; mais « tous les autres temps se sont formés comme les actifs par l'addition du verbe *être* à la fin de la racine.

DÉSINENCES DES INDICATIFS PRÉSENTS VOIX MOYENNE ET PASSIVE.

Indien.		Grec.		Latin.
AI,	AI,	ομαι,	μαι,	or.
SAI,	ASAI,	η (εσαι),	σαι,	eris.
TAI,	ATAI,	εται,	ται,	itur.
MAHAI,	AMAHAI,	ομεθα,	μεθα,	imur.
DHVAI,	ADHVAI,	εσθε,	σθε,	imini.
ATAI,	ANTAI,	ονται,	νται,	untur.

« εω, εις, ει ; *eo*, *is*, *it*, sont la forme active; εομαι, εσαι, εται ; *ior*, *iris*, *itur*, sont la forme passive du verbe *être*; « et tandis qu'en français le radical et l'auxiliaire varient, en grec l'auxiliaire seulement change de forme. « Mais comment admettre dans le verbe *être* un actif et un passif, je répondrai qu'il ne s'agit pas de contester,

« mais d'accepter un fait : qu'en grec le verbe *être* a conservé à l'état simple la forme active au présent et au « passé, et la passive au futur ; qu'en latin se trouve pareillement encore à la forme passive *itur, itum est.*

« En grec et en latin comme en hébreu et en indien, le radical n'est pas plus actif que passif, il indique « une action ; c'est l'auxiliaire modificateur qui est chargé d'exprimer si elle est reçue ou produite. » Ainsi, un verbe peut se conjuguer de différentes manières en hébreu sans que le radical change. La première s'appelle *kal*, c'est-à-dire simple et légère, parce qu'elle n'a aucune lettre figurative ajoutée ; la première conjugaison passive qui répond à cette première active s'appelle *niphal*, parce qu'au prétérit et au participe *pahul* elle a un *nun* en tête ; les autres modes de conjugaison s'appellent *pihel*, *puhal*, *pohel*, *hiphil*, *hophal* et *hithpael*, de פעל faire, πολεω.

L'école de Masclef ne reconnait que quatre formes de conjugaison : la première sans addition קטל il a tué ; son passif se forme en préposant נ ; la deuxième *phiel* prend pour caractéristique un *daghesch* dans la seconde radicale, et marque une action plus intense et plus fréquente : פקד il a visité instamment ; son passif conserve également le daghesch ; la troisième fait précéder la racine de ה, elle exprime une action de commandement, d'exhortation : הפקיד il a fait visiter, au passif הפקד il a été fait visiter ; enfin la quatrième conjugaison hithpael a pour caractéristique un daghesch dans la seconde radicale, et la particule הת est préposée ; elle exprime une action réciproque ; au passif התפקד il s'est visité lui-même. Le radical ne change point, il n'y a donc, à proprement parler, qu'une seule conjugaison sous quatre formes différentes, en indien, en grec, sous quatre voix : active, passive, moyenne et réfléchie.

Les lois grammaticales sont faciles ; la seule difficulté qu'offre l'étude de la langue hébraïque provient des élisions ou retranchements de lettres, qui s'expliquent toutes par les lois de l'euphonie. Le féminin est constamment terminé en ה, en ת, rarement en ית ; le masculin pluriel en ים, le féminin en ות ; les adjectifs suivent tous les lois des substantifs ; le pronom את, אתה (AT, ATE) tu, vient de ת, תו (T, TU) signe, d'où *tutoyer ; tu, toi ;* אתם, אתן (ATM, ATN) vous, ם et ן étant les indices des pluriels masculins et féminins.

Les pronoms personnels ont les mêmes rapports dans toutes les langues.

Hébreu	אנכי, אני, je, moi.	את, אתה tu.	אנו, נו nous,	אתם, אתן vous.	יש il est, ils sont.	מה, מהי, מה qui, lequel.	כי parce que.
Copte	ⲁⲛⲕ je.	ⲛ̀ⲑⲟⲕ tu.	ⲁⲛⲛ̀ nous.	ⲛ̀ⲑⲱⲧⲉⲛ vous.	ⲥⲉ ils, elles.	ⲉ̀ⲙⲟⲓ moi.	
Indien	AHAN je.	TVA, TE tu.	NAS nous.	TVAN te, toi.	SVAYAN se, soi.	MA moi.	KAS, KA que.
Grec	εγω.	τυ et συ.	νωι.			με, εμε.	
Latin	ego.	tu.	nos.		se.	me.	qui, quæ, quod.
Allem.	ich.	du.			sich.	mich.	
Esp.	yo.	tu.	nos.		se.	me.	
Russe	азъ.	ты.	нас.		себя	меня.	кой, коia, кое (quo d).

Dans la déclinaison copte comme dans les déclinaisons hébraïque, chaldéenne, arabe, éthiopienne, le nom reste fixe ; les cas sont marqués par les articles préfixes (14).

	SINGULIER.		PLURIEL.	
Nom.	ⲡⲓ-ⲣⲱⲙⲓ	l'homme.	ⲛⲓⲣⲱⲙⲓ	les hommes.
Gén.	ⲛ̀ⲧⲉⲡⲓⲣⲱⲙⲓ		ⲛ̀ⲧⲉⲛⲓⲣⲱⲙⲓ	
Datif	ⲉ̀ⲡⲓⲣⲱⲙⲓ		ⲉ̀ⲛⲓⲣⲱⲙⲓ	
Accus.	ⲛ̀ⲡⲓⲣⲱⲙⲓ		ⲛ̀ⲛⲓⲣⲱⲙⲓ	
Voc.	ⲱ ⲡⲓⲣⲱⲙⲓ		ⲱ ⲛⲓⲣⲱⲙⲓ	

(14) Il y a cependant des exceptions, et un grand nombre de noms changent de désinence au pluriel ; mais il est impossible de fixer des règles à ces changements, qui se font d'une manière très-irrégulière.

Au lieu d'ablatif on prépose les mots ⲉⲃⲟⲗ, ϧⲉⲃⲟⲗϩⲉⲛ, ϧⲉⲛ, comme ⲉⲃⲟⲗⲡⲓⲣⲱⲙⲓ, et au pluriel ⲉⲃⲟⲗ, ϧⲉⲛ. — L'article ⲡⲉ ou ⲡⲓ désigne le singulier masculin; ⲛⲓ le pluriel.

Quelques monosyllabes ont formé dans la langue égyptienne un verbe substantif primaire qui indique en même temps le temps présent et passé, mais qui est variable selon son sujet. Si le sujet est du genre masculin et du nombre singulier on emploie ⲡⲉ; s'il est singulier féminin ⲧⲉ; et on se sert de ⲛⲉ pour le pluriel des deux genres. Ex. : ⲡⲉ il est ou il fut; ⲧⲉ elle est ou elle fut; ⲛⲉ ils ou elles sont ou furent. C'est ce qu'on appelle temps variable, et cette forme est commune aux trois dialectes. Quelquefois le verbe est sous-entendu.

		PRÉSENT ET PRÉTÉRIT.	PRÉSENT ANTÉRIEUR OU IMPARFAIT.
Sing. 1.		ⲁⲛⲕ ⲡⲉ je suis ou je fus.	ⲛⲉ ⲁⲛⲕ ⲡⲉ j'étais.
2.	masc.	ⲛ̀ⲧⲁⲕ ⲡⲉ	ⲛⲉ ⲛ̀ⲧⲁⲕ ⲡⲉ
	fém.	ⲛ̀ⲧⲟ ⲧⲉ	ⲛⲉ ⲛ̀ⲧⲟ ⲧⲉ
3.	masc.	ⲛ̀ⲧⲟϥ ⲡⲉ	ⲛⲉ ⲛ̀ⲧⲟϥ ⲡⲉ
	fém.	ⲛ̀ⲧⲟⲥ ⲧⲉ	ⲛⲉ ⲛ̀ⲧⲟⲥ ⲧⲉ
Plur. 1.		ⲁⲛⲛ ⲛⲉ	ⲛⲉ ⲁⲛⲛ ⲛⲉ
2.		ⲛ̀ⲧⲱⲧⲛ ⲛⲉ	ⲛⲉ ⲛ̀ⲧⲱⲧⲛ ⲛⲉ
3.		ⲛ̀ⲧⲟⲟⲩ ⲛⲉ	ⲛⲉ ⲛ̀ⲧⲟⲟⲩ ⲛⲉ

Pour le présent antérieur ou l'imparfait, on fait précéder de ⲛⲉ. Ex. : ⲛⲉ ⲁⲛⲕ ⲡⲉ j'étais, etc.

Si après ⲡⲉ, ⲧⲉ, ⲛⲉ suit la particule ⲁⲛ, le verbe substantif prend la forme négative ⲁⲛⲕ ⲡⲉ ⲁⲛ je ne suis point, etc.

Mais pour éviter la fréquente répétition des pronoms, les Égyptiens usèrent de deux moyens. D'abord au lieu de ⲁⲛⲕ, ⲛ̀ⲧⲁⲕ, ⲛ̀ⲧⲟ, ⲛ̀ⲧⲟϥ ils firent précéder du simple pronom ⲓ, ⲕ, ⲉ, ϥ, ⲥ, ⲛ, ⲧⲛ et ⲟⲩ, l'attribut du verbe en lui préposant le verbe substantif ⲡⲉ, qui même improprement fut employé au féminin singulier et aux pluriels. Il faut seulement remarquer que la terminaison du radical se modifie devant les suffixes. Ex. : ϫⲱ disant, ϫⲁ, ϫⲉ (et même ϫⲏ selon la nature du dialecte.)

Sing. 1.		ⲡⲉϫⲁⲓ	je dis ou j'ai dit.
2.	masc.	ⲡⲉϫⲁⲕ	
	fém.	ⲡⲉϫⲉ	
3.	masc.	ⲡⲉϫⲁϥ	
	fém.	ⲡⲉϫⲁⲥ	
Plur. 1.		ⲡⲉϫⲁⲛ	
2.		ⲡⲉϫⲱⲧⲛ	
3.		ⲡⲉϫⲁⲩ	

De cette manière, le verbe primitif ⲡⲉ fut adjoint à la plupart des noms; mais comme par ce moyen il était difficile d'exprimer les modifications des autres temps, par la suite cet usage se perdit : on omit le verbe substantif ⲡⲉ et on le remplaça par les simples pronoms, dont le sens fut amplifié pour signifier l'être, l'existence, avec leur attribut respectif. Plusieurs de ces pronoms ont pris une nouvelle forme avec ce nouveau sens : ⲓ̀ je, prit la lettre euphonique ⲧ et devint ϯ; ⲉ tu, fém. ⲧⲉ; ⲛ nous, ⲧⲛ̀ ou ⲧⲉⲛ; ⲧⲉⲛ ou ⲧⲛ̀ vous, devint ⲧⲉⲧⲉⲛ ou ⲧⲉⲧⲛ̀; enfin ⲟⲩ eux, elles, fut changé en ⲥⲉ, seulement ϥ il, et ⲥ elle, n'éprouvèrent aucun changement.

Ainsi de simples pronoms dont on changea la nature et la forme, on fit un nouveau verbe substantif marquant l'existence présente, qui devint commun aux trois dialectes et que l'on appela secondaire; on en forma le futur en y ajoutant le nom qualificatif ⲛⲁ allant. Ex. : ϯⲛⲁ je suis allant être (je serai).

		TEMPS PRÉSENT.	TEMPS FUTUR.
Sing.	1.	ϯ je suis.	ϯⲛⲁ je serai.
	2.	ⲕ	ⲕⲛⲁ
	fém.	ⲧⲉ	ⲧⲉⲛⲁ
	3.	ϥ	ϥⲛⲁ
	fém.	ⲥ	ⲥⲛⲁ
Plur.	1.	ⲧⲛ̀	ⲧⲛ̀ⲛⲁ
	2.	ⲧⲉⲧⲛ̀	ⲧⲉⲧⲛ̀ⲛⲁ
	3.	ⲥⲉ	ⲥⲉⲛⲁ

Maintenant il suffit d'ajouter le radical fixe que l'on veut conjuguer.

PRÉSENT.	FUTUR.
ϯⲧⲱⲙ je ferme.	ϯⲛⲁⲧⲱⲙ je fermerai.
ⲕⲧⲱⲙ	ⲕⲛⲁⲧⲱⲙ
ⲧⲉⲧⲱⲙ	ⲧⲉⲛⲁⲧⲱⲙ
ϥⲧⲱⲙ	ϥⲛⲁⲧⲱⲙ

Les verbes substantifs premiers et secondaires ne donnaient que le présent, le prétérit, le présent antérieur et le futur; pour marquer les autres temps, les Égyptiens formèrent un nouveau verbe substantif qu'ils appelèrent auxiliaire. Trois formes le distinguent : l'affirmative, la négative et la transitive. Il a cinq modes : l'indicatif, le subjonctif, l'hypothétique, l'impératif et l'infinitif.

Les temps sont : le présent, le prétérit et le futur.

Les marques caractéristiques des temps simples ou composés sont ⲉ, ⲁ, ⲛⲉ et ⲛⲁ.

ⲉ indique le présent indéfini.

ⲁ le prétérit indéfini.

ⲛⲉ nous avons déjà vu (page ix) qu'il marque le présent antérieur ou imparfait.

ⲛⲁ le futur défini.

Les éléments de ce verbe substantif auxiliaire sont les simples pronoms ⲓ̀ je; ⲕ tu, fém. ⲉ; ϥ il, ⲥ elle; ⲛ nous; ⲧⲉⲛ vous; ⲟⲩ ils, elles, qui désignent en même temps la personne, le genre et le nombre. On préfixe seulement à ces pronoms la caractéristique du temps que l'on veut avoir, ⲉ, ⲁ; ⲛⲉ, ⲛⲁ. Cependant pour la grâce de la composition, ces pronoms éprouvent quelques variations : ⲉ se transforme en ⲣ̀ dans le dialecte thébain, ⲧⲉⲛ en ⲣⲉⲧⲛ̀, ⲟⲩ en ⲩ. Trois temps qui ont la forme d'indicatifs s'appellent primitifs, parce que tous les autres temps composés en dérivent, quoique de diverses manières : 1° le présent défini, qui est le verbe substantif secondaire cité plus haut; 2° le présent indéfini, qui consiste dans le simple pronom avec la caractéristique préfixe de ce temps, ⲉ. Ex. : ⲉⲓ signifie existant moi *ou* je; ⲛ̀ ou ⲉⲛ existants nous, que l'on traduit par je suis, nous sommes; 3° le prétérit indéfini, qui n'est autre que le présent indéfini seulement avec la caractéristique ⲁ remplaçant ⲉ.

		PRÉSENT INDÉFINI.	PRÉTÉRIT INDÉFINI.
Sing.	1.	ⲉⲓ je suis.	ⲁⲓ je fus.
	2.	ⲉⲕ	ⲁⲕ
	fém.	ⲉⲣⲉ	ⲁⲣⲉ
	3.	ⲉϥ	ⲁϥ
	fém.	ⲉⲥ	ⲁⲥ
Plur.	1.	ⲛ̀	ⲁⲛ
	2.	ⲉⲣⲉⲧⲉⲛ̀	ⲁⲣⲉⲧⲉⲛ̀
	3.	ⲉⲩ	ⲁⲩ

ⲛⲉ caractéristique de l'imparfait étant préposé au présent indéfini ⲉⲓ, on a ⲛⲉ-ⲉⲓ, ⲛⲉ-ⲉⲕ, ⲛⲉ-ⲉⲣⲉ, que l'on élide en ⲛⲉⲓ, ⲛⲉⲕ, ⲛⲉⲣⲉ, j'étais, tu étais, il était, etc., ainsi à toutes les personnes. Le futur indéfini dérive du présent indéfini en ajoutant la préposition suffixe ⲉ̀. Ex.: ⲉⲓⲉ̀ je serai, ⲉⲕⲉ̀ tu seras, fém. ⲉⲣⲉ̀, etc. On pourrait expliquer de même le futur défini prochain ⲉⲓⲛⲁ je suis allant pour exister, je serai bientôt; — le prétérit antérieur ou plus-que-parfait ⲛⲉⲓⲛⲁ j'étais venant d'exister, j'avais été; — le temps imparfait postérieur ⲛⲉⲓⲛⲁ ⲡⲉ je allant étais, ou j'étais prêt pour exister, (ital. io era sull' andare ad essere) futurus eram; — le temps subjonctif est formé par la préposition ⲛ̀ que. Ex. : ⲛ̀ϯ que je sois.

Application au verbe ⲥⲁϫⲓ parler.

		PARTICIPE PRÉSENT INDICATIF.	PRÉTÉRIT IMPARFAIT.
Sing.	1.	ⲉⲓⲥⲁϫⲓ je parle.	ⲁⲓⲥⲁϫⲓ je parlais.
	2.	ⲉⲕⲥⲁϫⲓ	ⲁⲕⲥⲁϫⲓ
	fém.	ⲉⲣⲥⲁϫⲓ	ⲁⲣⲉⲥⲁϫⲓ
	3.	ⲉϥⲥⲁϫⲓ	ⲁϥⲥⲁϫⲓ
	fém.	ⲉⲥⲥⲁϫⲓ	ⲁⲥⲥⲁϫⲓ
Plur.	1.	ⲉⲛⲥⲁϫⲓ	ⲁⲛⲥⲁϫⲓ
	2.	ⲉⲣⲉⲧⲉⲛⲥⲁϫⲓ	ⲁⲣⲉⲧⲉⲛⲥⲁϫⲓ
	3.	ⲉⲩⲥⲁϫⲓ	ⲁⲩⲥⲁϫⲓ

		FUTUR.	PRÉTÉRIT PARFAIT.
Sing.	1.	ⲉⲓⲉⲥⲁϫⲓ je parlerai.	ⲛⲁⲓⲥⲁϫⲓ j'ai parlé.
	2.	ⲉⲕⲉⲥⲁϫⲓ	ⲛⲁⲕⲥⲁϫⲓ
	fém.	ⲉⲣⲉⲥⲁϫⲓ	ⲁⲣⲉⲥⲁϫⲓ

	3.	ⲉϥⲥⲁϫⲓ	ⲛⲁϥⲥⲁϫⲓ
	fém.	ⲉⲥⲥⲁϫⲓ	ⲁⲥⲥⲁϫⲓ
Plur.	1.	ⲛⲉⲛⲥⲁϫⲓ	ⲛⲁⲛⲥⲁϫⲓ
	2.	ⲉⲣⲉⲧⲉⲛⲥⲁϫⲓ	ⲛⲁⲣⲉⲧⲉⲛⲥⲁϫⲓ
	3.	ⲉⲣⲉⲥⲁϫⲓ	ⲛⲁⲩⲥⲁϫⲓ

J'ai rapporté la forme primitive du verbe égyptien, parce que le présent et le passé ou prétérit ne forment qu'un même temps; au présent antérieur ou imparfait on remarque la répétition du redoublement ⲡⲉ. Ce sont les pronoms qui forment la conjugaison comme en hébreu, et le verbe auxiliaire ϯ *je suis* n'est autre que le pronom lui-même; en effet, je, tu, il, représente bien l'existence, il équivaut à *je suis*, *tu es*, *il est; je aimer* signifie bien *je suis aimant.* L'analogie de la langue copte et de la langue hébraïque nous conduit naturellement à croire que c'est à tort que l'on a attribué seulement le prétérit au mot אמרא ou אמרתי; le pronom *je* ou א marque l'existence; donc le présent αω briller, souffler. א (chap. Ier) est un signe absolu, il marque l'unité; א marque aussi la négation, l'absence, comme α grec, il indique donc le présent et le passé. Puisque le mot אמר veut dire parler, parole, dans אמרא j'ai parlé, א signifie *j'ai* : donc ת *tu as*, ה *elle a*, נו *nous avons;* le pronom était donc verbe auxiliaire en hébreu comme en copte; préposé à la racine, il marquait en même temps le présent et le passé *je suis* ou *je fus :* les mêmes caractères gardant la même valeur numérique dans les deux langues, les mêmes formes des verbes, souvent les mêmes mots, dénotent une commune origine; la composition du verbe identique sous tous les autres points, ne peut varier seulement sur celui-ci; d'ailleurs la valeur affirmative et négative de א dans toutes les langues le prouve suffisamment.

De ה ou ⲉ être, a dû venir εω, comme de ⲉⲓ ειμι je suis.

ⲉⲕ εις tu es.

ⲉϥ εστι il est.

De même l'indien ASMI, ASI, ASTI, est composé du radical AS être et du pronom *je, tu, il*, SMAS, STHA, SANTI, εσμεν, εστε, εισι, nous sommes, vous êtes, ils sont.

Les pronoms primitifs coptes sont absolument les mêmes que les pronoms hébraïques.

ⲁⲛⲕ אנכי (ANCI) je; ⲁⲛⲛ̄ נו (NU) nous; ⲛ̄ⲧⲱⲧⲉⲛ תן (TN) vous; ⲟⲩ וו (UU) ils, etc.

Les mots ou verbes hébraïques sont extrêmement simples, ils sont formés de trois lettres qui se décomposent en deux radicaux, mais ils se sont allongés, ils se sont altérés dans les divers dialectes. « A mesure que « les mots sortis de ces mêmes racines se sont fondus les uns dans les autres, et se sont éloignés de leur source « primitive, ils sont devenus de plus en plus difficiles à reconnaître; il est donc essentiel de comparer beau-« coup de langues entre elles pour obtenir l'intelligence d'une seule; on comprendra facilement que les con-« sonnes se sont substituées les unes aux autres dans la génération des langues; car on ne doit s'attacher « qu'aux consonnes qui forment pour ainsi dire la charpente des mots. » Le mot קרן (QRN), par exemple, arabe قرن (QRN), est devenu en grec κερας; lat. cornu; ital. corno; esp. cuerno; all. et angl. horn; belge hoorn; russe рожокъ. Les Allemands, les Anglais, les Russes ont remplacé le *q* par le *c* et par *h*. « Telle est la nature « de l'instrument vocal, qu'il est susceptible d'efforts dans ses deux extrémités et dans son centre, en sorte que « le même mot peut se prononcer différemment chez chaque peuple, selon la partie de l'instrument vocal « sur laquelle ils appuient de préférence; de là les variétés dans le langage qui font croire que chaque nation « parle une langue différente, tandis qu'elles parlent la même langue, mais subdivisée par cette raison en « divers dialectes. Pour bien connaître les sons ou lettres de même nature qui se substituent mutuelle-« ment, il est nécessaire de transcrire la gamme des sept tons de notre organe :

« Touche labiale : B, P, PH : F, V, OU.

« Touche dentale : D, T.

« Touche linguale : L, R : LL, LH, R, RH.
« Touche nasale : M, N : GN.
« Touche gutturale : GN, CN, WH, K, Q.
« Touche sifflante : Z, S, X : TZ, DZ, PS.
« Touche chuintante : J, G : CH, SH, TH.
« Les consonnes des mêmes touches prennent facilement la place les unes des autres dans les langues dérivées (15) ; elles se prêtent même des secours mutuels en passant d'une touche à l'autre, et c'est alors qu'elles rendent l'étymologie des mots de plus en plus incertaine. On ne peut vaincre dans les idiomes modernes les obstacles que présentent la substitution des consonnes que par la possession des langues primitives, dont les mots radicaux présents à la mémoire donnent la facilité de remonter jusqu'à la source primitive; ces racines primitives, plus ou moins modifiées par l'articulation propre à chaque contrée, ont encore conservé une physionomie qui permet de les reconnaître, quoique quelques consonnes aient été substituées en même temps que les voyelles; il faut donc avoir dans la tête les rapports des diverses touches, et comparer entre eux les mêmes mots dans diverses langues pour débrouiller et rendre compte des mutations. » (FABRE D'OLIVET.)

Je ne déduirai point de ce qu'une même action est exprimée par des lettres ou des mots différents, que les langues qui l'expriment soient étrangères l'une à l'autre, mais bien que ces mots ont des racines différentes. Par exemple, le mot anglais to make, faire, all. machen, belge maken, ne vient point de ברא (BRA) comme φερω, *fero*, mais bien de מכין (MCIN) préparant, établissant, du verbe כון, כן (CUN, CN) il fut prêt; הכין (ECIN) préparer, disposer; mais le mot ברא créer, faire, signifie aussi extirper, détruire, ברא *succidit, extirpavit.* Cette opposition (que j'ai essayé de signaler dans chaque mot) sera facilement comprise par la réflexion ; rien n'est absolu dans la nature, il n'est point de lumière sans ombre, tout est relatif, la Divinité elle-même a pour opposition le démon, δαιμων le bon, le mauvais génie; שד (CHD) le Tout-Puissant; שדי (CHDI) le démon; איד, אד (AD, AID) source, origine; אד ,איד perte, ruine; ראש (RACH) tête, sommet, le principe, la somme; שאר (CHAR) *superesse* rester; שר (CHR) duc, prince; שחר (CHAR) le matin, l'aurore, le petit jour, lucifer; שער (CHOR) la porte; שחר la splendeur; שחרות (CHARUT) la jeunesse. En opposition, ראש (RACH) le fiel, l'aigreur, la pauvreté ; רוש (RUCH) venin; שחר (CHAR) le noir, *niger fuit;* שחור (CHAUR) la couleur noire; שער (CHOR) avoir horreur; שיחור (CHIAUR) l'encre; שיחור fleuve trouble en Égypte, le Nil. Le blanc, le jour, est le symbole de la vérité absolue ; il est la source, le principe, la tête, Dieu lui-même. « Je suis la lumière, et celui qui vaincra, dit l'Apocalypse, sera vêtu de blanc, et je n'effacerai point son nom du livre de vie (III, 5). » Le noir est la négation de la lumière, il est attribué à l'auteur de tout mal et de toute fausseté ; en hébreu, comme nous venons de le voir, ces oppositions sont marquées par les mêmes lettres. Nous trouvons encore dans l'Apocalypse (XXI, 13) : « Je suis l'alpha et l'oméga, le premier et le dernier, le commencement et la fin; » et en chinois 1re clef *ye* unité, perfection, droiture; 181e *ye* la tête; יה (IE) Dieu; Ιηος Apollon; 5e clef *ye* courbure en dehors ou à gauche, trouble; 1790 *ye* nuit; היה (EIE) *conversus est, accidit,* courbure, accident. Le Psalmiste s'écrie : « Où me cacher, où fuir tes regards pénétrants? si j'emprunte les ailes de l'oiseau et que je m'envole jusqu'aux bornes de l'aurore, c'est ta main qui m'y conduit, et j'y rencontrerai ton pouvoir; si je m'élance dans les cieux, t'y voilà; si je m'enfonce dans l'abîme, t'y voilà encore. » Cette philo-

(15) Les rapports des lettres sont incontestables : le *p* et le *b* sont presque la même lettre ; il est à croire que le *p* a précédé. Dans le chinois cette lettre seule est représentée; tous les mots sont en *p* ou en *f* : *po* père, *fou* idem. Il en est de même du *d* et du *t*, cette dernière prononciation existe seule en chinois. Dans le copte, presque tous les mots en *t* correspondent aux mots en *d* de l'hébreu (Voy. l'expl. du chap. x). Les mots en ש, ס, צ, כ, correspondent aux mots chinois en *k* et *sse*; les mots en *l* en chinois remplacent ceux en *r*, lettre qui n'existe pas dans cette langue. En copte on prononce *Phda* ou *Phta* Dieu, le *d* et le *t* représentant la Divinité ⲇ, ⲧ.

Je fais donc un usage fréquent de rapprochements de mots par les lettres correspondantes ; j'explique ainsi bien des symboles par les simples mots rapprochés des diverses langues.

sophie sublime est empreinte dans les religions, dans les langues, dans les mots. Dieu est tout, il a tout fait, il peut tout détruire. L'homme, image de la Divinité, est aussi un composé de deux principes différents et incompatibles : איש (AICH); שיא, יאש (page lj); *vir* l'homme; *vireo* verdir; *vires* forces; *virus* venin. Il n'est pas difficile de se rendre compte de ces significations opposées, puisque chaque lettre hébraïque les possède de même; nous avons vu א marquant l'affirmation comme la négation ou la privation; ב joint à cette voyelle garde ses caractères affirmatifs et négatifs. (Voy. בוא, בא, chap. VII.)

Une grande idée a donc présidé à la création des langues, elle est puisée dans la nature même de tout ce qui existe, dans la nature de notre être; le cœur de l'homme est représenté par *oui* et *non* (voyez לב, בל, chap. XXV). להב (LEB) la flamme, le feu ou l'amour; *rubeo*, *rubor* la rougeur naturelle, le feu; *rubeo*, *rubeus* rouge, enflammé de colère; *rubeus* de ronces (la haine), etc. L'amour, le feu et la couleur rouge étaient synonymes dans la langue des symboles; רחם (RAM) aimer; חמר être rouge; le feu, la colère et le rouge sont également synonymes, contraste que nous retrouvons dans toutes les langues. Comment mieux prouver que toutes descendent d'une seule? Platon dit qu'en se contemplant lui-même, il ne sait s'il voit un monstre plus double, plus mauvais que Typhon, ou bien plutôt un être moral doux et bienfaisant qui participe de la nature divine. Ces paroles dépeignent le cœur humain comme l'a représenté l'hébreu.

Une telle justesse dans l'application des mots rappelle cet autre passage de Platon : « Pour moi je regarde comme une vérité évidente que les mots n'ont pu être imposés primitivement aux choses que par une puissance au-dessus de l'homme, et de là vient qu'ils sont si justes. » « L'organe de la parole est divin, dit « Court de Gébelin; un Dieu seul put donner à l'homme les organes qui lui étaient nécessaires pour parler; « il put seul lui inspirer le désir de mettre en œuvre ces organes; il put seul établir entre la parole et cette « multitude merveilleuse d'objets qu'elle devait peindre, ce rapport admirable qui anime le discours, qui le « rend intelligible à tous, qui en fait une peinture d'une vérité à laquelle on ne peut se méprendre. Comment « a-t-on pu se persuader que les paroles n'avaient aucune énergie par elles-mêmes, qu'elles n'avaient aucune « valeur qui ne fût de convention, et qui put être toujours différente? que le nom de l'agneau pouvait être « celui du loup, et le nom du vice celui de la vertu? que l'homme fut muet et réduit à de simples cris pen- « dant une longue suite de siècles, et que ce ne fut qu'après une multitude d'essais infructueux et pénibles « qu'il put balbutier quelques mots, et plus long-temps après qu'il s'aperçut que ces mots pouvaient se lier « entre eux, former des phrases, composer des discours, devenir la source de l'éloquence et de la poésie, « par l'invention de tout ce qui constitue l'ordonnance admirable des tableaux de la parole? »

La combinaison des lettres marque le sens et la signification qu'on doit donner à chaque mot; sur ce principe est fondée la division par racines et par radicaux (16). Telle est la propriété des noms, qu'il a fallu qu'ils fussent assortis dans chacun de leurs éléments à la nature de leurs objets : l'union du ב et du ד ne peut donner que des idées provenant du caractère de ces deux lettres; tous les mots possibles en *db bd* viendront se rattacher aux diverses significations que nous avons tirées de ce radical : ces significations de deux mêmes lettres

(16) Un verbe et même un radical a toujours plusieurs racines, le mot שמים cieux, par exemple, peut être tiré de : 1° משאה ascension, שמש le soleil, cima cime, *σιμα χωρια* les lieux élevés, escarpés, cœlum, celsus; cilo qui a la tête pointue, le front élevé; luceo luire; all. Himmel ciel, olympe, dais, le haut d'un lit; *ουρανος* le ciel, le palais de la bouche : « Adhæsit lingua mea cœlis palati mei »: cilum cil. ПЕ ciel, sommité, à summitate; *σημαινω* signifier, commander; Macht force, pouvoir; משאת signal élevé; שם de là, etc.

2° De ימים eaux; *τα ουρανια* les pluies tombées du ciel : *ρανις* goutte, *νερος* humide; ⲫⲉ cœlum, ПОN effundere.

3° De שממה désolation; אמש le soir; שמם déserter, abandonner; אשם délit, faute, sacrifice; all. Himmel vie éternelle, himmeln mourir; celo celer, cacher; scelus crime; cella cellier, cave; cilice, etc.; *ουρανισκος* pavillon fait en rond, *κοιλος* creux; cælatum taillé, cælum burin : ciel, vaste espace qui entoure notre globe; משי habit de soie; *ιμα*, *ιματος* vêtement. Le firmament est un voile qui entoure la terre; c'est une courtine, dit l'Écriture sainte; le ciel nous dispense la lumière, les pluies, comme il nous enveloppe la nuit de son obscurité. שמים cieux. R. שמש soleil, אמש soir, ימים eaux.

formaient un symbole (17). (Voyez l'explication de nos chapitres.) Les symboles égyptiens sont semblables, mais ils sont exprimés par des figures. « Les symboles de l'Égypte fondés sur les homonymies furent empruntés à « l'Éthiopie avec la religion et le système d'écriture; l'hébreu et l'éthiopien primitif dérivaient d'une source « commune, l'hébreu doit donc donner la raison des symboles de l'Égypte; l'hébreu porte une empreinte « évidente de symbolisme, puisqu'il donne aux objets matériels des significations morales; non-seulement « tous les noms d'hommes, mais les noms des quadrupèdes, des oiseaux, des poissons, des arbres, des fleurs, « des pierres, sont significatifs en hébreu (18). » Chaque combinaison de lettres hébraïques forme évidemment un symbole dont le sens peut s'éclaircir par la comparaison des hiéroglyphes égyptiens (19).

Premier symbole. L'ÉPERVIER נץ (NTS) forme le mot נצח (NTSa) éternité, splendeur; d'après Horapollon, cet oiseau symbolisait la Divinité à cause de sa longue vie, ainsi que le soleil qu'il fixe de ses regards. Sur les monuments, l'épervier est le signe de l'idée de Dieu. (Champ. *Gram. égypt.* page 118.) ניצוץ étincelle, rayon, éclat; נרץ, נץ fleurir, briller, étinceler; Schein jour, clarté, lumière. L'épervier représentait la sublimité : נצח exceller, vaincre, triompher; ιεραξ accipiter quia ales ιερος appellatur; ιερος sacer, præstans, magnus.

L'épervier était le symbole du sang, parce qu'il ne boit point d'eau, mais du sang; נצח sang. Il était le symbole de la victoire, parce qu'il soumet tous les autres oiseaux (Horapollon, I, 6, 7) : נצח combattre; נצח force, pouvoir, puissance; ⲂⲈⲖⲤ épervier; ⲂⲈⲖ insigne ac præmium victoriæ, le prix de la victoire, la palme. Horapollon dit encore que l'épervier déployant ses ailes dans l'air représentait le vent, comme si le vent avait des ailes (Horap. II, 15). Il résulte de ce passage que l'épervier et l'aile, ou l'action de voler, étaient synonymes dans la langue sacrée de l'Égypte; et c'est aussi ce que fait entendre Diodore de Sicile, en disant que cet oiseau représentait tout ce qui se fait avec célérité, parce qu'il surpasse tous les autres par la rapidité de son vol : נץ épervier; נצא, נצה voler; נוצה aile; נרץ fuir.

L'épervier représentait aussi l'humilité, ajoute le hiérogrammate égyptien, parce qu'il dirige son vol en ligne

(17) Si le rapport entre les symboles égyptiens et hébreux est constant, l'étude des diverses significations de chaque combinaison de lettres devient indispensable; le travail que j'ai entrepris est destiné à remplir ce but; il a été divisé par colonnes pour faire mieux sentir les oppositions de mots. Ma première idée était de prouver la correspondance des mots hébreux avec ceux des diverses langues de l'Europe, j'avais donc choisi les quatre principales langues européennes : le latin, le grec, le teuton et l'esclavon; ces deux dernières ont été remplacées par l'allemand et le russe, qui sont plus connus; j'ai pensé ensuite que si la même preuve existait pour le sanscrit, toutes les langues de l'Asie venaient se rattacher à la même démonstration; j'ai donc ajouté les mots indiens qui se sont présentés sans trop de recherche, et c'est pour ce motif que l'on ne trouvera les mots indiens qui auraient dû entrer dans les vingt-quatre premiers chapitres, que dans les rapprochemens chinois et hébreux. Il ne peut manquer d'y avoir beaucoup d'imperfection dans un travail de ce genre entrepris dans des idées et une marche toutes nouvelles. Je ne me suis point fait scrupule de profiter de tout ce qui a été écrit sur le sujet que j'avais à traiter; j'ai eu soin de laisser presque partout les mêmes phrases, voulant m'appuyer de l'autorité de ces mêmes auteurs.

(18) *Les Symboles des Egyptiens comparés à ceux des Hébreux*, par M. F. Portal. Paris, Dondey-Dupré, 1840.

(19) « L'écriture égyptienne néglige les voyelles, elle s'identifie par ce fait à l'écriture hébraïque sans points-voyelles. « Telle est la première et la plus belle découverte de M. Champollion, découverte qui a servi de base à toutes les « autres. Dans ces recherches, les points de l'écriture hébraïque ne peuvent être d'aucun usage; mais ce n'est pas « seulement à cause de cette identité entre l'écriture des Égyptiens et des Hébreux que nous reconnaissons la nécessité « de négliger les points-voyelles dans les homonymies; les hébraïsants nous enseignent la même méthode dans la « recherche des racines, puisqu'ils font dériver un mot d'un autre mot présentant les mêmes lettres indépendamment de « toutes les différences de prononciation marquées par les points-voyelles : ce moyen est employé à chaque page du « Dictionnaire de Gesenius. Ainsi l'homonymie doit s'établir sur le mot écrit et non sur le mot prononcé. » (*Symboles des Égyptiens*, pages 21-29.)

directe de haut en bas : צנע humilier; צנוע humillé, humble ; צחנה, צחן ordure ; צאון, צאן brebis, troupeau de chèvres (שה brebis; שח humble); ϩⲓϭⲟⲩⲗ épervier, oiseau impur; ϩⲗϭⲉ être humillé, humiliation. L'aile est prise aussi pour exprimer la protection : « *Sub umbrâ alarum tuarum protege me.* » Elle a donc pu être prise également pour les bras, le sein : חצן le sein, les bras; צנה bouclier, armes; νισος nisus, aigle de mer; nisus appuyé, fortifié, soutenu; sinus le sein.

Un dernier caractère reste encore à dépeindre : épervier, filet pour pêcher; accipiter faucon, oiseau de proie; Sperber épervier, R. sperren fermer, enfermer, et Rauber voleur. נצה dévaster, désoler; נצה disputer; נאץ blasphémer, irriter; נץ accipiter avis quâ aves capiuntur; копчикъ, кобункъ épervier, R. копъ une mine; ковъ des embûches, et пикаю chasser les oiseaux; angl. sparrow-hawk épervier : sparrow oiseau, hawk chasser.

צנח percer, enfoncer un clou; צנים épines, lances, aiguillons. Accipiter, R. acuo, acus, et capio; angl. hawk épervier, faucon; hawked crochu, recourbé; hawkind fauconnerie. Acies la pointe, la force, la vigueur, la subtilité, la pénétration, la vivacité de quelque chose; ϭⲏϫ accipiter épervier; ϭⲗϫⲗ confractio, contortio, tortura; contorsion, torture; esp. gavilan épervier, oiseau de proie; gavilanes les branches de la garde d'une épée espagnole; gavilanes les fleurs sèches du chardon; gavillador le chef des voleurs; es franco como un gavillan, phrase proverbiale pour exagérer la générosité d'une personne; lat. munificentiâ præstat; נצח pur, sincère, brillant; purus, sincerus, splendidus fuit. Toutes les combinaisons du צ et du נ se trouvent représentées par l'épervier; le symbole est complet.

Deuxième symbole. « L'hébreu confirme les diverses significations données par les Égyptiens au vautour « רחם (RAM), le vautour, ainsi nommé à cause de sa piété à l'égard de ses petits; en effet le mot רחם aimer se « rapporte spécialement à l'amour des parents pour leurs enfants : le vautour se déchire pour nourrir ses « petits de son sang (Pierius, *Hiéroglyphiques*, XVIII, 5); il désigne la maternité et le genre féminin, « l'utérus, la femme et la jeune fille (ⲛⲟⲩⲣⲉ vautour; נערה jeune fille). Ne semble-t-on pas commenter le « mot hébreu, en disant que le vautour symbolisait la maternité? Cet oiseau représentait la miséricorde et le « ciel, et toutes les nobles passions de l'âme sont représentées par le mot רחם (RAM); il signifie les viscères « du cœur et de la poitrine, et en même temps l'amour, la piété, la miséricorde. (Copte ⲉⲣⲙⲁⲓ aimer amare; « ⲙⲉⲣⲉ id.) Le vautour représentait le ciel; les rois vainqueurs portaient le vautour sur la tête, etc. : רם « (RM) élevé; רומם exalter; רמח la lance (ⲣⲉⲙ être élevé; ⲣⲁⲙⲁ hauteur). Cet oiseau était attribué à « Minerve et à Junon, parce que chez les Égyptiens Minerve présidait à l'hémisphère supérieur, et Junon à « l'hémisphère inférieur du ciel. Les monuments égyptiens représentent le ciel sous la figure d'une femme « courbée, et appuyant ses pieds et ses mains sur la terre. » מרר être amer; מר goutte tombant de haut; ⲣⲓⲙⲉ pleurs, larmes; de là le nom de *Marie* ou triste; en grec μυρω stillo, fluo, fundo; et en opposition μαρμαιρω rutilo, splendeo; en esp. mar mer se dit figurément de tout ce qui est vaste, abondant et de grande étendue; all. Raum large, ample, spacieux; altum, il mare o il cielo.

Dans la cosmogonie égyptienne et dans la Genèse, le monde fut créé au sein des eaux; l'eau fut la mère du monde, la matrice de tous les êtres créés, et le mot משבר signifie la matrice et les flots : ⲙⲁⲩ eau, ⲙⲁⲩ mère, ⲙⲁⲓ aimer, ⲙⲁⲩ ⲙⲙⲟⲛⲓ mère nourrice, ⲙⲉ amour; français mère, aimer, mer, mère, aimer, amer. Θερμη, μητηρ, μητρα, l'humidité et la chaleur, principes de la vie; חם chaleur; אם mère; ימים, ים eaux chaudes; ימים, ים mulets provenant du cheval et de l'âne; κυμα flots, onde; κυμα fétus; κυμας grosse, pleine; ירה jeter des gouttes d'eau, arroser, enseigner; הרה concevoir; הריון conception. « Le « baptême symbolisait les eaux primordiales; c'est par ces motifs que l'initié était nommé משה Moïse, sauvé « des eaux; c'est ce que désigne l'hébreu משחה onction, משה sauver. » ילד enfanter; דלי vase pour puiser de l'eau; דליה que Jehovah a sauvé; de là les noms de baptême d'eau et de feu; ימה, ים midi; יום le jour; ים se dit seulement de la nature vivante; ⲙⲟⲩⲉ splendeur. (Voyez les *Symboles des Égyptiens*, page 94.)

SIGNES DU ZODIAQUE (20).

Les caractères par lesquels on représente les douze signes du zodiaque sont tous des hiéroglyphes ou des peintures abrégées des animaux mêmes dont ils portent le nom.

Le Bélier, ♈ représente les cornes du bélier.
Le Taureau, ♉ la tête et les cornes du taureau.
Les Gémeaux, ♊ deux enfants qui se tiennent par les mains, ou un enclos, l'enclos d'Horus.
Le Cancer, ♋ les deux bras du cancer ou de l'écrevisse.
Le Lion, ♌ la première lettre du nom du lion en grec λ (21).
La Vierge, ♍ les deux premières consonnes du nom de la vierge en grec : παρθενος, π, ρ.
La Balance, ♎ la balance même.
Le Scorpion, ♏ la queue du scorpion.
Le Sagittaire, ♐ l'arc et la flèche du sagittaire.
Le Capricorne, ♑ les deux premières lettres du nom du capricorne : τραγος, τ, ρ.
Le Verseau, ♒ les ondes du verseau (22).
Les Poissons, ♓ les poissons adossés et liés ensemble.

Ces signes correspondent aux douze lunes ou mois de l'année. Pendant chaque mois, le soleil fait un douzième de sa révolution; cette période, qu'on appelle signe, renferme les étoiles comprises dans cette douzième portion du ciel en longueur d'orient en occident et à égale distance des pôles, ou du nord et du midi. Ces douze signes comprirent donc toutes les étoiles qui environnent la terre d'orient en occident, et forment un cercle autour d'elle; ils ont été appelés les maisons ou les appartements du soleil.

Cette division est très-ancienne; les Chaldéens passent pour l'avoir inventée; elle fut en usage chez les Égyptiens, elle l'est chez les Indiens et chez tous les peuples de l'Europe.

Les sujets que représentent ces signes vont en partie être traités dans l'explication des chapitres. Je renvoie pour plus de détail au calendrier de Court de Gébelin, qui rapporte également le cycle oriental de douze années, à chacune desquelles on a donné le nom d'un animal : la souris, le taureau ou la vache, le tigre, etc.; et les noms que portent ces animaux dans l'Orient sont en partie communs aux langues d'Occident. La souris s'appelle mus comme en latin, la vache khow comme dans plusieurs de nos langues, la brebis oi ou owi وي, comme en grec οις et en latin ovis, etc.

Les planètes sont également représentées par des caractères hiéroglyphiques.

Saturne, ♄ est la représentation de la faux de Saturne, et tient lieu du nom même de Saturne (23).
Jupiter, ♃ est l'abrégé de la figure d'Iou armé de son foudre.
Mars, ♂ est la lance et le bouclier de Mars.
Soleil, ☉ est la peinture du disque du Soleil.
Mercure, ☿ est l'abrégé du caducée de Mercure.
Vénus, ♀ est la peinture du miroir de Vénus.
Lune, ☽ est le croissant de la Lune.

(20) Ce passage est tiré en grande partie de l'*Histoire du calendrier* de Court de Gébelin.

(21) Ce signe ne serait-il pas plutôt une imitation abrégée du signe hiéroglyphique les *parties antérieures du lion* qui représente la lettre *l*.

(22) Ce signe est évidemment le même qui désigne l'*eau* dans les textes hiéroglyphiques.

(23) Ces figures hiéroglyphiques remontent à une très-haute antiquité, et doivent avoir été inventées par les Égyptiens. Daniel Bernouilli était persuadé que le zodiaque, ou sa division en douze signes avec leurs noms empruntés d'autant d'animaux, est antérieur à l'idolâtrie égyptienne. (Schmidt, *Dissert. sur le Zodiaque.*)

CÉRÈS, ⚳ est la faucille avec laquelle on représente Cérès (24).
PALLAS, ⚴ est la peinture d'un fer de lance. (Pallas armée.)
VESTA, ⚶ est la représentation d'un autel sur lequel brûle le feu sacré (אש ou אשתא en phénicien).

Ces figures sont encore l'emblème des métaux, auxquels on donna les mêmes noms qu'aux planètes : Saturne, qui se meut lentement, désigna le plomb ; Jupiter, dont la lumière est pure, désigna l'étain ; Mars, dieu de la guerre, désigna le fer ; le Soleil, blond comme l'or, désigna l'or ; Vénus, brillante, désigna le cuivre ; Mercure, actif, désigna le mercure, et la Lune, l'argent dont elle a la couleur. Les noms des sept jours sont formés de ceux de ces planètes.

Les symboles seront traités complètement dans l'explication des chapitres. Je n'en citerai pas davantage ici, et je terminerai par faire remarquer que non-seulement le rapport des lettres prouve la servilité des langues à se copier, mais aussi le rapport dans le sens, dans les idées que renferment les mots : le mot charbon, par exemple, a conservé dans tous les idiomes ses trois mêmes significations de pierre précieuse et de charbon de peste, de fièvre ardente, feu sacré qui dessèche et brûle les os (כדכד, n° 146). Il en est de même de חטא peine, péché ; חטא expier, se laver du péché ; grec αρα prières ; αρα perte qui suit la malédiction ; lat. ara autel, aræ écueils ; supplicium prière, sacrifice, supplique ; supplicium supplice, tourment ; חסד piété, miséricorde ; חסד opprobre, crime, vice, etc. (25).

Au mot כלה (CLE) consommer, finir, correspond notre mot finir ; lat. finis fin, terme.
A כלה atténuer : finir, rendre délié ; lat. finitè.
A כליל parfait : fin, subtil, délicat ; oreilles fines, palais fin.
A כליל tout : fin, vrai, naturel, diamant fin, or fin.
A כחל colorer, peindre : fin, trompeur, finement, avec ruse, feindre.

Le mot כל omnis, totus, omnes, omnia ; la réunion de toutes choses ne formant qu'un, rappelle un, uni, union ; יחד unique, conjonction : le faisceau ne formant qu'un est l'emblème de la force ; en harmonie, tous les instruments ne donnant qu'un son donnent le son le plus fort ; plus ils s'éloignent de l'unité, plus ils approchent de la confusion. Απας omnis, totus ; tout, entier. יסף augmenter : απας tout, extrême ; אסף finir, consommer, ruiner.

(24) Nous avons ajouté ces trois derniers signes, qui n'existent pas dans Court de Gébelin.

(25) Je rapporterai à l'appui de ce que j'avance les attributions du mot main dans les divers idiomes. יד main ; יד coup, force, puissance ; יד pour מקום המוכן lieu disposé, préparé, parce que la main est prête à agir. יד autorité, pouvoir : χειρ corps de troupes, gros de soldats, force, puissance, violence ; manus troupe, bande, soldats, brigade, foule, pouvoir, puissance, disposition ; esp. mano se dit pour exprimer une personne habile, adroite ; mano puissance, autorité, pouvoir ; mano troupe, bande, multitude, foule ; mano une poignée, mano de rubanas, mano de papel ; ital. una mano une quantité ; angl. hand main, handy adroit, habile ; hand in hand conjointement, d'accord ; all. Hand pouvoir, puissance ; was Hand und Fuße hat achevé, parfait ; Handel affaire, chose ; etc. — יד partie ; il est pris pour conseil, pour l'usage de n'importe quel membre, comme יד לשון main de la langue ; χειρ trompe d'éléphant, griffe du lion, main de fer, corbeau, harpon, arc de roue, main, écriture, caractère ; χειρ main d'artiste, la touche ou la manière, le talent ; manus la main, la trompe d'un éléphant, pied, patte d'oiseau, la main au jeu de cartes, l'écriture d'une personne. Esp. mano se dit des pieds de devant de tous les animaux ; mano trompe d'éléphant : mano côté, à main droite ; mano terme du jeu de cartes ; ital. mano pied de devant du cheval, etc. Angl. hand écriture, seing, signature ; all. Hand serre, griffe ; Hand écriture, caractère, etc. — יד filet, hameçon ; manuor dérober ; esp. manear user d'adresse, de ruse ; mañoso artificieux ; ital. tenir mano a ladri dissimuler ; esp. mano poignée ; manipulus ; all. Hand main de la bride, poignet ; angl. handle anse, queue, poignée, manche, bras, etc. ; français main, travail, pouvoir, puissance ; main écriture, main de papier, main des singes, des ours, des écureuils, etc. En chinois *cheou* la main ; *cheou* tête, origine, principe ; *kioue* croc, arrêt ; *chu* élever, dresser ; *kou* marchand qui tient boutique, etc. Voy. les Remarques des chap. x et xx.

CONCLUSION.

J'ai cherché à prouver que le verbe indien et le verbe grec ont été formés d'après les verbes copte et hébreu. Dès qu'on ne veut reconnaître qu'une seule origine, on doit remonter du composé au simple (26) : or les formes les plus simples sont, sans contredit, les formes coptes et hébraïques, qui ne sont que de véritables déclinaisons; les temps des verbes rappellent l'origine du langage, puisque en copte primitif le présent et le passé sont exprimés par le même temps, le futur par l'adjonction de la préposition ⲚⲈ. L'hébreu est plus parfait encore : le futur et le passé sont distingués par la position qu'occupe le pronom soit avant, soit après le verbe; la classification des mots en racines, en radicaux et verbes, est également la plus simple possible; les mots de toutes les langues peuvent se réduire en racines primitives d'une seule consonne, mais l'hébreu seul donne le mode de formation de ces racines; les clefs chinoises viennent se rattacher à ces mêmes monosyllabes; et cette langue monosyllabique, que les oppositions de mots rendaient incompréhensible, s'explique naturellement comme toutes les autres. Nous retrouvons de plus les symboles égyptiens dans les symboles hébraïques; et ces derniers, fondés sur la disposition des lettres, sont bien autrement justes et parfaits que ceux que l'Égypte tira de l'Éthiopie (27). L'éthiopien primitif et l'hébreu sortent d'une source commune; cette première origine, que vous l'appeliez hébraïque, chaldéenne ou éthiopienne, elle est constante; les symboles, le système de mots le plus admirable que l'on ait jamais pu imaginer, nous vient de cette même source; comment ne pas la reconnaître divine ou au moins inspirée par la Divinité?

« Observez en outre, dit de Maistre, que plus vous vous élevez vers ces temps prétendus d'ignorance et de « barbarie, plus vous trouvez de logique et de profondeur dans la formation des mots, et que ce talent « disparaît par une gradation contraire à mesure qu'on descend vers les époques de civilisation et de science. « Mille ans avant notre ère, Homère exprimait par un seul mot ce qui exige de nous une périphrase (28); « Homère vivait dans un siècle barbare, et pour peu qu'on veuille s'élever au-dessus de son époque, on se « trouve au milieu des Pélasges vagabonds. » Comment expliquer la perfection instantanée à laquelle il s'est élevé autrement que par l'inspiration d'une poésie aussi sublime que celle qu'il nous a laissée, je veux dire de la poésie de Job et de David? « Et s'il a fallu douze siècles à la langue française pour arriver au *Menteur* de « Corneille et aux *Lettres provinciales*, » combien de siècles ne faudrait-il pas pour arriver graduellement à la perfection de la langue de Moïse, et combien d'autres siècles encore pour la formation des symboles? En accordant même tous ces siècles, entre-t-il dans l'imagination qu'une pareille langue puisse se former pièce à pièce? non, nous sommes forcés de revenir à l'opinion de M. de Maistre; la parole n'a pas eu de commencement, pas même avec l'homme, elle l'a nécessairement précédé. Φως l'homme, vient de φαω parler; mais la parole est le verbe, יהוה Jehovah, Dieu ou la parole, la lumière; aio dire, parler : aius locutius dieu de la parole; φοιϐος sol, Apollo, Phœbus : DIEU, PAROLE, LUMIÈRE, mots synonymes pour les peuples de l'antiquité.

(26) L'hébreu est la langue dont les caractères sont les plus simples et les moins nombreux.

(27) Clément d'Alexandrie dit en termes exprès qu'*en ce qui touche les choses mystérieuses, les symboles des Égyptiens sont semblables à ceux des Hébreux :* ὅμοια γοῦν τοῖς Ἑβραϊκοῖς, κατά γε τὴν ἐπίκρυψιν, καὶ τῶν Αἰγυπτίων αἰνίγματα. On peut donc considérer l'hébreu comme l'expression de la symbolique primitive. (*Symb. des Égyptiens.*)

(28) « Il existe une autre preuve des hautes connaissances de cette époque antérieure à la Grèce; et cette preuve « c'est la description du ciel que l'on attribue à la Chaldée. Le cours des étoiles et les noms qu'on leur a donnés ont été « si justes que depuis trois mille ans et plus ils n'ont point varié; le cours du soleil à travers les douze signes du zodiaque « a fixé alors les douze mois de l'année. (Judæi usi non sunt vitioso cyclo. Scaliger décide qu'il n'y a rien de plus « exact, rien de plus parfait que le calcul de l'année judaïque, etc.) » On a rapporté à ces douze époques les douze travaux d'Hercule, aussi surnommé Hélios : la religion égyptienne est entièrement fondée sur le passage du soleil dans les signes du zodiaque; les Grecs et les Romains ont emprunté leurs dieux et leurs belles allégories à l'Égypte. Nous refusions cependant aux Juifs les connaissances les plus élémentaires, nous disions que les anciens représentaient la terre aplatie, sans songer que les mots *orbis terrarum, globus,* en hébreu תבל, גלגל, étaient là pour nous démentir.

ALPHABETS COMPARÉS POUR L'INTELLIGENCE DE L'OUVRAGE.

LETTRES HÉBRAÏQU.	LETTRES COPTES.	LETTRES GRECQUES.	LETTRES RUSSES.	LETTRES ALLEMANDES.	VALEUR.
א aleph	Ⲁ ⲁ alpha	Α α alpha	А а as	𝔄 𝔞 a	a
ה hé	Ⲉ ⲉ ei	Ε ε epsilon	Е е — Э э iest — é	𝔈 𝔢 é	e, é
ח heth	Ϩ ϩ hori			ℌ 𝔥 ha	a, h
	Ⲏ ⲏ hita	Η η ita	Я я ia		i, ia
י iod	Ⲓ ⲓ iauda	Ι ι iota	И и ijé	𝔍 𝔧 iot	ï, j
			І ї — Ѵ ѵ i — ijitsa	ℑ 𝔦 i	i, v, i
			Ъ ъ — Ы ы ier — iery	𝔜 𝔶 ypsilon	i, y
			Ь ь — Ѣ ѣ iere — iate		i, ie
ע aïn	Ⲟ ⲟ omicron	Ο ο omicron	onn	𝔒 𝔬 o	o
	Ⲱ ⲱ omega	Ω ω omega			o long
ב beth	Ⲃ ⲃ bita	Β β ϐ bita	Б б bouki	𝔅 𝔟 bé	b
			В в viedi	𝔚 𝔴 vé	v, w
ו wav	Ⲩ ⲩ ypsilon	Υ υ upsilon	У у — Ю ю ou — iou	𝔘 𝔲 ou	u, ou, iou
פ pé	Ⲡ ⲡ pi	Π π pi	П п pokoi	𝔓 𝔭 p	p
	Ϥ ϥ fei		Ф ф fert	𝔉 𝔣 eff	f
	Ⲫ ⲫ phi	Φ φ phi	Ѳ ѳ phita	𝔙 𝔳 faou	ph
	Ⲯ ⲯ epsi	Ψ ψ psi			ps
ג ghimel	Ⲅ ⲅ gamma	Γ γ gamma	Г г glagol	𝔊 𝔤 gué	g
	Ϭ ϭ ghima				ga
	Ϫ ϫ giangia				gi
כ caph	Ⲕ ⲕ kappa	Κ κ cappa	К к kako	𝔎 𝔨 ka	k
ק qoph	Ⲭ ⲭ — Ϧ ϧ chi — chei	Χ χ chi	Ш ш cha	𝔔 𝔮 kou	q, ch, q
ד daleth	Ⲇ ⲇ dalda	Δ δ delta	Д д dobro	𝔇 𝔡 dé	d
	Ϯ ϯ dhei				dh, ti
ט teth	Ⲑ ⲑ thita	Θ ϑ θ thita	Ч ч tcherv		t, th, tch
ת thau	Ⲧ ⲧ tau	Τ τ tau	Т т tverdo	𝔗 𝔱 té	t
צ tsadé			Ц ц tsy	ℭ 𝔠 tsé	ts, c
	Ⲝ ⲝ xi	Ξ ξ xi	Х х khier	𝔛 𝔵 ix	x, ch
ז zaïn	Ⲍ ⲍ zida	Ζ ζ zita	З з zemlie	ℨ 𝔷 tset	z
			Ж ж jiveté		j
ס samek	Ⲥ ⲥ — Ϲ ϲ so — sima	Σ σ ς sigma	С с slovo	𝔖 ſ 𝔰 ess	s, s
ש chin	Ϣ ϣ schei		Щ щ chtcha		sch, chtch
ל lamed	Ⲗ ⲗ lauda	Λ λ lambda	Л л lioudi	𝔏 𝔩 ell	l
ר resch	Ⲣ ⲣ ro	Ρ ρ rho	Р р rtsi	ℜ 𝔯 err	r
מ mem	Ⲙ ⲙ mi	Μ μ mu	М м mysleté	𝔐 𝔪 emm	m
נ nun	Ⲛ ⲛ ni	Ν ν nu	Н н nach	𝔑 𝔫 enn	n

EXPLICATION

ET COMPLÉMENT DES CHAPITRES.

CHAPITRE PREMIER.

אלף BOEUF, TAUREAU.

I. « Le taureau, d'après Horapollon, était le signe de l'idée de fort, puissant, viril : sur les monuments « égyptiens, le taureau désigne en effet la force et la puissance ; אלוף signifie prince, chef ; sur l'obélisque de « Paris, le taureau porte cette signification que lui donne l'hébreu (1). » אלפי pater vel dominus meus ; פלא frapper d'admiration, פלל juger. Le nom de אלף bœuf est formé de la racine אל Dieu, héros, force ; יפע briller. — Les Égyptiens adoraient Osiris, qu'ils appelaient père, juste, chef, roi, sous la forme du bœuf Apis ; Apis signifie le Dieu fort, puissant (*Histoire du ciel*, t. I, p. 343) : ⲁⲡⲉ la tête, la sommité ; ⲁⲫⲉ prince, premier. — אלף (א) un ; אלוף élu, choisi ; פלח diviser, couper. L'alif ا des Perses marque l'unité ; il est le caractère du jour et du soleil ; il est aussi le signe du taureau céleste. — Les anciens Égyptiens promenaient le bœuf sacré sept fois autour du temple au solstice d'hiver. — Les Grecs représentaient Bacchus sous la forme du taureau, le croyant le même Dieu qu'Osiris. Les Argiens surnommèrent Bacchus Bœufgenès, βουγενης issu de bœuf. (Pierius, *Hiéroglyphiques*, liv. III, ch. 2.)

אלף mille ; ⲁⲡⲥ le nombre ; ⲁϩⲏ bœuf ; ⲁϩⲓ troupeau ; ⲁϩⲟ trésor ; ⲁϩⲉ vie. (Voyez חד un, יחד unir, n° 63, et זהב or, n° 101.) Le bœuf représente la fertilité de la terre : אלף être fécond.

« Le taureau était de plus le symbole de la virilité, de la force génératrice de la nature ; M. Champollion « lui reconnaît la signification de mari : » βους bœuf ; ποσις mari, époux ; אלפי (chald.) semen meum. D'anciens auteurs ont appelé les parties de l'homme taureau, celles de la femme taure. (Pierius, *Hiéroglyphiques*, III, 1.) — ⲙⲁⲥⲓ veau, taureau ; ⲙⲁⲥ enfant, petit ; ⲙⲓⲥⲉ enfanter, etc.

II. Le bœuf a un troisième caractère bien marqué, celui de soumission, de docilité ; le taureau a l'ouïe très-subtile. Les prêtres égyptiens représentaient la subtilité de l'ouïe et la promptitude d'obéissance par l'oreille de cet animal ; d'après Horapollon, l'oreille du taureau représentait l'ouïe (II, 10). L'obéissance, la fierté domptée, étaient symbolisées par l'image d'un taureau garrotté par le genou droit. אלוף doux, privé ; פלח servir, être sujet.

III. La croix qui représentait l'aleph (א) prit une autre forme pour marquer l'opposition, celle de tau. (Voyez le Discours préliminaire, page ij.) Cette seconde croix dans l'écriture vulgaire égyptienne comme dans l'ancienne hébraïque, dans la grecque, dans la latine, était la lettre *tau* commençant le mot Typhon, et cette figure, attachée à un chaînon ou arrêtée par une main, était pour eux la délivrance du mal (2). Les Égyptiens suspendaient le Typhon retenu par une boucle au cou de leurs enfants et de leurs malades ; ils l'appliquaient sur les bandelettes parfumées dont ils enveloppaient leurs momies, et où nous les retrouvons encore. Cette lettre fut la dernière de l'alphabet, de même que Typhon ou le génie du mal est en opposition constante à Dieu ou le génie du bien. תו (TU) signe, Thot ; τυπος la figure, l'effigie, le type ; τυφος la fumée ; Τυφων Typhon,

(1) *Symboles des Égyptiens*, page 104.

(2) Celui qui portait l'image de Typhon n'avait rien à craindre des crocodiles ; cette image garantissait une heureuse navigation : bien entendu celle des morts à travers le Styx. *Étud. hiérogl.* t. III, p. 163.

l'ombre et le soleil. Ces deux génies par le fait ne forment qu'un seul et même Dieu : aussi est-il appelé indifféremment Thot ou Osiris (3).

Les jeux appelés tauriens ou du taureau étaient célébrés en l'honneur des dieux infernaux pour faire cesser la peste et les maladies contagieuses.

CHAPITRE II.

עין ŒIL.

IV. « Les noms des membres sont des clefs aussi symboliques que ceux des instruments et des animaux. « Celui de l'œil désigne l'acte de voir de toutes les manières, et ce qui voit jusqu'à la Providence, ou ce qui « est vu, le visible, surface, couleur, lumière, clarté même dans le discours dont l'hiéroglyphe contient l'œil; « tout ce qui illumine, même celui qui illumine le monde : expression éthiopienne appliquée à Ptolémée dans « l'inscription de Rosette, et rendue entre autres par l'œil. Un nom de l'œil, עין, signifie d'ailleurs source : « image de tout principe ou commencement (*Études hiérogl.* I, 16). » L'œil et la voix sont souvent représentés par les mêmes lettres : οσσα voix, présage; οσσος œil; ⲃⲁⲗ, ⲃⲉⲗ œil; ⲃⲟⲗ, ⲃⲱⲗ explication, interprétation. L'œil est le miroir de l'âme, il marque la volonté; la voix exprime le commandement, et la main exécute : aussi l'œil fut-il l'emblème de la Divinité : le sceptre d'Osiris était surmonté d'un œil (4).

(3) Plutarque nous prouve que Bacchus était le même que le soleil, qu'il présidait aux eaux, et qu'on le peignait sous la forme d'un taureau : « Plusieurs peuples, dit-il, peignent Bacchus avec une tête de taureau, et lorsque les femmes d'Élide l'invoquent, elles le prient de venir à leur secours avec ses pieds de bœuf. »

Bacchus était le dieu de tout l'élément humide, le soleil était censé nager dans cet élément, et il n'opérait que par le moyen de l'eau. Bacchus taureau, dont le temple domine sur l'élément liquide, est donc le soleil source de toute fécondité, père des moissons et des vendanges.

L'hymne que nous a conservé Marcien Capella ne laisse aucun doute à cet égard; j'en tire quelques passages : « Le Latium vous appelle Soleil, parce que seul vous êtes, après le père, la source de la lumière. Douze rayons couronnent votre tête sacrée, parce que vous formez autant d'heures. Quatre coursiers sont attelés à votre char, parce que seul vous domptez le quadrille formé par les éléments. Comme en dissipant les ténèbres, vous manifestez la lumière des cieux; on vous appelle PHOEBUS, qui découvre les secrets de l'avenir; et LYCUS, parce que vous dissipez les mystères de la nuit. Le Nil vous adore sous le nom de SÉRAPIS; Memphis, sous celui d'OSIRIS. Dans les fêtes d'hiver, vous êtes appelé MITHRAS, PLUTON, le barbare TYPHON. On vous révère aussi sous les noms du bel ATYS, de l'ENFANT CHÉRI DE LA CHARRUE. Dans la brûlante Libye vous êtes AMMON; et à Byblos, ADONIS. Ainsi l'univers entier vous invoque sous des noms différents. »

Chez les Romains le Soleil ou Osiris était représenté par les six grands dieux : Apollon, dont le nom est une altération du פעל ou בעל Bel des Phéniciens, est peint jeune, avec les charmes de l'adolescence, vrai symbole du mois de mai. — Mercure, dieu des constellations, est le soleil de juin, qui chez les Orientaux ouvrait l'année; ses attributs répondent à sa charge. — Jou, le père Jou ou Jupiter, est le soleil de juillet, le soleil dans toute sa force; il est nommé Hercule, et se trouve au signe du Lion. — Vulcain, le soleil de septembre, est le dieu des forgerons, il est le bras droit des laboureurs, dont il répare les charrues; le dieu du feu, mais d'un feu de forge et d'enfer, bien différent de celui de Vesta. — Mars, soleil d'octobre, soleil enflammé et terrible pour les plantes et les animaux, de même que pour les hommes, aussi était-il au signe du Scorpion. — Neptune, le soleil de février et dieu des mers, parce que c'est le temps des neiges et des pluies, d'ailleurs le temps de la pêche abondante; il est au signe des Poissons. — Apollon est le printemps, Hercule l'été, Bacchus l'automne, et Mercure l'hiver. — Isis ou la Lune était représentée par six déesses protectrices d'autant de mois : Junon, Minerve, Vénus, Cérès, Diane et Vesta. (*Hist. du calendrier.*)

(4) Les Égyptiens, du mot primitif ראה (RAE) qui signifie en hébreu voir, pouvoir, et en d'autres dialectes conduire, gouverner, firent le nom du soleil; ils l'appelèrent RHÉ et avec l'article égyptien PI, PI-RHÉ, l'œil, le conducteur, le

CHAPITRE III.

ה ÊTRE.

V. היה a quelquefois été traduit par vivre, nous croyons que c'est à tort; il n'est aucun cas où on ne puisse le rendre par être : יהוה celui qui est, Jehovah. Ce mot devrait prouver cette dernière signification : être appartient à la Divinité; vivre est le fait de l'homme, de l'animal : חי vie, bête, nourriture, prospérité, salut; en grec ζωος, ζωον. Le mot vie rappelle celui de mort : le vivant ou le mortel sont de la même nature.

CHAPITRE IV.

וו CROCHET. (Voyez le Discours préliminaire, page ij.)

VI. עוה détourner; עוה pécher. — Les caractères de la mort, du mal et du péché sont formés d'angles aigus inclinés et d'une ligne tortueuse aussi inclinée. (*Études hiér*. II, 205.)

CHAPITRE V.

יוד MAIN. (Voyez les chapitres x et xx, et leurs explications.)

VII. La main placée au-dessous de l'œil et de la langue est le symbole de la parole. Les Égyptiens donnent la première place à la langue, la seconde à l'œil, parce que l'œil varie ses mouvements avec ceux de l'âme, et en est le second langage; la main exécute ce que la langue commande (Horap. I, 27); les mains ont un nom commun avec la puissance, la force, la possession et la violence; avec toute action en général. Les parties de toute chose et du monde, en langue sacrée, sont les bras de l'Éternel; qualité, forme et figure, égalité, similitude, l'homme ou le mâle, sont représentés par les mains employées indifféremment avec l'hiéroglyphe des épaules ou des bras, qui signifient des pères et des fils, et en éthiopien leur semence, comme toute semence en général et l'action de semer : זרוע semence; זרוע bras, épaule, force ; זרע semence, postérité; אזרוע bras; אזר ceindre. Bras, πρασσω faire; ברא créer, faire; embrasser, brasser, brasse. ϣⲱⲃϣ bras; ϣⲃⲱ fil, mesure de longueur : ϩⲓⲱⲩⲉ bras, coude; ϩⲩⲩⲉ administrer, régir; אמה cubitus coude; αμα ensemble, avec; μαω désirer; μάσσω toucher (5).

chef. C'est de la même racine que sont venus le latin rex, le français roi. Les Égyptiens en prononçant au PH lieu de PI changèrent PI-RHÉ en PHA-RHAO, qui fut le nom générique de leurs rois, et qui signifiait ainsi le roi, le voyant, l'œil conducteur : aussi le peignent-ils sous la figure hiéroglyphique d'un œil placé au-dessus d'un sceptre. Les Ceylandais appellent le soleil IRA. Bal, Bel, Bol בעל qui désigne toute idée d'élévation et de hauteur, fut le nom du soleil chez les anciens Orientaux ; on le voit comme nom du soleil sur les médailles phéniciennes de Cadix ; c'est encore le nom du premier roi des Babyloniens, ou Belus, qui n'est autre que le soleil lui-même. Ce mot signifie également œil, vue, le soleil étant l'œil de la nature et la source de la vue. (Court de Gébelin, *Hist. du calendr*. p. 42).

(5) C'est dans les dictionnaires et le récit de Clément d'Alexandrie sur les livres hermétiques qu'il faut étudier l'esprit de ces homonymies symboliques, pour recueillir les membres épars du géant univers, qui, chez tant de peuples, fut l'image du monde semblable à l'homme, mesure de tout, et abécédaire de la langue figurée. C'est ainsi qu'il faut recueillir les membres d'Osiris au nombre juste des vingt-six lettres radicales du syllabaire éthiopien, qui, multipliées par les sept voyelles, forment avec elles le nombre également juste des cent quatre-vingt-neuf hiéroglyphes-clefs d'Horapollon, pour lesquelles elles forment comme un dictionnaire correspondant de clefs de ton à la chinoise, propres, par leur forme même, à conduire nos recherches; car, décelant une langue primitive monosyllabique, elles sont actuellement les racines ou initiales de mots qui signifient la même chose que des hiéroglyphes de forme à peu près semblable, dont Fourmont les fait dériver. On peut en citer des exemples dans la clef du Nil conservée toute entière avec son nom égyptien de la terre qu'elle représentait : *to*, dans les noms du ciel, de l'abîme, de l'enfer, du sacré interdit et de la plante agrostis,

CHAPITRE VI.

חית QUADRUPÈDE.

VIII. Le quadrupède, la bête, symbole de la vie. (Voy. בהמה jument, bête, n° 286.) ⲱⲛϧ vie; ⲉϩⲉ bœuf, vache. La vie est encore figurée par un fil, un lien, une chaîne חח (aa) : notre respiration, notre pouls forme une pulsation qui se répète; or, la répétition est précisément un enchaînement : πνεω respirer, πνευμα période. Dans la mythologie, la vie de l'homme est représentée sous l'emblème d'un fil que les Parques filaient et que coupait Atropos.

CHAPITRE VII.

בית MAISON.

IX. Le mot maison, οικος, rappelle la famille, le père, les enfants; οικησις famille; οικεω rendre familier, concilier, unir. אב le père; אהבה affection; חבב chérir; יהב donner. (Δομα don, δομη maison.)

Les enfants, au figuré, sont pris pour les rameaux, les pousses; ⲛⲓⲁⲗⲱⲟⲩⲓ les enfants : les rameaux, les palmes, la grappe de raisin; ⲁⲗⲟⲩ enfant, jeune fille; ⲁⲗⲟⲟⲩⲉ lien, lacet. לוח associé, attaché. (Voyez σταφυλη vigne, dont la racine est φυλη famille; Βοτρυοπαις la vigne, dont les raisins sont les enfants.) Isaïe appelle vigne la maison du Seigneur; Jésus-Christ s'est dit la vigne, son père le vigneron, et nous les branches, les rejetons. אבה fleur, fruit, arbrisseau; עפא rameau, palme, feuille (בת fille, טף famille, טפח palme).

Le bit persan ب marque le nombre deux et les Gémeaux (deux, signe de jonction, de lien; voyez bino accoupler, n° 366). אבה arundo, papyrus; אבה lamina; חפה lit nuptial.

X. La maison est figurée par la bouche et les dents (Pierius, xxxiii, 45) : תיבה voix (6); ⲟⲃϩⲉ palais, dents; יבב crier; פעה crier; בעה demander; יפח parlant; פוח respirer. La maison est aussi l'emblème du ventre de la mère qui renferme le germe; uterus, uter; תבה arche; κενεων ventre, κενεος vide, κανεον corbeille; ביב creux, vide. Ex. : λαγων flanc, cavité; בטן ventre. (Voyez כלה épouse. Remarques du chapitre xxix.) Construire, élever, c'est ajouter : le nombre deux, ou la lettre qui représente ce chiffre, devait en être l'emblème : βαινω aller, marcher, fonder. (Voyez מעל élévation, opération, n° 169.) עול, על aller, venir; בא, בוא idem.

XI. יהב poids, charge; עב poutre. — Δομη muraille, bâtiment. La maison est un abri; δομα toit. ⲓⲁⲛϩⲩ toit, couverture; ϩⲱⲃⲥ couvrir, cacher; חבא cacher. Les sages de l'Orient avaient appris de l'ancienne Égypte que le tombeau est la véritable demeure, et le monde un passage à l'éternité : ληγω finir, cesser; loculus bière, niche; λογγη sépulcre; בא, בוא finir, mourir; occubuit, de sole; quòd terram et oceanum subire videatur. (Sol domum venit, quùm occidit, et revertitur ad thalamum suum, undè egressus est.) ⲥϩⲉⲃⲉ arche sépulcrale, תבה; ⲑⲉⲃⲓⲟ humiliari, subjicere; domus prison; טבח égorger, immoler.

איב ennemi, אף colère, אוב python, אפעה serpent. Ch. 172 *fo* méchant, le dieu Fo; 1397 *pa* nom d'un serpent : פה fin, פת mort; חפף voiler, cacher; עפה ténèbres, en opposition à פה ouverture, naissance; יפע paraître avec éclat, briller; ϩⲟⲡϥ ..ssecutio finis. ب character diei lunæ. Le beth samaritain dans la cabale désigne une voie et la vie, qu'il représente avec l'entrée et la sortie. (*Étude des hiéroglyphes*, II, p. 205.)

qui représente toutes les plantes; noms qui se trouvent sous une même lettre de la forme de l'hiéroglyphe et du caractère chinois; du bois, du sacré, du bien et du mal, suivant leurs combinaisons. De pareils exemples sont dans les mots interprètes, écrire, sous le tau ✝, caractère de l'inventeur des lettres, interprète des dieux, et dernier espoir des mourants; dans les noms de l'homme, d'une table de lois, d'une porte, d'un angle, etc., etc. (*Études hiéroglyphiques*, I, 18.)

(6) תבה, תיבה apud grammaticos significat vocabulum, dictionem.

CHAPITRE VIII.

גימל CHAMEAU.

XII. La bosse du chameau marque l'élévation : גג toit, lieu élevé ; גאה s'élever, se gonfler ; גו corps, dos, tête ; גלם agglomérer, envelopper ; גוי famille, peuple ; גמל sevrer ; עגה, מעוג nourriture ; ϪⲀⲘⲞⲨⲖ chameau ; ϪⲈⲖⲘⲈ premier lait. (Élever, élève ; עולה ascensus, n° 169 ; עולה lactans, n° 178).

Le chameau est tellement doux que la bonté est figurée par un chameau sous la conduite d'un enfant. (Pierius, XII, 38.) חן agneau, hostie ; שח humble. Le chameau plie les genoux, circonstance qui a rapport à son nom et qui désigne sa piété (7) ; חג fête, solennité.

Le chameau sait oublier sa lenteur quand il le faut. Le dromadaire fait jusqu'à trente-cinq et quarante lieues par jour. R. δρομασσω courir. חוג, חג circuler, tourner ; אץ prompt ; חוש, חשה se hâter ; יגע travailler (καμνω, καμω travailler, peut être une des racines de καμηλος). Ind. KRAMAILAS chameau ; KRAM aller.

Le gim ج persan est le caractère du dieu Mars : הגה bruit, dispute ; חגה terreur, etc. Αρης Mars, combat, blessure, fer ; καρκαιρω retentir. Le chameau, d'après Pierius, signifie discoureur impertinent : הגיג discours, babil.

XIII. Toute ligne courbe qui marque une bosse dans un sens forme un creux dans le sens opposé ; de même que *altus* signifie haut et profond : גו signifie corps, élévation, et creux, cavité ; גיא vallée ; חיק moitié ; גו milieu, intérieur ; ϪⲞϬ moitié ; ϪⲰϪⲈ couper ; מגל faulx ; גוח tirer dehors, extraire ; ϪⲰⲞⲨ génération.

Le gim ج est aussi le caractère du Cancer : καρκινος écrevisse, cancre, chancre, maladie ; יגא affliger, humilier ; יגע fatigué ; יאש contraire, désespéré ; גוע mourir ; καρκινοω marcher de travers comme l'écrevisse ; cancre, homme sans moyens ; ענה dérision, moquerie (8).

CHAPITRE IX.

גוב SAUTERELLE.

XIV. Les mots גוב, גב nous paraissent renfermer les deux idées opposées d'élévation et de profondeur : גבה, גב hauteur, éminence, élévation ; גבע colline ; גבא puits ; גוב couper, creuser. Ind. KUPA coupe ; PANA vase à boire ; 6546 *fan* coupe ; clef 22 *fang* tout carré qui renferme, coffre ; les mêmes oppositions se retrouvent dans les noms grecs de la sauterelle : ακρις sauterelle ; ακρις sommité ; ακροτης l'extrémité, le bout (κανθαρος scarabée ; κανθαρος coupe). — Le scarabée צלצל figurait le soleil (Horap. I, 10) ; צהל, הצהיל splendentem reddidit ; σελας éclat, σαλος disque, λυκος sol. Dieu est représenté par le cercle, le carré, le triangle, la ligne, le point, le tout de tout (*Etudes hiérogl*. t. V, p. 53) ; פנה angle, créneau, chef ; 1562 *fan* colline ; 1176 *fang* levée, digue ; clef 70 *fang* le carré, les parties d'un tout. Ind. PAC lier, tenir ; πηγνυω, παγος ; 314 *ping* unir, joindre.

Le dieu Thra, une des formes de Phré, le soleil, porte un scarabée en place de la tête ; le scarabée est encore adoré chez les Hottentots. Les prophètes hébreux, qui lançaient le sarcasme sur les dieux stercoraires d'Égypte, regardaient le scarabée comme propre à rappeler l'auteur de l'univers, tant par ses qualités et son industrie que par son nom : père des sphères ou des boules qu'il forme. Les Pères de l'Église nommaient Jésus-Christ le bon scarabée, et saint Ambroise lui applique ces paroles : « Et bonus scarabæus qui lutum « corporis nostri antè informe ac pigrum virtutum versabat vestigiis : bonus scarabæus qui de stercore erigit

(7) On donne pour une des racines de καμηλος, καμπτω μηρος, courber la jambe. Aristote assure que le chameau ne couvre jamais sa mère ; c'est à cause de cette pieuse modestie que les filles à marier adressèrent autrefois leurs prières aux chameaux vierges. (Pierius, XII, 37.)

(8) Le Cancer dans sa marche oblique peint la marche oblique et rétrograde du Soleil parvenu dans ce signe. (*Hist. du calendr.* IV, 3.)

« pauperem. » חלץ délivrer, eripere, liberare. L'initié portait le scarabée pour se rappeler la base de la philosophie religieuse écartant le mal afin d'établir le bien, avec l'espoir de refleurir comme la plante. ϣⲉⲃⲓⲱ changer, transmutare; ⲡⲉⲛⲉⲃⲉ transferre; חלץ αλλασσω exuit (calceos, vestes). — « Le scarabée était le « symbole de la génération, de la procréation par un seul, parce que cet insecte n'a pas de femelle » (*Symb. des Égyptiens*) : ארבה sauterelle; רבב multiplier.

XV. La sauterelle est employée pour figurer la dévastation : des nuées de sauterelles en Égypte dévorent la verdure sur leur passage : ארבה sauterelle; חרב désoler, dévaster; ⲥⲉⲣⲉ sauterelle; ϣⲱⲣⲉⲙ peler, raser; גבח chauve; חנף dévaster; ϣⲱⲗⲉⲙ creuser. Ind. CAP rompre, briser; BHAGA portion, fraction; צלע fracture. Le mot manger a deux significations, celle de détruire et celle de nourrir : גב nourriture; ϣⲱⲗⲉⲙ bouillon, breuvage; צלול gâteau.

XVI. Le mot צלצל est aussi traduit par grillon à cause du cri aigu de cet insecte : ϣⲁⲗⲉ sauterelle; ϣⲁⲍⲉⲥⲉ dire, parler; locusta, loqui; צלל tinter; ליץ se moquer; צהל retentir; צלצל timbales; ענב instrument de musique. L'idée primitive de sauterelles est sauter; σαλος bond, saut, élan; נגב vent du midi; ענב brûler de désir (9); 2271 *fong* le vent, Wind; נפח souffler. Ind. KAP agiter, troubler; KUP s'irriter.

CHAPITRE X.

דלת PORTE.

XVII. Le د dal persan représente Mercure, qui était appelé Thoth, selon Platon Theu, et selon Properce Theutatès. En chinois, le quadruple *tau* forme avec le cercle et le croissant le caractère de l'étoile de Mercure. (*Étude des hiérogl.* t. V, p. 69.) — Thoth deux fois grand. Ch. *ta* grand, grandeur, hauteur.

Dieu est la source de toute lumière : אוד tison; ⲧⲉⲧⲉⲃⲧⲉ briller, étendre, répandre. Ind. IDH briller; HAT id.; TIT'A feu (חתה allumer). Mercure créa l'harmonie des mots et des phrases : Hermès, ερμηνευς interprète (אמר parler) : יד sens; ידע connaître, savoir; הודע manifester, révéler; עדה jour de fête; עד longtemps, éternité; עת temps, heure; ϩⲟⲟⲩⲉ. Ind. ADYA aujourd'hui. Les Égyptiens attribuaient à Mercure l'esprit, l'invention, la méditation; il était le dieu de la sagesse et de l'éloquence. Ind. DHYAI observer, méditer; תוה écrire; עדי bouche, parole; ⲧⲱϩⲟ prier, parler. La langue est consacrée à Mercure; Thoth présida à la civilisation des peuples : את charrue; ⲥⲟⲩⲟ le blé; θω, θεω placer; θεος dieu; copte ⲧⲟⲧ main; יד main, force, puissance; ϩⲧⲏ sommité.

Osiris ou Mercure était appelé père; Hésiode et les autres poètes donnèrent le même nom à Jupiter. Le Père céleste est figuré tenant d'une main l'instrument de paternité, et soutenant de l'autre l'angle, le comble qui désigne le Ciel, ou le fléau formant le même angle, pour faire entendre que le Ciel créé est un effet de la justice divine : דוד paternel; ⲥⲉⲧ, ⲥⲟⲧ père; ⲧⲟⲓ donner. Ind. DA, DAD donner.

XVIII. La porte, l'entrée, indique la marche; Mercure est représenté avec des ailes aux pieds pour marquer la rapidité de sa course : ידה lancer; דחי impulsion; ϩⲧⲟ cheval; ⲧⲟⲟⲧⲉ aller. Ind. D'I, AT aller; ATI oiseau. Ch. 1806 *tao* marcher avec précipitation; דאה voler; עדה passer; ϩⲟⲧ passage. — עודד élever, יד signifie un bâtiment. Les Athéniens représentaient Hermès par des pierres carrées qu'ils plaçaient devant le portail des temples. Horapollon dit que les Égyptiens représentaient l'homme qui aime à bâtir par une main

(9) Le mot ענב nates, podex, est venu du mot courbure, reins; גבע colline; πυγη nates; παγη lieu élevé, éminence; Krischbacken derrière; Backen tonneaux; biegen courber. Podex; podium une avance dans un bâtiment. Croupe, croupion; coxa la hanche; coxo boiteux. Ces mots n'ont d'autre rapprochement avec sauterelle que l'idée de saillir, sauter.

(II, 119). Le repos et le mouvement sont les idées que nous retrouvons dans θεος, θεω, ωθω. — Mercure enseigna la pudeur aux hommes (Pierius, LIX, 16) : עדה vêtir, orner; ϩⲟⲓⲧⲉ vêtement; וידוע הולי fecit cognoscere viros; ϩⲉⲟⲩⲧ mari. Mercure symbolisait aussi une personne dans la force de l'âge qui a la vertu d'engendrer. (Pierius, XXXIV, 16.)

XIX. Mercure était le dieu du commerce. Le commerce, qui consiste à unir ou séparer, est un des attributs du mot main : די assez, suffisamment; ϣⲱϯ levier, balance; ⲧⲱⲧ, ⲑⲱⲧ tempérer, mêler; ϩⲁⲧ argent. יחד unir; ⲧⲟⲩⲱⲧ joindre, ajouter, assembler. Ind. IT lier; DIH amasser. — Le caducée de Mercure est formé d'un bâton qu'il plaça entre deux serpents pour les séparer, et qui vinrent s'y fixer; il est le symbole de l'union. ⲑⲟⲩⲱⲧ réunir; ⲟⲩⲱⲧ réunir en un; חד un; ⲟⲩⲁⲧ seul, solus, ipse, per se; ⲟⲩⲟⲧ séparer; דאה séparer. Ind. DA, DAU séparer. Le Mercure des Grecs était qualifié par ces mots : *Hermes omnia solus.* (10). La croix de Thoth désignait tout, et la ligne droite était prise pour unité. Les caractères de l'éternel Dieu étaient la sphère et la ligne perpendiculaire; on y lisait : « Écoute, Égypte, l'éternel Dieu, notre Dieu (le fétiche de la souche de nos pères), est un. » Les anciens rois de Perse avaient pris le nom de DARA ligne, ADAD un; די qui, que, quoi; ⲉⲧ, ⲉⲧⲉ qui, que, quoi. *Unitas omnium fons et origo, nam unitas omnium initium existit et radix; omne autem genitum imperfectum est ac dividuum et incremento ac decremento obnoxium; perfecto autem nihil horum contigit.* (*Etudes hiérogl.* II, 159, 57, 58, 59; IV, 75.)

XX. Thoth Psycopompe présidait à la demeure des morts, instruisait et préparait les âmes qui entraient dans cette nouvelle et dernière période : הודיע punir, châtier; θω châtier; יד coup; חטא porter la peine du péché; תחת inférieur, au-dessous (inferi, inferius); ϩⲧⲏ extrême; ϩⲏⲧ septentrion; איד, אד perdition; ϩⲟⲧⲉ crainte; ⲟⲩϩⲟϯ terrible; דחה fouler, presser; ϯϯ foulon, fullo. Ind. TU assaillir, frapper; TUD frapper, détruire. (Voyez דלת, n° XXXIII.)

XXI. איד, אד nuage, vapeur. Ind. HED cacher, voiler; TUTT couvrir; TAYADA nuage; copte ⲧⲟⲧ ⲧⲟ tache; ⲑⲟⲥ noir. Thoth, dieu réformateur, régénérateur, qui verse les eaux de la purification sur la tête du néophyte; דוה couler; אד source; allem. Thau, Tau rosée. Ind. UD, UND couler; ϩⲁⲧⲉ flux, écoulement; הידד pleurs; ⲧⲟⲥⲧ se plaindre, se lamenter; 2726 *tao* triste, affligé; ערא concevoir; copte ⲟⲧⲥ le ventre, vulva, uterus; דוד, דד sein, mamelle (שדי le Tout-Puissant; שד mamelle). Le ϯ je suis, en copte, représente la Divinité, comme הי il est, en hébreu; il correspond au Δ grec. Le nom même de Mercure ou les consonnes qui le forment reproduisent en partie ses attributs : מכר vendre, acheter; רמך mulet; כמר agiter, inciter, brûler; כמר religieux; מכרה habitation. כרם vigne : Osiris, Mercure, Bacchus n'étaient qu'un seul et même dieu. Osiris parcourut la terre, enseigna aux hommes à planter la vigne, à faire le vin. (*Hist. all. du calendr.* p. 548.)

CHAPITRE XI

דוב OURS.

XXII. עש (OSCH) constellation du septentrion, est le nom de la grande Ourse : אש veut dire feu; דהב or : le mot or est synonyme de celui de lumière, feu; l'or représente le soleil. Horus était nommé Herichthon ou Herisichthon, c'est-à-dire l'Horus d'or, de כתם l'or pur (*Histoire du ciel,* t. I, p. 79) : פדע et פדה racheter, délivrer; פדיון rachat, prix du rachat; αρκος ours, αρκος secours.

(10) La lumière, le jour est le symbole de l'unité; les ténèbres ou la confusion marquent la pluralité, le grand nombre : Mercure est le dieu du jour, il est aussi le dieu des enfers ou des ténèbres, il est seul, il est tout. Δαιμων le bon, le mauvais génie. — On le représentait la moitié du visage clair, et l'autre moitié sombre, emblème de l'initiation et de la mort; où se reproduisait la lutte des deux principes ennemis, la lumière et les ténèbres.

La lumière ou le jour est la source de toute production, le fil, le lien de nos jours, de notre existence. Exemple : σειρ soleil; σειρα chaîne, lien : חרוץ or; צרור ligature, ligatio, fasciculus, scilicet ligatus cum pecuniâ. בד lin, fil de lin; עבדה famille (אפד ceindre, attacher; יחש famille, généalogie). Allem. Bar ours; bar (en composition) qui porte, qui produit; bar-en, ge-bar-en enfanter, produire; ursus ours; orsus commencement, principe; ortus naissance. L'ours vient au monde sans yeux, sans poil, et presque sans forme de jambes ni d'autres membres, comme une masse de chair. « Les Égyptiens, dit Horapollon, voulant désigner un enfant « informe à sa naissance et formé plus tard, peignent une ourse pleine, parce qu'elle met bas un sang con- « densé qu'elle tranforme en l'échauffant sur son sein, et qu'elle achève en le léchant. » (Horapollon, II, 83.)

« Ce symbole serait inintelligible sans l'explication qu'en offre l'hébreu. Le nom de la constellation de la « grande Ourse עש forme le mot inusité עשה qui, d'après Gesenius, a dû signifier velu, couvert de poils ; de « là le nom d'Ésaü : עשו le velu, celui qui est couvert de poils comme un ours. Le même mot עשה signifie « former, fabriquer, créer, expression employée par la Genèse lorsqu'elle parle de la création du monde. « Cet enfant informe à sa naissance, échauffé sur le sein maternel, et perfectionné par ses caresses, est le « monde, qui commença informe par le chaos et fut achevé par l'amour de Dieu (11). » (*Symb. des Égypt.*)

XXIII. On peignait une femme forte, virile, par une ourse. (Pierius, XI, 44.) בדים nerfs, muscles, os du corps; דבא force. — L'ours marque le carnage, la mort : דב, דוב ours; דבח sacrifier; אבד périr. Ind. ARKSAS ours, αρκος; ARKS briser.— La séparation, la solitude, est encore un des caractères de l'ours qui est même resté proverbial : בדד séparer, fuir; בד seul. — ⲗⲁⲃⲟⲓ ours, ⲗⲁⲃⲟ voile, ⲗⲓⲃⲉ folie; בד devin, mensonge.

CHAPITRE XII.

דגה POISSON.

XXIV. Le poisson est l'emblème de la multiplication : דגה poisson; דוג, נדה croître, multiplier; גדי la portée de la chèvre; אגד rassembler; גד en foule. — Fisch poisson; fischen gagner, profiter; fis-en produire; fassen embrasser, concevoir, saisir; fas-el couvée; גיד veine, nerf; fess-el chaîne; סד chaîne (le fil ou la race, la progéniture; υιοτης la filiation).

XXV. « Le poisson était, d'après Horapollon (I, 44), un symbole néfaste; il désignait le crime : לויתן « grand poisson, dragon, serpent dans la mer ou les fleuves; דגה couvrir, cacher, être dans les ténèbres ; les « ténèbres étaient le symbole de Typhon, personnification du crime, de la haine et de tous les maux : דאג « craindre; » גדע exterminer. (*Symboles des Égyptiens*, p. 88.)

גד fortune, hasard; la fortune, le sort prodigue ses faveurs ou en est avare : multiplication, abondance : crainte, maux, malheur, mort. Les Syriens et les Hébreux ont adoré le soleil sous le nom de Gad.

CHAPITRE XIII.

עז CHÈVRE OU BÉLIER.

ز ze, caractère du Scorpion dans le zodiaque.

XXVI. La chèvre, dit Pierius, est d'un naturel instable, mobile, lubrique : αιξ chèvre ; αισσω sauter; זע, זוע mouvoir; capra chèvre; capparis bouton de fleur; câprier, arbrisseau; זיו second mois répondant à notre mois d'avril, que l'on appelle zif, parce qu'alors les arbres commencent à bourgeonner. (Naissance du blé sous le Scorpion. (*Histoire du ciel*, I, 88.) — Ind. AJAS bouc, chèvre ; AJ mouvoir.

XXVII. Ziege chèvre (slavon saiga) ; Zicke cabri ; zeigen montrer (δεικω dico) ; חזיז l'éclair; חזה voir; οιξω, οιγω ouvrir. La chèvre était le symbole de la finesse de l'ouïe. (Horap. II, 68.) La vue et l'ouïe sont souvent

(11) Job parle d'Osh עש comme d'un animal, ch. XXXVIII, v. 32 : « Est-ce vous, dit Dieu à Job, qui ferez paître Osh avec ses petits? » C'est ainsi que Virgile parlant du pôle dit : « Polus dum sidera pascit. Tandis que le pôle fait paître les constellations. » (*Énéide*, V, 611.) Aben-Ezra dans son Commentaire sur Job, Schneider et le chev. Leight, rendent également ce mot par ourse.

pris pour le même sens. Intendere, d'où nous vient le mot entendre, signifie tendre, étendre, tourner vers, considérer attentivement, prendre garde; האזין audivit, attendit ad aliquod. אזן oreille; אזן pondérer, explorer; מאזנים balance. L'oreille désigne l'ouvrage qui doit se faire ; c'est sans doute parce qu'après avoir écouté ce qu'on doit faire, on se dispose à l'exécuter. (Horap. II, 21.)

אחז prendre, saisir. Le mot saisir se rapporte encore aux mots voir et entendre; on commence par voir, on saisit, puis l'on entend, on comprend : angl. handle oreille, anse, bras; ansa. Chevir, vieux mot qui signifie se rendre maître de quelque chose; capre, nom donné aux armateurs et aux vaisseaux armés en guerre.

עזז, עז prévaloir, être fort. Le bélier marque la force, la puissance; la chèvre, capriolus, est une machine à élever de grands poids; chevron, poutre; מזוזות poteaux d'une porte. Le Bélier couché, qui a le corps de même couleur de sang ou de feu que le caractère du monde qu'il soutient sur sa tête d'or, est élevé sur celui du firmament en forme de *tau* auquel il est attaché par des liens également rouges qui retracent le cours elliptique des astres. (*Etudes hiérogl.* III, 173.)

זוית l'angle de l'autel ou de la maison : κριος bélier, constellation, volute du chapiteau corinthien. L'Égypte et la Libye se prosternèrent devant le bélier, devant la chèvre sauvage. On célébrait à Mendès le passage du soleil sous les chevraux. (*Histoire du ciel*, I, 115.)

XXVIII. אזא brûler. La chèvre désigne la lubricité, dit Pierius; elle a donné naissance à la fable des satyres. עז impudent; caprice, R. capra.

חזיז nue, nuage; αιξ chèvre, tempête. — יזע sueur; olida capra une senteur forte et mauvaise.

XXIX. חזח dormir; חזה paix. — Le ژ ze persan est le caractère du jour du sabbat ou du repos.

CHAPITRE XIV.

זאב LOUP.

XXX. L'idée de lumière et celle d'obscurité se trouvent dans le nom du loup : λυκος loup, λυκη aube naissante, crépuscule du matin ; λυγη ombre, obscurité ; זהב or, éclat de l'or ; זאב soleil (12). Osiris était quelquefois représenté avec une tête de loup. Les Grecs vénéraient le loup en l'honneur d'Apollon. Le loup a la vue tellement perçante, qu'il voit dans l'obscurité de la nuit. Λυκαιος surnom donné à Jupiter, surnom d'Apollon à Sycione (13).

XXXI. Le loup est l'emblème de la spoliation, du rapt, du meurtre ; בזז enlever ; זבח victime ; λυκοω dévorer, déchirer; le loup זאב, comme l'ours דב, figure l'obscurité : la couleur du loup est cendrée. On rapporte pour cause de la vénération du loup que Latone enceinte se changea l'espace de douze jours en loup, et se retira à Délos, où elle accoucha, et les louves, dans certaines saisons, font leurs petits dans l'espace de douze jours. L'année prit le nom de *lycabas* la marche des loups, parce qu'elle est composée de douze mois qui se suivent sans interruption, comme, dit-on, les loups se suivent en passant une rivière, le second mordant la queue du premier, le troisième celle du second, etc. (Pierius, XI, 2. *Histoire du ciel*, I, 346). Lupercales, fêtes annuelles chez les Romains en l'honneur de Pan.—Thoth, Mercure ou Anubis fut souvent représenté avec deux visages, l'un de jeune homme, l'autre de vieillard ayant en main une clef et environnant le tout d'un serpent qui se mord la queue; ce symbole marque l'année qui forme un cercle perpétuel, et la révolution des astres qui reviennent au point du ciel d'où ils étaient partis : la jeunesse indique la naissance, la reproduction ou l'éduca-

(12) Court de Gébelin, *Histoire du calendrier*, p. 44.

(13) Le symbole du loup pour soleil est une allégorie dont les Grecs avaient perdu la langue. Dans le langage allégorique les astres ou le ciel étoilé étaient comparés à des troupeaux de moutons ou de brebis : aussi le nom de ces troupeaux était dans l'Orient le même que celui des constellations. עשתרת désignait des troupeaux de brebis et des troupeaux d'étoiles ou constellations. Ce mot était bien choisi, étant formé de עוש assemblage et תור rond, tour, ordre. Le soleil ou la lumière fait disparaître ces troupeaux lumineux, comme les troupeaux de brebis disparaissent devant le loup. Le soleil fut donc le loup et la lune la louve. (*Hist. allég. du calendr.* x.)

tion, l'élévation : עזב construire, édifier (14); la vieillesse figure l'hiver, la saison des pluies, de l'abandon, de la désolation : זוב, זב s'écouler; עזב abandonner; עזובה désolation.

XXXII. Le loup présage la prospérité : Pierius cite à l'appui la louve qui nourrit Romulus et Rémus, et le loup qui sauva Gélon de Syracuse d'un péril imminent. Le diable est quelquefois appelé le loup, mais plus souvent larron dans l'Évangile. Le loup est le symbole du pillard, du ravisseur, de l'homme fort et courageux. Dans la Genèse, Benjamin est comparé à un loup : « Benjamin est un loup qui déchire (Genèse, XLIX, 27); le matin il dévore la proie, et le soir il divise la dépouille. » Le poète Claudian, à l'exemple des philosophes de l'antiquité, dit que Rhadamante fait passer dans le corps des loups les âmes de ceux qui vivent de rapt, de pillage. Les courtisanes sont appelées louves, d'où le mot lupanar : בזה mépriser.

XXXIII. Le Janus des Latins avait les mêmes attributs cités plus haut avec le nom de portier. La porte דלת signifie ouvrir et fermer ou cacher : פה ouverture, fin. Les Phéniciens et les Arcadiens appelèrent aussi Mercure le Cyllénien כלון, ce mot signifiait la clôture ou celui qui termine l'année et qui finit pour toujours la durée de la vie : Ἑρμῆς ψυχὰς Κυλλήνιος ἐξεκαλεῖτο, Hermes Cyllenus animas evocabat. (פז or ; פזז, פז être fort. — פחז être léger, vague ; זעף triste ; נפחז pressant festinus, trepidans ; חפזון præceps, tremor, strepida festinatio ; יעף fatigatio, sudor, même idée, même allégorie.)

זבוב MOUCHE.

XXXIV. La mouche, dit Horapollon, est le symbole de l'impudence, parce que toujours chassée toujours elle revient : זבוב mouche ; פז louer, chanter ; זעף se mettre en colère ; פזז, פז sauter. La mouche subit diverses métamorphoses : ailée comme le temps, elle doit avoir quelque rapport avec ce qui précède : mutatio changement, métamorphose. Dieu fut représenté en Égypte avec des ailes de scarabée, symbole des changements de l'air, dont il est le dispensateur.

CHAPITRE XV.

אגז NOIX, NOYAU.

XXXV. Les noix étaient le symbole des noces, à cause de leur double enveloppe, dont l'une est verte et l'autre dure comme le bois, le fruit étant ainsi préservé. Le mari semait des noix en signe d'affluence de biens, quand on lui amenait son épouse. Le fruit, dans sa double enveloppe ou couverture, s'y conserve ainsi que l'enfant dans le ventre de la mère (Pierius, LI, 27). Nuß noix, de nauwen fermer ; גזה toison de laine ; גז la peau. Le mot noyau est pris pour force, vigueur ; Kern pépin, noyau ; kernig énergique ; kernlos sans noyau, sans vigueur ; πυρινη noyau, grain d'encens ; πυρινος de feu, igné : גוז voler, veut dire aussi tirer dehors, extraire ; c'est du noyau ou du pépin que la chaleur, la fermentation fait sortir et élève le germe, le rejeton : אגז fruit, arbre ; os, ossis noyau du fruit ; os, oris ouverture, entrée. KOSPS noix ; KOOPT couper, arracher ; גז raser, couper.

CHAPITRE XVII.

טיט LIMON. Τιτανις LA TERRE.

XXXVI. Isis portait le nom de Tite ou Tétis, et Horus son fils était appelé Titan, c'est-à-dire la fange (*Histoire du ciel*, I, 322). Isis était quelquefois représentée avec une tête de vache, pressant son sein et tenant le petit Horus sur les genoux : τιτθος mamelle ; θοινη nourriture ; עזר secourir. L'Isis mamelue et environnée de têtes d'animaux annonçait les fêtes de la moisson ; on lui donna aussi le nom de Rhæa, qui exprime la crême et le lait qu'elle donne aux hommes comme la pâture qu'elle fournit aux animaux : ce nom signifie nourrice. On sacrifiait une truie pleine à Maïa ou Isis, qui n'est autre que la terre, parce que le porc fait un grand dégât dans les blés et les fruits de la terre ; on appelait encore cette déesse Ops ou Opis : חטה le blé ; אתה venir ;

(14) Les mots élever et décliner se rapportent évidemment à la marche du soleil ; élever, c'est construire, édifier ; décliner, synonyme de s'écouler, abandonner, etc.

אט venir lentement; Aſt branche. ⲕⲁϩ terre; ⲕⲁϥ tronc, rameau; טוה filer (nº 114); τιταίνω tendre, étendre; עיט oiseau (voyez nº 232); πτερον aile, πτερυγιζω étendre les ailes; תעה circuivit.

תבואה le revenu de la terre, le produit des champs, signifie aussi le fruit de l'intelligence. Le mot תבון, qui tient à la même racine, désigne l'intelligence, la prudence (*Symboles des Égyptiens*, p. 97) : בטוחות sagesse ; טוחות viscères, secrètes pensées, affections; עטה conseil; τινθος ventricule, capacité. La poitrine se prend pour la place où réside la sagesse. Horace dit (*Epist*. l. I, 3) : « *Tu* n'étais pas un corps qui manquât de poitrine. » Saint Ambroise dit aussi que la sagesse repose sur la poitrine de Jésus-Christ. ⲕⲱϩⲧ feu, lumière, la terre ou Vesta; ⲕⲁϯ intelligence, prudence; ⲟⲩⲉⲛ terre; ⲟⲩⲱⲛ ouvrir; ⲟⲩⲟⲉⲓⲛ lumière, vue (ερα terre, εραω aimer, Ερατω, etc.); lutum gaude herbe qui teint en jaune; le jaune était le symbole de la lumière : luteus jaune clair.

XXXVII. Le mot terre possède encore une autre acception, celle de poussière : ⲕⲁϩ terre, poussière. La poussière est prise dans le sens de voler, voltiger : κονις poussière; κονιοω faire voler la poussière, nuage de poussière; τιναςσω mouvoir, agiter; τιταινω courir, se hâter, fuir précipitamment; τιτανος poudre; טאה balayer; עיט oiseau, troupe d'oiseaux : חתה terruit (15).

XXXVIII. En opposition aux idées précédentes, la terre est prise pour enduit, couverture; עטה couvrir, revêtir; טוח linivit, deauravit; τιτανος enduit; τιτανοω enduire de plâtre : lutum, luto. La terre est mère de la nuit et de toute obscurité; la terre, avant la lumière, était une masse confuse, le chaos. (Pierius, IX, 23.) La terre est encore prise pour boue, saleté : lutosus crotté, sali; luteus vil, abject, bas. טעה égarer; חטא pécher, manquer; τιτανωδης hideux, horrible; תעה errer; עות pervertir. חטא est quelquefois pris pour la peine du péché : τιταινω punir, venger; θνησις mort; תועה destruction, dissipation.

CHAPITRE XVIII.

טבע NATURE.

XXXIX. L'instabilité des choses humaines fit comparer la nature à Hécate ou la Lune, que l'on représentait avec trois têtes : à droite une tête de cheval, à gauche une tête de chien, au milieu une tête d'homme, parce que la lune prend diverses formes, selon sa distance du soleil : on croyait que la lune avait la puissance d'engendrer les choses intérieures, et cette puissance a été appelée *nature*. La Lune, sous le nom de Lucine, préside à la production et à l'enfantement; l'accroissement de cet astre fit supposer que les plantes, les fruits, les animaux croissaient par son influence (voyez les mots coptes lune, augmenter, avorter, à l'expl. du chap. XLVII). La nature est un anneau, un cercle, תבעת annulus, circulus. La gaieté, l'espoir, la confiance, la bonté, le bonheur, font place à la dispute, à la méchanceté, au meurtre, au feu infernal.

CHAPITRE XX.

כף PAUME DE LA MAIN.

XL. La main est le signe de la force (כח, כוח). Philon dit que la main marque l'action. Les théologiens par les mains entendent les œuvres : παλαμη paume de la main; παλαμαω produire, faire, exécuter; עשה faire; palma palme, victoire, récompense du victorieux. — Élever la main, c'est approuver, bénir; palmo caresser, flatter de la main; esp. palmadas claquement des mains l'une dans l'autre, applaudissement : יכח approuver; palmario manifeste, clair, évident; palam ouvertement, sans détours. — Les mains jointes représentent la foi; on trouve sur diverses monnaies deux mains unies avec cette légende : *fides exercituum*. — La main de Dieu est prise pour le fils même par lequel toutes choses ont été faites (voyez main, le dieu Thoth, explication du chap. X) : ימין main droite; ימין méridien; מני étoile, nº 283; כוה brûler, enflammer.

(15) אבק poussière, abigo chasser, nº 140.

XLI. La main gauche est le symbole de l'inclination au vol; παλμα le creux, le dedans de la main; παλαμη machination, fourberie; כחה obscurcir, cacher; כוח reptile; עש ver; כהה obscur, triste, resserrer, se rider; παλαιωμα vétusté, ancienneté; παλαμναιος peste, fléau. Dans l'Écriture sainte, la main désigne les fléaux. Job dit : « La main du Seigneur m'a touché : ils seront livrés à la main du glaive; » et ailleurs : « tu as appesanti ta main sur moi : » יכח reprendre, reprocher.— Les mains liées derrière le dos sont le signe de la captivité; l'espérance vaine est marquée par les mains coupées : חכה espérer, attendre. — La main signifie toute sorte de langage, dit Artémidore; le geste donne plus de force au discours, et souvent suffit pour se faire comprendre : יד לשון main de la langue; חך חיך, palais, gosier.

CHAPITRE XXI.

ככב STELLA; בכה STILLA.

XLII. Une étoile est le symbole de la Divinité, du crépuscule, de la nuit, du temps, de l'âme de l'homme mâle (Horap. II, 1) : ככב astre; כבע armure, casque; stello briller, stella; στελμα couronne. — בכה pleurer; stillo dégoutter, couler, distiller; בכא mûrier; כבה s'éteindre. ϹΙΟΥ étoile; ϹΗΟΥ le temps. Par le symbole des étoiles on entendait la divinité de Pan; l'estomac de ce dieu était dépeint bigarré de plusieurs étoiles; il représentait la nature entière : on lui faisait tenir à la bouche une flûte à sept chalumeaux pour indiquer l'accord et le concert d'autant d'étoiles errantes. Probus soutient que Pan et Jupiter ne sont qu'un seul et même dieu, d'autant que Pan signifie tout; on le revêt d'une peau de faon, de biche ou d'autre bête fauve, qui par ses mouches semble représenter les étoiles. Dans l'Écriture sainte on lit : « Dieu a étendu le ciel comme un vêtement : » רקיע étendue, ciel; ρακος peau, cuir. Le peuple en Italie appelle encore les tentures *racia*. Probus attribue l'origine de ce nom aux étoiles brillantes qui sont comme gravées sur le manteau céleste. (Pierius, XLIV, 26.)

CHAPITRE XXII.

כדכד CHARBON.

Carbunculosus brûlé, embrasé, brûlant; כדד כידוד étincelle; כדכד pierre précieuse; ϪΕϬϹ escarboucle; ϪΕϬϹ maladie, charbon de peste; ϪΩΙϬ infirme, malheureux; כיד perdition, perte. — ϪΕϬϹ charbon; כדכד charbon; כחד cacher, celer; דעך éteindre, charbonner, noircir. — כד vase, amphore; ϬϬΟΡ charbon, le noir du pot, de la marmite, R. ϬΩΙϬ cuire, de même que caldarium chaudron, de caldus chaud.

CHAPITRE XXIV.

למד L'AIGUILLON (16).

Le ل persan est le caractère de la nuit et de la planète de Saturne (17), et d'aspect contraire : aussi trouvons-nous dans les attributs du ל d'un côté l'élévation, la lumière, l'expansion; de l'autre la nuit, la folie, le vide, l'extermination.

(16) Les mots lever, conduire, rayonner, ont toujours appartenu au soleil; un fouet était placé à la main d'Osiris, à la droite de Jupiter d'Héliopolis et à la droite de Jupiter de Syrie; on voulait le représenter comme le guide des astres et de toute la nature. Les Grecs représentèrent Apollon le fouet dans une main, les rênes dans l'autre, gouvernant quatre chevaux ailés. (*Hist. du ciel.*) L'image d'Horus Harpocrate, symbole du lever du soleil, figurait le nouveau soleil de la vie future, qui reluisait pour les seuls initiés, le soleil de justice qui, armé du fléau et du fouet, viendra juger les morts. (*Étud. hiérog.* II, 105.)

L'image divine du Créateur est distinguée par le fléau qui figure les expressions des œuvres et du terrible. (*Idem*, III, 171.)

(17) Sunt qui per Anubim Saturnum interpretentur, quod omnia ex sese pariat, atque ità sit et luminis et tenebrarum

XLIII. Le peuple égyptien confondait le Très-Haut avec le soleil, qui en était le signe. (*Histoire du ciel.* t. I, p. 133.) אל Dieu, אלוה le vrai Dieu; Dieu est la vérité, l'affirmation, la clarté, la force, la possession. (Voyez Ιαω nomen Dei, n° 284.) הלל luire; אהל tendre, étendre. Les Arabes appellent le Ciel tente de Dieu, et Hermès appelle tabernacle le corps de la nature. יאל vouloir; אל sur, par, à cause; אלי fortement; אלה chêne : sol propugnaculum Deus. La prière que les théologiens adressaient au soleil était : « Tout-puissant, âme du « monde, lumière du monde et force. » (*Etudes hiér.* IV, 185.) Dominus, dominari posseder. Le faux dieu est la négation, l'obscurité, la maladie, la mort : אלוה faux dieu; על contraire; עלה exterminer; לילה la nuit. Le philosophe Androcide reconnaissait des vérités importantes et l'*ornement* des choses divines dans les *six lettres* éphésiennes qu'on explique : *ténèbres*, *lumière*, la *terre*, et qui veulent dire : *année*, *soleil dominateur* et *vérité*. — D'une part, nous trouvons le principe ou la création, l'élévation, l'adhésion ou réunion, l'espoir, la confiance : הלל commencer; חולל former, créer; עלה élever; לוה adhérer, associer; עילעא côté; יחל espérer, avoir confiance. De l'autre part, l'extrémité ou la queue, le joug, le désespoir : אליה la queue; עול le joug; הוחיל désespérer. Les principes qu'Hermès fixa étaient : « le Dieu *un*, le *premier* Dieu créateur sorti de « lui-même, les dieux empyréens, éthéréens et célestes; » ou sous une autre expression des fragments hermétiques : « le *commencement* qui est la Divinité, la matière, l'efficacité, la nécessité, la fin et la restauration. » (*Études hiéroglyphiques*, t. V, p. 65.)

Les mots élever et élève, nourrisson, doivent nous faire comprendre comment viennent se rattacher à la même idée les mots עול allaiter; עולים enfants; יעל chamois, chevreau; עלה feuille de l'arbre; לח vert, humide. A côté du soleil qu'on représentait sur la tête des figures symboliques et au haut des peintures sacrées, se voyaient souvent des feuillages, symboles des libéralités dont il est le distributeur.

XLIV. Dieu représente la bonté, l'abondance, la possession : הלוה donner, prêter; חל possession, richesse; חלה gâteaux; עולל vendanger; ⲚⲞⲨϯ Dieu; ⲚⲞⲨⲦ farine. C'est à lui que s'adressent les louanges, les prières, les sacrifices : הלל louer; חלה prier; אלה jurer; עולה sacrifice. ⲠϬⲞⲈⲒⲤ Dieu, Seigneur; ϪⲞⲞⲤ dire (voyez Ια, Ιαω, etc. n° 284). En opposition sont les mots dévorer, frapper, pleurer, hurler, profaner, maudire, méchanceté, corruption, la lie ou l'écume que l'on enlève et que l'on jette : לוע engloutir; ילל hurler; אלה maudire; עויל inique; אלח se corrompre; חללה répudiée; הלאה écume. Les Égyptiens regardaient aussi le crocodile comme l'image de Dieu (Pierius, XI, 13); et suivant Diodore de Sicile, le crocodile est l'emblème des affections et des malheurs qui traversent la vie humaine (Pierius, XXVI, 29) (18).

CHAPITRE XXV.

לביא LE LION.

XLV. La tête du lion était, d'après Horapollon, le symbole de la vigilance et de la garde, parce que cet animal ferme les yeux lorsqu'il veille et les ouvre en dormant. Horapollon dit encore que les Égyptiens représentaient l'âme ou l'incandescence, θυμος, par le lion (I, 17).

לב cœur, esprit, intelligence; λεων lion, animal très-courageux; vir leo un homme hardi et courageux; בעל dominer. Lowe lion; Wohl bien; Wille volonté. Le mot ליש désigne un lion et la force (Gesenius) : אריאל fort, prince (אלהי mon père, mon seigneur; עפל prévaloir).

participes, quia materia obscura est, forma vero conspicua. Qui fabulas de iis quæ rerum initio facta fuerint ab Oromaze memorant, cœlo inquiunt et astris fabricatis custodem eum adhibitum, atque hinc canis figmentum excogitatum.

(18) Le bon principe est figuré par le bon serpent, terminé par une queue de crocodile. Il paraît au milieu des roseaux comme dans une image de la Bible; et cette opposition exprime vraisemblablement le vœu ordinaire pour que le bien triomphe du mal; ce symbole des ténèbres sous le nom desquelles les Égyptiens invoquaient le principe inconnu des choses, étant distingué par la faculté de voir à travers l'eau sans être vu, et représentant ce qui ne se voit ni ne s'entend, rend aussi les attributs de l'ineffable et invisible Dieu désigné par le nom des ténèbres, qu'aucun des mortels ne peut voir, mais qui les voit tous. Le Seigneur dont la lumière est comme les ténèbres. (*Ét. hiér.* II, 93.)

Le signe du Lion marque le retour du soleil au solstice d'été; c'est le moment de la plus grande chaleur, celui par conséquent où on peut le moins nier la présence de cet astre. ⲙⲟⲩⲓ lion; ⲙⲟⲩⲉ splendeur. Le lion, par le feu de sa prunelle, par sa face ronde entourée de crins comme de rayons, a la ressemblance du soleil : aussi les Égyptiens plaçaient-ils des lions sous le trône de ce dieu. (Hor. I, 17.)

Le lion est le symbole de la colère (Hor. I, 17) : להב flamme; ארי lion; חרי colère, fureur; robur, rubor, rugir, rougir, rouge de colère; luw=en rugir; שחל lion furieux. Les rapports symboliques qui existent, d'après Horapollon, entre le dieu Soleil et le lion, se manifestent dans l'hébreu de la manière la plus évidente; le nom d'Horus, le dieu Soleil, en hébreu אור prononcé (HOR), ou אר (AR) le soleil (פליא admirable).

XLVI. Le signe du Lion, ou le mois de juillet, partage l'année en deux parties égales : לבח moitié. Cybèle, l'ouverture de l'année et de la moisson en Phrygie sous le signe du Lion, est représentée une clef à la main, traînée par deux lions : יבל apporter, produire, amener; בול fruit, palme, fleur; λωος le mois d'août (חלף percer, perforavit); חליפה rejeton. Les lions sont dédiés à la Terre, mère des dieux (Pierius, I, 12) : חבל enfanter; vulva matrice; valvæ portes; פתח entrée, porte, ouverture; lena une femme débauchée. Ézéchiel appelle la ville de Jérusalem lionne à cause de sa lasciveté; les femmes de mauvaise vie sont désignées sous le nom de lionnes. (Pierius, I, 21.) Sur le tombeau de Laïs, à l'entrée du temple de Vénus à Corinthe, on voyait une lionne tenant un bélier entre ses pattes de devant, marque de lasciveté (אלפי semen meum). Cybèle était représentée couverte de mamelles pour marquer l'abondance : חלב le lait; חבל associer, ajouter; חבל fil, lien, câble; λινον, λινοω; lana laine, toison. Les peuples félicitaient Cybèle de pouvoir embrasser cent petits-fils : Κυβελα Cybèle; כפל double, couple, combler. Les tours dont Cybèle était couronnée sont un symbole de la reconnaissance que doivent les peuples à celle qui leur fournit la nourriture et les vêtements : בעל habiter; בעל plaine, vallée.

Invehitur Phrygias turrita per urbes,
Læta deum partu, centum complexa nepotes.

Atys accompagne ordinairement la Cybèle de Phrygie. Atys en phrygien signifie seigneur; on voit des monuments où Atys est appelé le très-haut, et placé à côté de Rhæa, la mère commune : μητέρι τῶν πάντων Ῥείη Ἄττιθ' ὑψίστῳ. Cet Atys est Osiris ou le soleil, et la preuve, c'est qu'Atys éprouve les mêmes traitements qu'Osiris, etc. : חובל le guide du navire, le gouverneur; חבל le mât du navire (אלף le précepteur, le maître). Voyez dans les *Études hiérogl.* (III, 164), le navire d'Osiris, *capitaine* et *gouverneur*, que les Égyptiens appelaient Canope, du nom de l'étoile au bout du gouvernail dans la constellation du navire Argo, qu'ils disaient être celui d'Osiris placé parmi les astres. Ce dieu y conduit les trois caméphées, chefs et soleils des trois mondes.

בהל presser, accélérer; esp. leno se dit d'un vaisseau, d'une galère ou de tout autre bâtiment de mer; lat. lene, sorte de bateau-gondole (ארח aller, voyager; חלף passer outre) : יובל ruisseau, courant. Le lion est le symbole du débordement d'eau : de là l'usage de faire sortir l'eau des fontaines par des gueules de lion.

En Égypte, on commençait l'année au lever de la canicule. Le mot בל signifie donc affirmation et négation, ou commencement et fin : בל non, חבל terme, בלי perte (אפל cacher, אופל ténèbres). Le lion craint le feu et même le moindre flambeau. (Pierius, XX, 7, et Horap. III, 173). Le lion est aussi représenté emportant un mort sur lequel Anubis étend les bras, suivant l'oraison funèbre : Seigneur Soleil et autres dieux, recevez-moi et transmettez-moi aux invisibles. (*Etudes hiér.* III, 45.)

XLVII. בלל mêler, confondre; le lion est de couleur fauve; esp. leonado fauve, couleur qui tire sur le roux. Le lion est vindicatif (Pierius, I, 17). Le lion en entier est l'image du formidable, parce que cet animal terrible effraye tous ceux qui le regardent (Hor. I, 20) : בלהה terreur. Le lion s'effraye et prend la fuite pour peu de chose, par exemple, pour le chant du coq (I, 29). On dénotait par le lion dévorant la chair crue, l'homme qui mange avec excès. Cet animal mange beaucoup et engloutit sans mâcher, puis reste deux ou trois jours sans manger. בלע dévorer; laniare déchirer.

Le lion est sujet à la fièvre; la fièvre est une chaleur excessive. Les Grecs l'ont nommée πυρετος, de πυρ feu; les Latins fervor. On dit que le lion est travaillé de ce mal tout le temps de son existence. Lucrèce qualifie le lion triste et morne, et de là le proverbe : le lion a ri. אבל pleurer, se plaindre; ליש le vieux lion sans force, dépérissant (עלף defecit, fessus est).

Osiris, Bacchus et le Soleil furent confondus; Virgile ne distingue point Bacchus d'avec Apollon, en donnant à Bacchus et à Cérès ou Isis le gouvernement de l'année et de la lumière:

Vos, o clarissima mundi
Lumina, labentem cœlo qui ducitis annum
Liber, et alma Ceres.

Aussi retrouvons-nous les mêmes mots pour la lumière et l'eau : אור lumière, fleuve; ים eaux; ים, ימה meridies; בול mois d'octobre, mois des inondations, des grandes pluies (19); חבל dissiper, détruire, et להב flamme, etc. Le lion était le symbole de l'année, du mois (I, 18). חבל sors mensoria le sort; חלף changer, exterminer; חליפות vices, l'alternative.

CHAPITRE XXVI.

גלגל LA ROUE.

XLVIII. Le cercle signifie toujours l'éternité, la perpétuité, chez les Égyptiens; cette figure, qui n'a ni commencement ni fin, symbolisait la Divinité. Le soleil est un disque : ὁ ἡλίου δίσκος; ελισσω tourner; גליל cercle, tour sphérique; עגיל cercle, anneau. — La roue brille en tournant : radio briller, radius rayon; אפן, אופן roue; פני est pris pour la fureur qui brille sur la face; גיל, גילה bond, saut, tressaillement; גחל étincelle. Allem. Rad roue, Radel cercle, Roth; angl. red rouge; rota roue, ρεδιον; reiten mouvoir; ⲍⲉⲗⲍⲗ roue, orbe; ελιξ anneau, mouvement de circonvolution. On dit les rayons de la roue comme les rayons du soleil; les roues attribuées aux dieux étaient distinguées par huit rayons. Numa Pompilius consacra à Vesta un temple de forme ronde, et on entendait par Vesta une flamme pure.

גלה ouvrir, révéler, découvrir; נאל observer; פנה regarder, tourner la face; לפני devant, en face; תור cercle, rang; תרע porte, ouverture, entrée. ⲔⲞⲦ roue; ⲔⲞⲦ, ⲔⲈⲦ tourner, se tourner vers quelqu'un. — לחנ prononciation, érudition. Ex. : discus disque; discutio résoudre, discuter; discurro courir, discourir; ρεω couler, fluo, evanesco, dire, parler, ⲔⲈϯ comprendre; ⲤⲞⲨⲔ inciter, provoquer; la roue crie; fraben crier.

גלל source, irrigation; אגל goutte. Ruisseler se dit de la lumière et de l'eau : des flots de lumière. — גל monceau, tas : nous tirons de même le mot volumen, entortillement, rouleau, de volvo. — גלה fil, bande : la bande de roue est véritablement un lien; la roue forme un tour, un contour; involvo entourer, entortiller. אבן roue, instrument sur lequel le potier forme ses vases; בנה construire; בן fils; גאל proche, parent.

XLIX. גל gouffre vient de גלל tourner, comme volutabrum vient de voluto; ελιξ tournant d'eau, tournoiement, tourbillon; געל abîmer, rejeter. — גל, גול éloigner, précipiter; גלה partir. Notre mot route vient probablement de tour, tourner; גלילה confins, contour, horizon; οριζων un cercle de la sphère; גלע mêlé, confus. — גלה vase rond, lenticulum. Ex. : discus plat, assiette, tourte, pâtisserie ronde. — ענל veau; עגלה vache; תור bœuf, d'où taureau, ταυρος. — גלה raser, effleurer : la roue rase la terre. Par métaphore, on a employé le même mot pour couper la barbe : rado râcler, ratisser; radius râcloire de mesureur; לעג rire, moquer, balbutier. On dit encore : la langue lui tourne dans la bouche, il ne sait s'exprimer; jouer un tour, se moquer de quelqu'un : געל répudier, dégoûter. — גלל dent; radius ergot d'un coq, piquant venimeux qui se trouve sur la queue d'un poisson, une dent, un cran, une entaillure : שנא année; שן dent; שנא enlever, changer; οἱ κραντηρες les dents maxillaires, de κραινω finir, effectuer. Chaque jour forme un cran de la grande roue; la roue est un des attributs du temps ou de la fortune, tous les mots que nous venons d'analyser en sont les caractères.

(19) Lorsque le soleil passe derrière le signe du Lion, le débordement du Nil commence, et pendant que le soleil y séjourne, l'eau se répand sur toute la plaine et la fertilise. Les Égyptiens représentaient donc par le lion le débordement ou la grande abondance d'eaux.

Chez les Mexicains, la roue de l'année commençant le 26 février, de même qu'en Égypte, porte au centre le soleil et la lune environnés des symboles des dix-huit mois de l'année ; ces images correspondent aux noms des mois : ce sont la tête d'un quadrupède sur un autel, dont on fait un usage fréquent en hiéroglyphes pour désigner des sacrifices au dieu du feu ; l'eau courante sur un escalier pour la saison des pluies, l'eau tombant d'un édifice pour la cessation des pluies, etc. La roue d'un mois avait son symbole au centre, et tout autour ceux des vingt jours correspondants à leurs noms. Court de Gébelin représente les fragments d'une roue ou d'une pierre circulaire qui servait de calendrier ; au centre sont le loup, l'ours et le serpent entourés des signes du zodiaque, puis au-dessus les animaux sacrés, les grands dieux et déesses disposés circulairement (20).

CHAPITRE XXVII.

חלד LE TEMPS, DURATIO, ÆVUM, ÆTAS ; Κρονος SATURNE.

L. Le mot חלד le temps nous présente dans ses combinaisons les idées d'élévation, d'abaissement, que nous retrouvons dans les mots Κρονὸς Saturne, χρονος le temps. דלה élever ; κορωνη sommité du cercle, toute sommité, couronne. — דלי seau à puiser, urne ; κρηνη source ; κρανιον tête, genre de coupe, crâne ; tempora les tempes. La cruche était destinée à Osiris comme dieu de toute humidité ; il était appelé Océan, comme Isis s'appelait Téthys. (Pierius, LVI, 21.) Le pot, premier ouvrage de l'art, désigne toutes ses œuvres, toute formation, la forme et les ouvriers, jusqu'à la création et l'auteur de l'univers. Les sacrifices faits au Nil et à l'Indus, le vase et le petit boisseau d'or qu'on y jetait ensuite, sont rappelés par des sacrifices pareils qu'on fait à l'étang d'Agra, *messager de toutes les eaux,* dans lequel on jette un pot avec des vœux pour obtenir les eaux de la fertilité, et avec l'espoir que le pot, après avoir visité les lacs et les rivières, reviendra plein pour être répandu sur les champs et produire une moisson abondante. Le débordement du Nil était figuré par trois cruches ; le Nil lui-même, dont la source s'appelait phiole, est représenté dans le zodiaque et dans d'autres monuments par une cruche, dont le nom Kali est encore conservé au grand canal du Caire, par lequel se répand l'affluence des eaux, qui est aussi figurée par le vase dans la main d'Isis. (*Études hiér.* I, 12, 34, 49.)

ילד enfanter : κραινω créer, effectuer ; דליות rameaux, rejetons ; κρανεια cornouiller, arbre, lance ou pique de bois de cornouiller.

LI. דלל sécher, dessécher ; דל pauvre, petit : κραναος rude, stérile ; דחל craindre ; דחילא terrible, effroyable ; κρανιζω tomber la tête la première, précipiter.

חדל cesser ; χρονιζω tarder, arrêter ; χρονιοτης mora, cunctatio ; חלד taupe. « Les Égyptiens, dit Horapollon, « représentaient l'homme aveugle par une taupe : חלד signifie la taupe, le monde et la durée de la vie. Lors- « que Isaïe dit que l'homme jetera ses idoles, les *taupes* et les chauve-souris, il emploie un symbole pour expri- « mer que l'homme renoncera à la vie mondaine : » σπαλαξ taupe, R. σπεος antre ; αλαος aveugle. La nuit s'appelait לט LATH ou LETH, c'est-à-dire cachée, obscure ; on en fit Latone, mère du jour et de la nuit, ou d'Apollon et de Diane. (*Hist. allég. du calendr.* IV.)

CHAPITRE XXIX.

טלה AGNEAU, BÉLIER.

LII. La brebis et l'agneau sont des symboles d'innocence. Jésus-Christ appelle brebis, agneaux, son peuple, son troupeau ; la brebis est le signe de l'abondance. Le mot προβασις le produit qu'on retire des troupeaux, les biens mobiliers, et le mot pecunia qui vient de pecus, pécune, pécule, en sont la preuve, et c'est ce qui a fait imaginer la toison d'or. (Pierius, X, 22.)

טל ros. — Copte ⲦⲖⲦⲖ couler en gouttes ; rosée, rose, roseau (21) ; Thau rosée, Taube colombe. Russe

(20) Ce fragment, trouvé sur le mont Aventin, se voit au Musée des Antiques.

(21) La rose est en Égypte le hiéroglyphe de l'initiation à l'amour et à la sagesse de Dieu ; le rosier devient dans la Bible l'emblème des régénérés. (*Couleurs symboliques,* par F. Portal, p. 302.)

poca rosée, росада jeune plante; ἁγνος pur, chaste; ἁγνος agnus castus; vitex arbuste; agnatio croissance; agna une jeune brebis, un épi; טלטל lancer; לאט lenteinent, petit à petit, γάνος, γανάω, νεος, νεοσσός. ⲈⲤⲰⲦⲈ, ⲈⲤⲰⲦ rosée; ⲈⲤⲰⲦ l'orge.

LIII. Le bélier est pris pour signe de destruction: לט maudire, exécrer; ἀγνως ignorant, imprudent; ἀγων combat; νεικος rixe, querelle. Le bélier et la guerre ou Mars dérivent du même mot: aries semble venir de Αρης Mars, combat, blessure; לחט enflammer, allumer; לעט, הלעיט fudit, ingurgitavit, répandre, dévorer. — Les Égyptiens portaient dans les fêtes de chaque nouveau mois les symboles qui y étaient propres, et surtout l'animal qui avait rapport au signe où entrait le soleil; ils célébraient avec une pompe particulière le retour de l'équinoxe du printemps: « Erat dies (pascalis) iste quo sol ingressus est primum signum arietis; eratque dies « ille solemnis et celeberrimus apud Ægyptios. » Chacun mettait des feuillages et des marques de la fête au-dessus de sa porte; on couronnait de fleurs le bélier, etc.: טלל couvrir, ombrager. — La brebis représente encore la sottise: le vulgaire appelle mouton un niais, un sot: de là le proverbe: προβατίου βίον ζῆν. L'Écriture sainte se sert de la même épithète pour désigner les personnes indociles, sourdes aux bons avis.

CHAPITRE XXX.

כלי VASE, CORBEILLE.

LIV. La corbeille qu'on voit parmi les inscriptions sculptées sur les monuments égyptiens se prononçait NIB, NEB ou NEV, et sa signification primitive fut celle de seigneur, maître, dominus; copte ⲚⲒⲂ corbeille; ⲚⲎⲂ seigneur. Le mot ⲚⲒⲂ ne prend cette signification que lorsqu'il est suivi d'un autre nom; toutes les fois qu'il est employé à la suite d'un nom, il devient adjectif; il signifie tout, toute, tous. (Salvolini, *Analyse*, p. 113.) כל tout, toute chose.— כלכל tenir, dispenser, gouverner. נפה corbeille, van; פנה angle, créneau, prince, chef; בנה construire (voyez πινα; banne, panier, nº 367).

ⲚⲞⲨⲂ or. L'or représente le soleil: כחל colorer (אגן coupe, נגה éclat; κανα corbeille; γάνάω luire, resplendir; כלל couronner; corolla petite couronne, guirlande.

La corbeille figure l'abondance, la corne d'abondance; כלח abondance; כלכל nourrir; כלה épouse; הלך ruisseau de miel. L'épouse, ou au moins le ventre qui contient le fils ou les petits, figure une corbeille: κενεων, κανεον, etc.; ⲚⲀⲂⲈ arche, corbeille etc. (voyez כלוב corbeille, nid, nº 263). La corbeille est le signe du pluriel, de l'abondance promise par la canicule, par Anubis ou le soleil; canicule, saison des amours: כלב chien, כלוב corbeille, כבל chaîne, lien; כפל double (voyez בית maison, תבה arche, בת fille); κυων chien, κυω porter dans son sein, κυμα le fétus. Cérès, Cybèle, Vénus étaient l'Isis des Égyptiens: κυβελη, κυβϐα, cappa, cupio, cupidus; κυπαρος, κυπρις (22). La corbeille marque aussi l'union, le pluriel, et deux individus mâle et femelle: nubo se marier; נוב féconder, donner des fruits, augmenter. Les jeunes filles qui dans certains pays portaient processionnellement les corbeilles couronnées de fleurs et de fruits dans lesquelles on renfermait les symboles du premier état du genre humain, étaient dévouées à la mère des moissons, à la nourrice des animaux et des hommes; en grec: κανηφοροι, κιστοφοροι.

La corbeille NEB est le caractère idéographique une maison (Salvolini, p. 112); corbis la cage d'un navire; כלי vêtement; היכל temple, palais. Ex.: habit, habiter, habitation. — אכל manger, consommer; corbito se remplir, se gorger de viandes; כליה les reins, les entrailles (voyez טחות entrailles, nº 114).

אכל crier: réunir et appeler sont deux mots qui se rapprochent. Calo appeler, convoquer, assembler: corbeille, temple, convocation, doivent donc appartenir aux mêmes mots.

LV. Mais le van ou crible, qui semble la traduction de נפה, signifie jeter, perdre; פנה anéantir, purifier, évacuer; כלה consommer, finir; κανειν tuer, κενος vide; חלכה pauvre; פנה s'en aller, ילך idem.

22 On montrait dans les cérémonies de l'initiation le symbole de la nature fécondante et celui de la nature fécondée, comme étant des symboles de l'agriculture qui féconde la terre, etc. (*Hist, relig. du calendr.* II, 4.)

Le mot corbeille, corbillard, a gardé l'idée de fin, mort : פוג defecit, défaillir, manquer ; כלה vieillesse ; תכלה fin, consommation. La coupe ou le calice a été pris pour le supplice capital, surtout chez les Athéniens ; et dans la sainte Écriture Jésus-Christ dit : « Mon père, s'il est possible, que ce calice s'éloigne de moi, etc. »

CHAPITRE XXXI.

מם EAU, TACHE.

LVI. « Dans la cosmogonie égyptienne comme dans la Genèse de Moïse, le monde fut créé au sein des eaux. « L'eau fut la mère du monde, la matrice de tous les êtres créés, et le mot משבר signifie la matrice et les flots : » ימים eaux ; ימים jours ; אם mère, le mim persan ۾ est le caractère du jour ; ⲙⲟⲩⲉ éclat, splendeur. Or le jour est la naissance : oriens l'orient, le levant, l'est. Vénus est sortie du sein des mers. On trouve *Venus genitrix* sur une médaille de Julia-Augusta. Thalès le Milésien regardait l'humidité comme le principe et l'origine de toute création. C'est par ce motif que le mot grec ποσις signifie humide et mari. Les Égyptiens croyaient que l'ardeur du soleil et des autres astres était entretenue par les exhalaisons des eaux ; aussi disaient-ils que le soleil et la lune ne se servaient point d'un char, mais d'un navire (Pierius, XXXIV, 4). — Le jour, le soleil, marque la vérité, la certitude, comme l'obscurité la négation, l'incertitude (V. אבל, nº 187). האם certes, assurément ; המה, הם ceux-ci ; ימא jurer ; copte ⲙⲉ vérité. Maintenant encore, on atteste par la clarté du jour ou par Dieu, qui le représente : νη Δια par Jupiter. — אמה superliminare, postis, frons le fronton, la face : le jour, la vue, la face ; οψις la vue, la face, l'espèce. Le jour, la chaleur, l'amour, en opposition à la nuit, le froid, l'indifférence : חם chaleur, ferveur ; ימה, ים méridien ; חמה chaleur, soleil : la chaleur et l'humidité sont les mobiles de la conception : יחם échauffer, concevoir. Chin 2038 *mo* mère ; 2965 *mao* concupiscence, souhaiter ardemment ; 3008 *mou* aimer ardemment. L'eau était la base universelle ou la matrice commune dont tout corps est composé : υω, υσω arroser ; ϩⲟⲩ pluie ; υσις pluie ; υς, υος porc, emblème de la génération (χοιρος natura quâ mulieres sunt.) υιος fils ; ימים, ים mulets. Le même rapport existe en latin entre equa jument et aqua eau. En copte, mère et eau sont exprimés par le même mot ⲙⲁⲩ (Voyez אגל goutte ; עגלה génisse ; גלל source, irrigation, nºˢ 209 et 211, et le Discours préliminaire, page xvj). Homère appelle l'Océan *rerum omnium parens*. Qui ne remarque point, dit Pline, que l'élévation des eaux, puis leur chute en pluies, est la cause de toute production ; que les fruits en proviennent, que les herbes, les arbres, les animaux en retirent leur force vitale, et la terre toutes ses forces productrices ?

La première condition pour la reproduction, c'est la formation en corps, la coagulation produite par la chaleur ou par le dégagement de la chaleur : חמא coaguler ; חמאה lait caillé ; מוח moelle, graisse : πηγη source ; πηγω, πήγνυω figer, coaguler (טל rosée ; θαλλω fleurir, verdir ; θαλος fils, taille, pousse ; לח humide, vert). — Fixer, c'est construire, produire : le mur, le fils, sont des mots synonymes. חומה le mur ; αμμα le nœud ; אמה le point de la voûte sous lequel étaient placés les jambages de la porte. La mère ou la base de l'édifice de la famille ; אם הדרך carrefour duquel sortent plusieurs chemins. — L'eau est le symbole de l'abondance, et marque le pluriel : מאה cent ; עם peuple, nation ; æquo faire semblable, égal ; pluo, pullus, populus (Voyez בול, nº 197). вода l'eau ; води l'augmentation de la volaille.

LVII. Le mot מום tache rappelle des idées contraires : עמם couvrir, obscurcir ; עם contre, contraire ; nævus tache naturelle de naissance ; nubes nuage, l'ombre, l'obscurité, le génie du mal, la fureur : νεφος, φονος ; מחה arracher, détruire ; חמה fureur ; מחי bélier ; מהומה tumulte, carnage ; ימה, ים plage occidentale ; κηλις macula, nævus, ulcus quasi ustione facta macula ; κηλεω comburo, decipio, noceo, subagito. Les Égyptiens appelaient la mer ruine, parce que les eaux du Nil se gâtaient en s'y mêlant ; ils avaient en horreur tout ce qui venait de la mer, et le poisson était le symbole de la haine (Pierius, XXII, 7). La racine copte qui fournit le mot mère, d'où dérive le nom de l'eau, le grand principe de la fécondité de l'Égypte, est aussi celle du mot mort ⲙⲟⲩ, ⲙⲟⲟⲩⲧ Thermuthis, épouse de Svek, dieu destructeur.

CHAPITRE XXXIII.

אגם LAC.

LVIII. Le mot lac, étang, porte l'idée d'amas, d'abondance : גם aussi, encore ; il représente la mer, qui reçoit toutes les eaux sans que son niveau en soit sensiblement changé : lacus, bassin, réservoir ; גמא dévorer, engloutir. Mais la réception nécessite la jonction, la réunion. Les mêmes lettres אגם jonc, roseau, marquent cette liaison, expression d'autant plus juste que le jonc ne croît que dans les lacs ou marais. Le français a conservé cette même analogie dans les mots lac et lacs (nodi, laqueus). Le roseau était le symbole de la royauté, de l'irrigation et de la fécondation de toutes choses.

LIX. Le mot lac a encore la signification de creux, déchirement : λακκ précipice, fente, crevasse ; עגם se plaindre ; גמה contraire ; מוג se dissoudre ; גמא bois très mince ; λακιζω, fendre, déchirer ; en français lâché laxus, remissus. Ex. : בלע avaler, engloutir ; בעל épouser, dominer ; בלע détruire, perdre, rompre, arracher ; לעב tourner en dérision ; מג mage, etc. ληκεω, résonner, crier, craquer.

CHAPITRE XXXIV.

דם LE SANG.

LX. Plusieurs poètes ont prétendu que le sang était l'âme, de là cette expression : *purpuream vomit ille animam*. Sanguis la vie, la force, la vigueur : מאד force, véhémence ; מאד beaucoup, trop, et par analogie עמוד colonne, statue ; מעמד état, consistance. — Le sang est souvent pris pour marquer le rouge : אדם rougir ; ארמה terre rouge : sanguine, pierre rouge.

דמע pleurer : on dit encore des larmes de sang. Sanglots singultus ; sanguino saigner, jeter du sang. Le vin que l'on offrait en sacrifice représentait le sang, et on lui en a souvent donné le nom. Le Psalmiste dit : Ils ont bu le sang de la grappe. Le vin est appelé le sang des dieux ; Achille Tatius et les Septante eux-mêmes appellent le vin αιμα σταφυλης le sang du raisin. — Le sang est pris pour la personne, le peuple : sang race, famille : אדם homme ; מד taille, personne ; sanguis race, extraction, famille ; דמה être semblable ; דמות ressemblance, similitude : même sang, frère et sœur, sanguis parenté, lignée.

LXI. דממה souffle léger ; דמה attendre, espérer ; דמה penser, espérer. Le sang, dans l'Écriture sainte, se prend au figuré et signifie la raison naturelle dans l'état où elle est corrompue par le péché : « Ce n'est pas la chair et le sang qui vous ont révélé ces mystères. » — דום se taire ; דומה silence, repos ; דמיה attente : sang-froid, présence d'esprit, tranquillité d'esprit. — הדם engraisser. Sanguin, les hommes gras sont ordinairement sanguins ; CNAC sang ; CANOY nourrir, allaiter ; αιμα sang ; μαια nourrice, mère. La sangsue est l'hiéroglyphe d'appétit insatiable (Pierius, xxx, 21).

Le mot russe руда signifie mine, minerai, sang ; αιματιτης veine, vaisseau qui contient le sang. Le mot veine est également employé pour les filons d'une mine. מד prix, estimation ; מדה mesure, mode : pur sang, demi-sang, sang mêlé en parlant des races.

מעד chanceler, vaciller : saigner du nez, reculer, avoir peur. — דמה exterminer ; מדה tribut : sang, meurtre, cruauté. Les mots מועד temps solennel, מועד pourquoi, appartiennent à עד, עדה temps, assemblée.

CHAPITRE XXXV.

מזח CEINTURE.

LXII. Le Seigneur, qui est ceint de plénitude de pouvoir, est représenté par une ceinture, par le caractère de plein et par celui de pouvoir, dérivé du symbole linéaire d'un maître. Les termes hébraïques ont les mêmes rapports avec les noms d'une ceinture et d'un maître (*Et. hiérog.* III, 152). מזיח cinctus ceint, fort, prêt à combattre. Les Romains prennent l'homme ceint pour armé et valeureux.

מחוז port, région : enceinte, circuit ; enceinte du camp ; cautio sûreté, caution. — זמם penser ; זמה conseil : cogo amasser, recueillir, presser, resserrer ; cogito penser, méditer ; KOTC conversion, cercle, tour malice.

LXIII. On disait des femmes qui accouchaient la première fois qu'elles déliaient leur ceinture. La nouvelle épouse était ceinte d'une ceinture faite de laine de brebis que le mari déliait la première nuit en l'honneur de la déesse virginale : coitio, coitus conjonction, accouplement; זמה turpitude; זמה souiller, corrompre. — מזא allumer; זעם indignation : coitio le choc des gens de guerre, combat, rencontre.

CHAPITRE XXXVII.

חמט LÉZARD, CROCODILE.

LXIV. « D'après Clément d'Alexandrie, le crocodile figurait le temps ; le Saturne égyptien est coiffé d'une « tête de crocodile, et le mot חמק signifie faire un cercle, tourner autour ; ce mot se rapporte à la course du « soleil, puisque חמה signifie le soleil, et qu'en hébreu le nom propre du temps signifie tourner אפן. » מט, מוט mouvoir; מטא parvenir, approcher. — Horapollon ajoute que le crocodile était le symbole de la fécondité (I, 69), et le mot חם présente les idées de parent, de mariage : le mot grec γαμος en dérive d'après Gesenius : מוטה lien du joug ; מטה lit, tribut, famille. Κροκοδειλος ; κροκιζω filer, tisser ; κροκη trame et δειλος méchant. Croc, instrument à tête recourbée.

מוט levier, perche, pieu : lacertus la partie charnue du bras pleine de muscles, le bras ; la force du bras ou du corps.— Le crocodile ayant la gueule ouverte désigne l'homme qui vit délicatement (Horap. II, 74). טעם goût, saveur. Cet animal signifie aussi un gourmand. Il mange extrêmement, se couche sur le rivage et s'assoupit.

LXV. חמס signifie violence, injure, rapine, et répond aux significations données au crocodile par Horapollon et au nom égyptien de cet animal : ⲙⲥⲁϩ crocodile ; ⲙⲉⲥⲧⲉ μισεω haïr ; מט, מוט vaciller, tomber; מות, מת la mort : un des chapitres du Rituel funéraire se rapporte au combat du défunt contre le crocodile. מעט diminuer, amoindrir. Lacertus, lacerare : d'après M. Champollion, le lézard était consacré à Bouto, divinité des ténèbres primordiales ; d'après Horapollon, la queue du crocodile était le symbole des ténèbres, et le mot חום signifie la couleur noire, la couleur des ténèbres; אטם fermer, cacher. Le crocodile חמט est un animal immonde dans le Lévitique comme dans la religion égyptienne. טמא polluer, etc.

CHAPITRE XXXVIII.

Toutes les significations des combinaisons מ et ל dont le type est מלא remplir, accomplir, se retrouvent en grec avec π et λ, ou en français avec PL ou PLN : πολυς plenus plein.

LXVI. מעל, ממעל au-dessus : πολος le sommet de la tête, le ciel : planer, voler au-dessus. — עלם jeune homme, jeune fille ; עלמות jeunesse ; πολυς, πολλος multus, frequens ; plant, jeune arbre ; plane arbre ; populus peuplier ; pullus, etc. πελω je suis, je viens. — מלל parler; מלה bruit, son de la multitude : plain-chant, chœur plenâ voce. — אולם, אלם pavé, vestibule, plain-pied, conclavia plano pede ; planum solide.

מלא exécuter, consacrer; עמל travail ; πολεω labourer la terre ; πολευω fournir, contenir ; החלים fortifier, porter secours. Remplir, accomplir, emploi, etc. planè tout à fait. — אלם réunir en faisceau : πολυς ample ; emplir, rendre plein ; חלם engraisser, plénitude ; לחם repas ; πολεω nourrir ; pollen farine ; plenitas nourriture succulente.— מלח saler; מלחים marins : pleine mer, plaine, æquor ; πολος terre labourée ; λεπιος montueux.

LXVII. Le mot remplir, accomplir, signifie encore finir, mourir ; מעלה départ ; מעל prévariquer ; לחם combattre : παλη lutte, combat ; pello chasser, pelle à feu, pelle à four pala.— עלם cacher; מעיל vêtement : pelu, pilosus pelisse ; πελος noir. — מהל mêler : pêle-mêle, confusément. — חלם songer : planus trompeur, imposteur ; πλανη erreur. — אמל se dessécher, languir, être malade ; אמלל faible : πολιοω grisonner, blanchir ; πολια vieillesse. — מלוח herbe amère : πολιον polium plante. — מול, מל couper, arracher : λεπω écorcer, peler, écaler ; λεπις écorce ; plane, outil tranchant, planures ; peler, pelure. — הלם frapper ; הלמות maillet : pilon pilum, piler. — יהלום diamant : πελλα pierre ; flin, poudre de pierre pour fourbir les épées.

Le mot remplir est évidemment l'expression principale de ce symbole ; tous les autres mots se sont formés d'après celui-ci et sont restés attachés à la même idée dans toutes les langues : remplir, accomplir, emploi, plein, plénitude, etc.

מלך ROI.

LXVIII. Le mot מלך roi se rapproche des significations du mot ראש tête, שר prince (page xiij) : κaρ tête; κηρ, κεαρ cœur; κρεω régner : creo, rego, gero, res, creatio; מלכה ouvrage : ppo, ppꞩ roi; po tête; pн, pe soleil; pꞩ faire. מלאך ange nuncius; κηρυξ député, crieur : po, pꞩ os, oris, janua, porta, שער porta. — Au mot ראש fiel, שחר noir, correspond מלך Moloch; κηρ mort, calamité; כלם rougir, être confus; כלמה ignominie : reus coupable, de même que מעל signifie operatio et prævaricatio, etc.

CHAPITRE XXXIX.

נון POISSON, RACE, LIGNÉE.

LXIX. Un des caractères du poisson est la reproduction rapide ou la multiplication : דגה poisson; דגה multiplier. Le noun final représente un poisson (ן), et נין signifie se propager; נין fils; עונה cohabitation; les mots נוה habiter s'en déduisent naturellement. Manilius dit que ceux qui naissent sous le signe des poissons sont enclins à la volupté (Pierius, XXXI, 9). Ovide dit que Vénus fut transformée en poisson (*Métamorphoses*, IV); Diane Lucine fut représentée par le barbeau ou surmulet, que les Grecs nomment τριγλα; Eustathius soutient que ce poisson fraye et produit trois fois par an (Pierius, XXX, 14). L'antiquité a fait présider les dieux marins à la luxure et à la lasciveté. Nun ن, chez les Perses, est le caractère de l'aspect de la conjonction; nous aurons donc עין aspect, vue, couleur. — Multiplication et richesse sont des mots synonymes : און substance; הון abondance, richesses; נאות les champs, les prés; la reproduction représente le travail, la force en est une suite; און travail, force; ענין occupation; חין, חן force, vertu; allemand inne avoir, tenir; ענה occuper; copte ⲧⲉⲃⲧ poisson; ⲧⲉⲃⲥ obole; ⲧⲃⲁ myriade, dix mille; ⲧⲏⲃⲉ, ⲧⲉⲃ le doigt.

Les poissons sont le symbole de l'innocence, parce qu'ils ne sont point nuisibles, et c'est pour ce motif que Pythagore défendait qu'on en mangeât (Pierius, XXXI, 14) : ענו doux, humble; חנן avoir pitié, donner, gratifier; חין, חן grâce, prière.

LXX. דג le poisson forme le verbe דגה couvrir, cacher, être dans les ténèbres; ענן nuage, vapeur; אין non; יון boue. Les ténèbres étaient en Égypte le symbole de Typhon, personnification du crime, de la haine et de tous les maux; un autre nom du poisson דאג forme le mot דאגה crainte, sollicitude : עון, עוון iniquité, péché; נחה menacer; ינה s'affliger, etc., etc. Le poisson était, d'après Horapollon, un symbole néfaste, il désignait le crime (I, 44). Les mêmes idées sont restées dans nos langues par les mots pêche et péché; piscatus, peccatus; poisson, poison. — Le mot גד signifie la fortune, le destin : אנה arriver par hasard; תאנה événement, destin. Euthyme par les poissons de la mer entend les démons qui flottent parmi les agitations de notre vie et qui vivent du sel amer de la méchanceté. (Pierius, XXXI, 15).

CHAPITRE XL.

אבן PIERRE.

LXXI. Les mots אבן pierre, בנה construire, בחן rempart, citadelle, בהן le pouce, ont entre eux un rapport évident que nous retrouvons dans pollex, polleo et lapis. Horapollon dit que les Égyptiens représentaient l'homme qui aime à bâtir par une main, parce que la main fait tous les ouvrages. Produire, engendrer, c'est édifier, construire; editus né, issu, fils; ædes maison, temple; בנה bâtir, former, engendrer; בן fils, enfant, petit d'animal; ענב raisin (voyez n° IX). — נוב, נב germer, fructifier; נובב produire; ניב le fruit de l'arbre ou de la langue; נבע émaner, bouillir, parler, exprimer; υιος fils; υιζω crier; φαυω, φαω, luire, briller, dire; φυος fruit, germe, tige. Nous avons de même pousse, jet des arbres, pullulus rejeton d'une plante; pullus poussin, petit de quelque oiseau, de quelque animal que ce soit; piauler, piailler, pipillare.

LXXII. אבן poids. « La pierre et le rocher devinrent, à cause de leur dureté et de leur usage, le symbole « d'un fondement ferme et stable. Nous appuyant sur l'interprétation de l'un des plus célèbres hébraïsants de « l'Allemagne, nous devons considérer la pierre comme le symbole de la foi et de la vérité. » Les anciens gravaient sur la pierre les traités pour qu'ils fussent à la connaissance de tous. La vérité est ce qui existe : בינות absolument; בין entre; בינה intelligence, prudence : les pierres précieuses possèdent spécialement dans la

Bible la signification de vérité, l'Apocalypse de saint Jean en donne de nombreux exemples; les monuments de l'Égypte nomment les pierres précieuses pierres dures de la vérité (Champollion, *Grammaire égyptienne*, p. 100). Ex. : צור fort, force, est souvent pris pour pierre, parce que Dieu est immuable comme un rocher.

LXXIII. « Par opposition à cette signification de vérité et de foi, la pierre reçut dans la Bible et en Égypte la « signification d'erreur et d'impiété, et fut attribuée au génie infernal, fondement de toute fausseté. La pierre « tendre qu'on taille reçut dans la langue des monuments le nom de Seth; la pierre taillée lui était spéciale- « ment consacrée : » lapis pierre, stupide ; petra mouton, paysan ; נבוב creux, vain; נבח aboyer.

CHAPITRE XLI.

אגן COUPE.

LXXIV. La coupe rappelle la même idée que la corne d'abondance : ⲧⲁⲡ corne, corbeille ; ⲧⲟⲡ sein : נחון ventre, estomac; craterra l'urne du verseau, seau à puiser de l'eau, amphore qui la contient. — גנן protéger : vas, vasis vase; vas, vadis répondant, caution, garant. — גנה, גן jardin; creatio génération, production; נגע arriver, survenir; נהג conduire, diriger : tout ce qui nous arrive, le bien, le bonheur, nous est versé par la coupe ou la corne d'abondance : נגה briller, resplendir; ענג se réjouir, se délecter; נגן chanter. Ex. : קרן corne; קרן briller. Le même mot en hébreu signifie corne et couronne. Les cornes sont les marques de dignité, puissance, force, autorité et empire.

LXXV. La corne d'abondance répand aussi le mal, la nuit, le mensonge; נגח frapper de la corne; נגע coup; נהג chasser; נוגי mensonges; גנן cacher; en copte, le mot ϩⲟⲡ signifie cacher, couvrir et une corne; ϧⲟⲗϧⲉⲗ frapper de la corne, tuer. Le cerf perd ses cornes, elles tombent et repoussent. On représente par les cornes l'élévation de l'homme de basse condition, puis la chute, le retour dans son premier état, enfin les révolutions, les chances de la fortune : la Fortune tenait en main la corne d'Amalthée.

CHAPITRE XLII.

עדן TEMPS, ANNÉE.

LXXVI. On représente Saturne ailé, pour marquer la rapidité de sa course : נוד, נד mouvoir; אדון seigneur; דין juger : Κρονος Saturne; κρουνος source, fontaine jaillissante; κρούω agiter; κρινω juger. — אדן base, colonne auxiliaire; χρονιωτης durée; Saturne, ou le Temps, fut le premier dieu, le premier couronné. — נד tas, collection; נדה donum largum (meretricium); annus année; annuo accorder. — עדן encore; עדן vivre dans les délices; ענד lier : année, anneau; annus un grand cercle; année, âge, vie. Apollodore dit que Saturne fut garrotté d'un lien de laine l'espace d'un an et délié au mois de décembre, la veille de la fête que l'on célèbre en son honneur; d'où le proverbe que les dieux ont des pieds de laine. Cela signifie que la semence animée au ventre de la mère (car Saturne est ainsi nommé du mot satus, qui signifie semence) grandit et prend vie, quoiqu'elle soit retenue par les liens de la nature jusqu'à ce qu'elle vienne au monde, ce qui arrive au dixième mois (Pierius. XLVIII, 37). Les grains éprouvent les mêmes retards et sont retenus par les mêmes liens dans le sein de la terre jusqu'au printemps, le moment de la germination.

LXXVII. Le temps chasse, détruit tout : נדה, נוד s'éloigner; נדד fuir; דן dissoudre, annuler; נוד être triste; Χρονια vieillesse. — נדה infirmité féminine; נדה flux : menses mois des femmes, leur temps.

CHAPITRE XLIII.

אזן OREILLE.

LXXVIII. L'oreille est le symbole de l'obéissance : האזין écouter, entendre; מאזין obéissant; אזן peser, rechercher; שמע écouter, obéir, comprendre; audio obéir, être attentif. Ohr oreille; hören écouter, apprendre, obéir. שמע acquiescer : écouter c'est accorder. Dieu écoute nos prières, nous accorde la nourriture de tous les jours : זון, זן nourrir. — זן pro מין espèce : ους oreille; ουσια essence, nature, substance; שם le nom. — עזניה griffon; οσσομαι prédire, augurer. La lyre ayant deux ouvertures courbes est le symbole des oreilles et de l'ouïe; car on n'entend que par l'émotion de certains nerfs dans l'intérieur de l'oreille que le bruit fait vibrer comme les cordes de la lyre mises en mouvement. (Pierius, LX, 10.)

RAPPROCHEMENTS

ENTRE

LES CLEFS CHINOISES ET LES RACINES HÉBRAIQUES, INDIENNES ET COPTES.

Première clef chinoise *y* ou *ye* unité, perfection, droiture; clef 181 *ye* la tête. יה (IE) Dieu. Indien JI vaincre; I aller, marcher; I mouvoir, lancer; Iηος Apollon; ιεω mitto lancer, produire. Clef 56 *ye* tendre un arc, lancer une flèche; 10576 *hiu* voler, avancer; 10024 *y* parvenir jusqu'à; 11175 *je* marcher. — Copte ϩⲓ projicere, lancer; ⲉⲓ arrivée.

Chin. 136 *y* lui, il, elle; 63 *yu* moi, je, nous. — Héb. י (I) il, lui; היה (EIE) être; ⲉⲓⲉ certes, assurément; αει toujours. הא (EA) voici; εω être, aller; ϩⲉ mode, raison; 10549 *he* briller, resplendir. אח un; ⲟⲩⲁ, ⲟⲩⲉ un; 1177 *ou* moi, je. 86 *ho* le feu; αω respirer, briller; אח (Aa) four, cheminée. — AUJ vivre; ϩⲟⲟⲩ, ϩⲁⲟⲩ le jour; ⲟⲩⲱ germe; הוא (EUA) être, devenir; הוא celui-ci.

אוה désir; אוה désirer; ϩⲁⲉ nouveau.

אח courage; 1849 *hao* bien, beau, bon.

חוה (AUE) annoncer, indiquer, montrer. AH dire, parler. Latin aio. ⲟⲩⲱ réponse, annonce : 1195 *hia* plusieurs voix ensemble; 1180 *ya* cris d'étonnement, bouche ouverte; 1137 *hoa* voix confuses; 4027 *youe* lune, mois; *youe* dire, parler; 10572 *ioue* manifester; clef 73 *yau* lune, mois. ⲓⲟϩ lune.

חי (aII) vie; ⲁⲓⲁⲓ croître; YA aller, croître; AYAU temps. 10598 *yao* aller. — עיה tas, monceau. ϩⲟⲩⲟ plus, davantage, plusieurs; ϩⲁϩ beaucoup.

חח chaîne, lien; ϩⲁⲓ marier; ϩⲉ attache, contignatio. ⲓⲁⲩ, ⲉⲓⲁⲁⲩ lin.

Clef chinoise 5 *ye* courbure en dehors ou à gauche, trouble. חיה conversus est, accidit, renverser, arriver par accident. — Indien JI humilier; HI jeter. Ιεω mitto jeter, quitter. 1790 *ye* nuit; 2591 *y* reculer. ϩⲓ jacere, ⲓϧ démon; הי (EI) hélas. 1441 *ye* sanglot; 3049 *yeou* tristesse.

אהה (AEE) hélas, voix plaintive. ϩⲉ tomber, manquer, chute, ruine. Clef 203 *he* noir.

עוה (OUE) se détourner, s'écarter; עוה affliger. הוה calamité, infortune, méchanceté. 1738 *ou* hélas; 1301 *ou* contradiction, contraire; 10087 *ou* mensonge; 231 *ou* s'opposer, résister; 2925 *ou* haine; 2936 *oua* scorpion. ⲟⲩⲁ blasphème; ϩⲟⲟⲩ mauvais, méchant; ϩⲁⲩ, ϩⲁⲉ dernier, extrême.

אהו (AAU) lieu humide. HI, HO verser; VA eau. Clef 173 *yu* pluie, pleuvoir; υω pleuvoir; 5205 *oua* eau pure; 2791 *oua* le fond de l'eau; ϩⲟⲩ pluie; ⲉⲓⲱ laver.

אח (Aa) gémissement : 869 *oua* gémissement d'un enfant; 131 *yay* affligé, affliction.

חיה (aIE) il a vécu; היה il fut. — 58 *ya* le mal, et de là les dérivés mourir, ensevelir; αι heu, hu! AY aller, passer.

עיה désert. 342 *hie* vil, néant; 1442 *youe* exhaler; Clef 130 *jou* les animaux tués ou morts. ⲟⲩⲟⲓ hélas. 1616 *ye* désert; 5051 *yu* île; ⲟⲩⲉ espace; ⲟⲩⲉ être éloigné, latin abesse.

חוח épine. AY pénétrer. ⲁⲉⲓⲱ pal, pieu. Chinois *ya* fourche; 5639 *ya* dents; japonais *ha*. Clef 52 *yao* mince, délié, fin; 9503 *yao* serpent venimeux.

בוא, בא aller, venir. AB aller, mouvoir; VAH mouvoir, porter; BHU naître, exister; VI mouvoir. ⲠⲈ, ⲫⲞⲈ prævenire, ⲠⲈ être, exister. 10558 *fou* aller, courir. Clef 81 *pi* parvenir. Clef 105 *po* monter; 12470 *pa* cheval; 12060 *pao* espèce de cerf; ιππος cheval.

עוף (OUP) voler, oiseau. PAT voler, VAYAS oiseau. ⲠⲀⲠⲰⲒ oiseaux; πιπος nom d'un oiseau; ⲠⲈⲠⲀ une caille; 6363 *py* nom d'un oiseau. Clef 183 *fi* voler (en parlant des oiseaux); 536 *pao* outre, passer; 501 *piao* léger; 2021 *pie* légèreté, inconstance.

אב (AB) père. PA prince; ⲀⲫⲈ la tête. 5599 *po* père. Clef 88 *fou* père, vieillard. Clef 209 *pi* et *pie* père de famille. — פחה chef, dux, procurator. PA nourrir, soutenir; PAPU protecteur, nourricier; VIBHU, PAS maître; PATIS mari, ποσις. ⲂⲀⲒ frère. ⲫⲀ fils; ⲀⲫⲈ prince, premier; 138 *pe* aîné, frère aîné du père; *pa* primus inter regulos. Clef 66 *pou* affaires, gouvernement; 390 *py* apprêter, fournir, pourvoir; 234 *fou* aider, soutenir; 9860 *pa* régner.

אבה (ABE) vouloir, consentir. AB émettre un son; BAS désir; VET demander. Ch. 12 *pa* simultanéité. — אהבה affection, désir; חבב aimer. PAS désir; ⲫⲒ, ⲠⲈⲒ baiser, osculum; 2032 *py* aimer; יהב donner, offrir; 6184 *py* donner.

אבה lamina, אבה roseau, papyrus. VE tisser; VATAS lien, vitta; API ou PI près, sur; ABHI autour; PAC lier, tenir. ⲠⲀϢ lacet. 3313 *pie* lier; 2415 *pa* bande; 176 *pey* ceinture; אפף ceindre. PAS lier, adjoindre. 984 *py* unir, joindre, compte; ⲰⲠ compter. — פח lamina, bractea. 20 *pao* l'action d'envelopper, d'embrasser; 81 *pi* ensemble, joindre; 81 *pi* règle, mesure; איפה mesure.

אביב mois des premiers fruits; אבה fleur, fruit, arbrisseau; עפא rameau. ⲂⲀ, ⲂⲀⲒ rameau, palme; ⲫⲒⲎ bourgeon, germe; ⲂⲰ désigne l'arbre, il précède le nom des fruits. 9049 *pao* herbes très-touffues; 9066 *pa* fleurs; 2566 *vou* fleurir, croître, abonder; 6482 *fa* produire. AP acquérir; PAC cuire, mûrir; πεψις. PUS nourrir, élever; παις putus, PAUTAS enfant.

יפע resplendir; φαω briller; BHA briller. ABHA beauté; יפה beau; 106 *pe* blanc.

בעה (BOE) faire bouillonner; gonfler. ⲂⲈⲂⲈ bouillir; אפה cuire; ⲫⲀⲤ cuire. AP le feu; BAH croître

בוא, בא (BA, BUA) tuer, succomber. PAI flétrir, languir; APA loin; AVA hors; VI passer. ⲫⲞⲈ fin; פח; 956 *pé* nord; 3778 *py* mourir; 118 *py* se retirer; 255 *fou* baisser, fléchir. ⲈⲒⲂⲈ être humilié.

אפע rien. Clef 175 *fi* non, pas; 1308 *py* bord, terme. Clef 71 *vou* néant, non, privation; it. *pou* non; 903 *voe* non, ne, ni, pas; 44 *fa* manquer.

אוב (AUB) magie, python. Clef 25 *pou* jeter les sorts, percer un rocher, une mine; 172 *fo* méchant, contrarier, le dieu Fo. PUY puer, gâter (πυθω puanteur; Πυθω Python, démon dont le souffle prédisait l'avenir). — אפעה espèce de serpent. ⲈⲞⲂ, ⲈⲞϤ serpent; οφις; 1397 *pa* nom d'un serpent; *pou* ramper.

איב (AIB) être ennemi. ⲞⲨⲂⲈ contre; ⲠⲰⲈ rupture. PIS heurter, blesser; BHI crainte. 2776 *pa* crainde; 3978 *pao* cruel; 6473 *py* abhorrer. — אף colère; פה, פי le tranchant du glaive; עב lance. PHI colère; 6632 *pao* regarder avec colère; 135 *fa* attaquer, se battre. בעה demander; פעה crier. AB retentir; επω. 1118 *pa* bouche ouverte; 1157 *pa* cris des enfans qui se querellent; 1206 *pao* cris, voix prolongée; ⲞⲂⲈⲈ palais, dents. אף narine. Clef 209 *pi* et *pie*; 13223 *py* nez, narine.

חבא (ABA) cacher; חפף cacher, voiler. 98 *va* tuiles, vases de terre cuite. ⲈⲞⲠ, ⲈⲰⲠ cacher. ⲈⲂⲤ couvrir.

ביב (BIB) creux; אוב bouteille. PUTA concavité, coupe. ⲂⲞ canal. Clef 121 *feou* vase de terre cuite

grossir; BAHUS gros, compact; παχυς; Fet graisse. 8418 *fey* gras; 6289 *pao* devenir enflé; 8469 *pao* vessie; 6440 *pae* tumeur qui aboutit. SPHAY accroître; SPHITAS gonflé.

עב (OB) dense, gras; יהב poids, charge; עב poutre. 4219 *fo* poutre; 1646 *pao* rempart, forteresse; 1758 *pa* digue, jetée; 10516 *py* richesses; 8445 *pie* gras; 12342 *pao* rassasier. PIV grossir.

propre à mettre du vin ou de l'huile. Clef 21 *pi* cuiller, spatule; *pao*, *bao* ventre; 7659 *py* vide. Clef 170 *feou* fosse. — פה bouche. PI boire, abreuver; πιω bibo.

גאה (GAE) être élevé; גאוה gloire, majesté, élévation. 189 *kao* haut, éminent, sublime, hauteur; 84 *khi* l'air, le principe matériel de toutes choses; 72 *ge* le soleil. KAU, EG' luire; UC'C'A élevé; S'IKA crête. ϫⲁⲉⲥⲟ gloire; ϫⲱϫ tête; ⲥⲓⲟⲩ, ⲥⲟⲩ étoile. עש constellation. ϫⲁⲥ, ϫⲓⲥⲉ élever, exalter; ϫⲟⲉⲓⲥ Dieu, Seigneur; ϫⲱ tête, hauteur, sommet. שיא élévation; 198 *koua* se vanter, présomptueux; 3615 *kiao* orgueilleux; 10562 *ky* se lever, élever, dresser. GHAGAT vent; נאה s'élever, s'enorgueillir.

גו (GU) corps, dos. 1067 *kue* lui, lui-même. Clef 49 *ki* soi-même; איש homme noble. Clef 83 *chi* surnom que prend celui qui illustre sa famille; *kouey* noble, illustre; 725 *ky* force, vigueur; כוח, כח force; ϫⲓⲥⲉ dos; ϭⲱⲓϫ fort. S'AKA force; κικυς; AS être; SA il; יש il est; גהה santé; גה celui-ci; גויה corps vivant; גהה guérir; YOGI médicament. OG' vivre, être fort.

גוי (GUI) gens, peuple, nation. C'AYA multitude; UC amasser, accroître; CHI, CAG rassembler; ⲥⲱⲟⲩϩ réunir; קוה se rassembler; 334 *kiay* avec, ensemble; 80 *kiao* se réunir. יחש, יחס famille. SU produire, féconder; lat. suo coudre, joindre ensemble. 3486 *kiao* joindre, lier; 10368 *kia* verrat; *chu* petit cochon; 10536 *sse* petit d'une truie, petit cochon; Sau porc; ⲉϣⲱ cochon; SURAKAS. (Υς, υος sus; υις, υιος. Voy. שוה, 114.)

עגה, מעוג nourriture; ϭⲟⲩϫ breuvages, bouillon. ASHA nourriture. החזה repaître. Clef 184 *che* boire, manger; prononcé *s* il signifie nourrir, fournir des aliments; 1433 *ky* manger; עוג cuire, עגה pain cuit sous la cendre. CUS brûler; כוה brûler. ϭⲱϭ cuire; ϫⲟϥ brûlure; καυω brûler; ⲟⲉⲓⲕ pain; ογκος tumeur, éminence; קיק citrouille, ital. zucca courge. 197 *kieou* oignon, rave. Clef 97 *oua* citrouille, melon, concombre.

גו (GU) intérieur, milieu; חיק moitié; ϫⲟⲥ moitié; ϫⲟϫⲓ couper. KAC couper, fendre; CHUT diviser; K'AI creuser. גוה carquois, gaine; גיא vallée. GAUS terre. Clef 11 *ge* l'entrée, l'intérieur; 2350 *kouo* vallée profonde. Clef 150 *kou* vallée, ruisseau entre deux montagnes; χεια. ϫⲱ calice, ϫⲟⲓ navire. שקה arroser; שוקק inonder. CHUT être humide; SIK mouiller; χυω. ϫⲱϣ flot, flux, effusion. *Choui* eau; 1074 *kouey* eau stagnante; גוה absorber, gémir, tirer de. ϫⲱⲟⲩ génération.

יגה (IGE) affliger, humilier. AGHA passion, tourment; ϩⲓⲥⲉ souffrir; יגע être fatigué; שחה s'incliner, se courber. 725 *ky* las, fatigué; 2997 *sao* las, triste, affligé. יאש désespérer. — גוע mourir. CAI passer, manquer; SAI affaisser, cesser, baisser. ⲟϫϩ laqueo interimere. ⲁⲥ ancien, vieux; ϫⲟⲕ extrémité, fin; ϧⲁⲕⲓ obscurité. CHAYA ombre; σκια, etc. כהה cacher, obscurcir; סוה voiler, cacher. 150 *sse* mort, mourir. Clef 146 *sse* occident; clef 36 *sie* le soir, la nuit, l'obscurité, songe inconnu, étranger; שכח oublier; עשש vieillir. Clef 44 *chi* cadavre; גויה corps mort. Clef 49 *ki* autrefois, passé; 2595 *kuu* cacher. Clef 208 *chou* souris; כוח stellio. ענה incarcérer, retenir. GUH cacher. ⲥⲟⲕ, ⲥⲱⲕ sac, cilice; 10483 *ku* serrer, mettre en réserve.

CHAPITRE XLVII.

מני LUNE.

LXXXVI. On plaçait sur la tête d'Isis, que l'on regardait comme la lune, un croissant avec les feuillages ou les fleurs de la saison. Les mois ont été établis d'après les phases de la lune, et les Latins l'appelèrent la conseillère : מנה compter, mesurer, mensurare ; מני mensis, mois ; מנה livre, talent ; מענה sillon ; מנחה temps du sacrifice matinal ; מין espèce, genre ; מון forme, figure, image. ⲟⲟϩ la lune et le mois ; ⲟⲩⲱϩ, ⲟⲩⲟϩ ajouter, augmenter.

LXXXVII. Mais quand on prit la lune pour une déesse, on lui attribua l'intelligence, la puissance, et le gouvernement de la terre : מנה préparer, décerner, constituer ; ימין main droite. Le mot ירח lune nous confirme ces mêmes acceptions : ירה, הורה apprendre, instruire, former ; מורה docteur, législateur. ירה signifie encore pluie fécondante ou doctrine, instruction ; רי arrosement ; ריח odeur : מן manne, nourriture ; נאם parler ; נחם consoler ; מין instrument de musique. En Égypte l'enseignement des vérités de la foi était représenté par la rosée ou la pluie. (Horap. I, 37.) Nous trouvons de même en grec ῥέω couler, ruisseler, répandre, verser ; ῥέω dire, parler ; en français un flux de paroles. Les Égyptiens représentaient l'enseignement ou l'instruction par la rosée tombant du ciel ; on comprend le rapport symbolique de l'instruction qui prépare l'homme à la vie intellectuelle, et de la première pluie qui prépare la germination des plantes. Job assimile à la pluie du printemps (qui en Palestine tombe avant la moisson, aux mois de mars et d'avril) le discours plein d'éloquence et de bons fruits. — La lune, qui, d'après les prêtres égyptiens, est illuminée par le soleil et en reçoit toute sa force vitale, devint le symbole de la foi qui réfléchit les vérités révélées ; et comme la foi est le fondement de l'Église, le verbe ירה signifie fonder, poser la pierre angulaire, fondamentale ; ⲟϩⲓ, rester, persister. אמן vérité ; אמון vérité, fidélité ; אמן amen ; נאמן ferme ; נאמן fidèle : demi-lune, fortification ; σελήνη lune ; σελαγέω luire, resplendir.

LXXXVIII. Les variations de la lune ont fait attribuer aux caractères qui la représentent les idées d'augmentation et de diminution ; אמון tas, montagne ; monter, croître, croissant : הימין décliner, déclin ; minuo moins, diminuer ; מנע priver, empêcher ; refuser ; σεληνιάζομαι être lunatique ; נחם frémir, gémir. — L'arc tendu représenté en la main de la figure virginale de la Lune figurait les douleurs aiguës, parce que l'enfantement, auquel préside Lucine, est la plus grande douleur. (Pierius, LX, 12.)

נחם rugir, frémir ; ירע mauvais, méchant ; ירא craindre, trembler ; ירט décliner ; ⲟⲩϩⲉ avorter, n'être pas mis en lumière. — אמן probabilité ; המן simulacre, image. La lune nous renvoie les rayons qu'elle reçoit du soleil, elle en est pour ainsi dire l'image, la réflexion ; la lune a encore un troisième nom לבנה la blanche ; לבנה peuplier. נבל outre, ampoule, correspond à אמון mont ; לבונה encens, à מן manne ; נבל pluie, à ירה pleuvoir ; לבנה pierre, à אמן vérité, אמן ferme ; נבל instrument de musique, à מין id. מנים psalterion ; נבל fou, au mot lunatique. הימין décliner : נבל humilier ; נבלה cadavre, etc.

נמלה LA FOURMI.

LXXXIX. On dénote l'opulence par la fourmi. Les fourmis indiennes entassent même l'or (Pierius, VIII, 1). Ce n'est donc pas sans motif que l'on dit une fourmilière de biens : μᾶλλον plus, מלא etc. La fourmi forme des magasins qu'elle cache soigneusement : מנעל verrou, serrure ; on trouve dans l'ancienne orthographe le mot formi, qui conserve les mêmes consonnes que fermer. — נמלה est formé de נמל circoncire, couper ; la fourmi est citée dans un proverbe de Salomon pour une des quatre choses les plus petites de la terre. Couper, raccourcir, se rapproche de détruire, anéantir ; les fourmis étaient indices de mort, à cause de leur couleur, et parce que, disent les devins, elles sont filles de la terre et habitent les souterrains, où se trouvent les morts (Pierius, VIII, 7, 8). Elles furent funestes à Néron et à Tibère : אמלה coupé, désolé ; אלמן veuf ; etc., etc. ϭⲁϫϥ formica, ϭⲁϫⲏ, ϭⲁϫⲉ mutilus, præputiatus.

RACINES HÉBRAIQUES

AVEC

LEURS DÉRIVÉS DANS LES PRINCIPALES LANGUES DE L'EUROPE.

CAPUT PRIMUM.

אלף BOEUF, CHEF. א.

1.

א aleph, en grec αλφα, marque l'unité collective. א vaut un; il vaut mille : אלף mille, האליף mille produxit.

א marque la puissance, la domination : אלפי pater vel dominus meus; αλφα le premier, celui qui tient le premier rang, celui qui est à la tête, qui tient la première place; אלוף rex, אלוף electus, αλφα primus in re quâlibet; αλφω, αλφεω, αλφανω, invenio, excogito; פלא mirabile fuit, הפלה voto decrevit.

א est le signe absolu; il indique la première personne, celle qui parle; exemple : א קטל je tuerai. A absolutionis est nota, indè *salutaris* à Cicerone dicta est; αω, αaω, αεω, αημι luceo, flo, spiro. א, quùm est deserviens littera à fronte, est signum primæ personæ futuri; ponitur et passim vice ה, et ו et י. En russe : азъ, a, l'ase, la première lettre de l'alphabet; азъ, pr. je, moi.

2.

א devient privatif, comme en grec, ex. : 1° יה Deus, חי vivus; איה vultur, milvus. Dans ce dernier cas, א représente évidemment la négation : Dieu, la vie ou l'affirmation; le milan, le vautour, ou la négation. 2° יבב jubilare, clangere; איב inimicatus est, adversatus est. 3° בא, בוא venit, ivit, אבה voluit, placuit, consensit; בא, בוא, occidit, אבח mactatio, jugulatio : א ici encore indique la négation, l'absence, la fin, le dernier rang, la destruction.

אלוף bos, βους, βοος; בוס conculcavit, protrudit; בוש confusus est, erubuit; אלפי semen meum, φαλλος, etc.; פלח servivit, subjectus fuit, פלח dissecuit, divisit, discerpsit. Le bœuf représente ici la soumission, l'abjection, le dernier rang; le taureau, symbole de la reproduction.

Les Espagnols font A *pair* et a *non*.

Les Grecs ont rendu cet א négatif par ω, qui signifie la fin, la dernière partie; aussi ω se change souvent en α, comme Ποσειδαν pour Ποσειδων, κοιναστων pour κοινωσων, etc. Ego sum α et ω, je suis le premier et le dernier. Cette même idée de premier et de dernier ou de maître et d'élève se confirme par le mot אלף docuit et אלף didicit, studuit.

ا alif vel elif, prima Persarum littera, unitatis nota, potestate spiritus lenis, est character diei solis in ephemeridibus; item signi zodiaci cœlestis tauri; cum cifra ٥ quæ sic pingitur, ا arietem denotat.

En anglais, A, an art. un, une; en allemand, 𝔄 un.

CAPUT II.

עין OEIL. ע, φως sive OCULUS (interpretatio Hieronymi in Epistolâ ad Paulum Urbicam).

3.

עין oculus, aspectus, visio, et color alicujus rei : capitur etiam pro specie, seu superficie; ענו clamor. ע, lettre sans caractère bien prononcé, remplace les autres voyelles; elle n'est qu'un son. De même ο s'emploie pour ος qui; cet ο a quelquefois la force d'un nom : ο, η, το, le, la, le.

O litteram non solùm pro indifferente vocali habuerunt antiqui, sed et pro e usurpârunt; quin et o litteræ cum au quoddam commercium fuit; nam veteres plodo, clostra, coda, pro plaudo, claustra, cauda, dixêre.

ע son guttural en hébreu.

ع aïn, vigesima prima Persarum littera, in ephemeridibus notat conjunctionem luminarium.

4.

אעא (AOA) lignum, arbor (א je; ע la vue, l'aspect). En grec : οα pellis ovilla; ωα robe fourrée, fourrure; οιη, οα sorbus, arbor, ab εαω linquo; ex. : עצה lignum; עצה clausit; עצה dorsum, tergum; עצם pro מראה colore seu specie cutis et pro fœtu embryonis; עצם corpus.

CAPUT III.

הא. ה ISTA (interpretatio Hieronymi).

5.

הא (EA) ecce, voici; ה est-ce que? ה celui-ci, celle-là, quelqu'un, qui, oh!

ΕΨΙΛΟΝ.

Ψιλοω prononcer, accentuer avec un esprit doux. — Εω, undè ειμι sum; εω, undè ειμι et ιημι mitto; εω, undè εννυμι induo; εω, undè ιζω colloco; εω, pro εαω sino; ἑω suo, dat. ab εος; εω sum.

ה ÊTRE.

ه, he, lævissima aspiratio, trigesima prima Persarum littera, valens 5 in ephemeridibus, character diei Jovis, signique zodiaci Virginis, et Veneris planetæ, ut et lunæ lucidæ.

In principio sæpè numero nominum adjectivorum est *he* (הידיעה) notificationis; hoc est notificativum, quod est veluti articuli apud Græcos. Imò indifferenter tàm substantivorum quàm adjectivorum initiis præfigitur.

Et quia nomina propria non egent notificatione, non præponitur eis *he* notificativum, sed appellativis, adjectivis, patronymicis, gentibusque; servit autem omnibus casibus. Interdùm tamen *he* non est particula notificativa, sed ponitur vice notæ universalis, ut in האחד unusquisque. ה nonnunquàm est vocandi adverbium, ה prætereà est interrogandi et admirandi particula, etc. ה ad commonstrandum genus femineum communiter ponitur, præterquàm in nominibus numerabilibus, in quorum fine positum ה genus ostendit masculeum.

6.

Réunissant ה et א (être, je), on a הא (EA) ecce; puis אהה (AEE) heu, vox doloris, quæ capitur pro voce deprecativâ, id est obsecro, quæso, vel pro doloroso suspiro *ah;* εια, εα, interjection de douleur; *ah!*

הה ah! vox dolentis.

CAPUT IV.

וו CROCHET. ו, ET (interpretatio Hieronymi).

7.

ו vav, fermè semper est conjunctio copulativa, et, atque, ac, autem, et mutat plerumque præteritum in futurum; et contrà futurum in præteritum.

וו caput alicujus rei retortum; Rabbi Jizhac exponit יתד clavum habentem figuram litteræ vav.

ΥΨΙΛΟΝ. Υ.

R. υψιζω exalto, in altum tollo, erigo; et ψιλος mince, grêle; ψιλος, η, ον.

Υ image de la vie chez les pythagoriciens; ו signifie et; il est la liaison, la conjonction.

La répétition d'une lettre ou le redoublement marque une action plus vive et souvent le prétérit : הוה (être et être) fuit, erat; היה accidit, factus est (voyez le Discours prélim. p. vij); en latin deux négations équivalent à une affirmation.

הוה, in constructione הות, id. quod שבר corruptela, vel רעה pravitas, calamitas, in pl. הוות ; gall. : outre, au-delà, περα ; περας finis, terminus, περαω, etc.

8.

או (je, et). או sive, vel, aut.

אוה (AUE) desideravit, concupivit, petiit, in fem. אותה, hinc תאוה desiderium ; אוה significat etiam pulchrum esse ; en grec αω, αυω flo, spiro, clamo ; αυα aurora.

הוא (EUA) ille, iste, hic ; gall. lui.

Αυω accendo.

Ex. : זה, זו hic, ille ; הזיז coruscatio, n° 91. הלז ille, illa.

אוה (AUE) flexit, devertit ; אוי væ, heu?

עוה (OUE) iniquè egit, pervertit, peccavit, in fem. עותה ; idem in hiphil העוה obliquavit, pervertit ; hinc נעוה לב perversus corde ; עוה incurvatio ad peccatum ; עוה afflixit ; עועים vertigo capitis.

Αυω sicco, arefacio ; ουαι væ, miseria ; ουατιος extremus, imus ; ατη damnum, clades, peccatum ; αταω, etc.

אות bestia quædam monstruosa, draco, felis, catus marinus, etc.

D'un côté : la vie, la vigueur, le bien ; or le bien et le beau sont synonymes : טב, טוב, bonus fuit, pulcher aut jucundus fuit. De l'autre : déviation, erreur, péché, mal, animaux féroces : chat, serpent, dragon : tous mots synonymes.

CAPUT V.

יוד MAIN. — י.

9.

ידד jecit ; יד manus, virtus, potentia ; יד sensus ; די satis, sufficientia. י numériquement vaut dix.

י marque la force, la volonté, l'affirmation : יה est, יה Deus ; ια vis ; חי vivus ; ia dans toutes les langues du nord oui ; ια vox ; יאת acquievit, consensit ; יאה pulcher fuit ; hinc ιη, ιου, ιαυ, cris de joie et de douleur ; latin aio, je dis : Ια et Ιαω, nomen Dei ; אהי sum, ero ; unum de nominibus Dei, ut הללו יה laudate Dominum ; et juxtà Rabbi Kimhi, Deus vocatur IA eo quòd sit creator mundi, et סבת היותו causa essendi ipsum ; venit enim יה à verbo היה fuit ; il est, parce qu'il est, qu'il a été, et qu'il sera ; יהוה Jehova, R. היה être ; הוה il a été ou il fut.

Ab *Ieoua*, Jova, nomin. Jupiter, Jovis, ou אב יה pater Deus ; ex Minutio Felice, Mauris in Africâ Deus erat Juba pro Jova.

10.

י marque aussi la faiblesse, la négation. אי ubi ; אי quomodò ; איך de quo, undè ; איה ubi, quomodò, quò ; חי vixit ; הי id. quod נהי vel מספד quærela, væ, heu? vox ejulantis ahi, aïe, ah! הוי væ, heu ; αι heu, hei ; αιαζω lugeo, lamentor ; αι plur. fem. οι, plur. masc. de l'art. ο, η, το ; ος, η, ο ; αι pro ει si et pro ειθε utinàm. אי insula ; ια sola : isle, isolé ; אי pro אין non ; איים onocentauri, ululæ, etc.

ΙΩΤΑ.

Ιω pro εγω je, moi ; ιωγα ego.

Αιω audio, sentio, spiro.

Ιω heu ; ιωη cri, clameur.

Αιω exhaler.

11.

י tient lieu de la première personne : אבי père de moi ; ou de la troisième personne : יקטל il tuera. י en passant à l'état de consonne n'est plus qu'une liaison, un lien commun, comme ו.

היא id. quod הוא ipsa ; הוא hic, ipse, hoc, illud.

עיה cumulus, acervus ; ωα plur. d'ωον œuf ; οιαι hameaux, villages.

חות villæ, αστυ, R. στιω, etc.

היה fuit ; item corrupit, destruxit.

עיה id. quod חורבה desertum, vastitas. Οιαω solus, solitarius sum ; אוי et הוי væ, heu ! יעה purgavit, abstulit ; οιοω desolo, vasto, solum facio ; עוה eversio ; עוא iniquitas, perversitas.

CAPUT VI.

חית ou חיט UN QUADRUPÈDE. ח.

12.

חוט filum, funiculus, vitta; id. quod פתיל et תפר consuere, vel חבר componere, seu concinnare, vel חשים חוט ponere funiculum, vel קשר ligare.

שוח et טח, in hiphil הטיח, linivit, obduxit, deauravit; item שוחות exponitur pro כליות renibus, visceribus, capitur pro puris cogitationibus et affectibus, et juxtà alios pro renibus adipe obductis.

HTA.

Ητε ou, bien; ητι est-ce que; ηως aurora, l'aube du jour; η vel, an; η quâ, quo modo, quâ ratione; η aha vox desistere jubentis; ηττα inferioritas; חי vivus; חיה animal, animans, bestia, fera quæ vescitur carnibus, ut lupus, leo, vulpes; accipitur nonnunquam pro בהמה jumento. In const. חית השדה bestia agri; חיות victus; ατος pro αατος insatiabilis; αετος aquila; iste, ista; sitio, satio; σιτεω nutrio, pasco; τις aliquis, quidam.

ח vivre. ח vita (interpretatio Hieronymi ad Paulum Urbicam).

חיה (aie) vixit; חוה nuntiavit, indicavit, ostendit; חוה pl. חוות pagi; חיה caterva, turma hominum; מחיה indicium, signum. La vie c'est le signe, la force, la multitude; βιος vie; βιος les hommes, le monde.

13.

חח (aa) catenæ et vincula, in plur. חחים id. quod כבל; significat id. quod מחט acum sive hamum quo pisces capiuntur; capitur pro חלי שמחברין בו שתי שפתות החלוק armillâ et fibulâ quâ indumenta sub collo constringuntur; significat etiam קוץ spinam.

La vie, la respiration, le mouvement des poumons, חח (aa) une chaîne, un lien, un fil, une liaison représentée par ו un crochet, une agrafe, une épine : ααω luceo, flo, spiro; ααω lædo, noceo. Ex. : πνεω, πενης, πνιγω, πνιγευς.

חוט filum, funiculus, vitta; חיות vita; אית pro יש est vel sunt (114). Ex. : שני color rubeus, filum rubicundum; שני duo; שנה iterare, repetere; אנש gravi morbo affectus; אנוש homo mortalis; ישן senescere, inveterascere. — Δυω duo; δυω δυνω ingredior, induo, δυναμαι possum, valeo; υδω celebro, cano, dico : δυω, δυνω subeo, occido; δυαω calamitosum efficio; δυς ægrè, infeliciter. תרי duo, יתיר plus, abundantius : יתר superfuit, reliquum fuit, remansit; רתח incaluit, bullivit; θερω, θερος; âtre; æther, l'air, l'être; ital. essere; esp. ser, etc.

חוח (aua) spinæ nomen, undè et pro hamo qui ex spinâ fit, et pro compedibus in mirum spinæ factis sumitur; חוח itidem vel spinam è terrâ natam, vel artificialem significat ex ferro, quâ quis captivus detineatur; Rabbi Jonah dicit esse עכס ornamentum tinniens, resonans, seus trepitum excitans, quod vocant inquit ille קשקבין crepitaculum, seu tintinnabulum, gallicè sonnettes; latinè fibula; Hieron. vertit armillas.

14.

אחות (aaût) fraternitas, germanitas; Kimhi ponit radicem אחה, undè et in regimine iod succedit loco he אחי יואב frater Joab. La fraternité, un double lien, une chaîne mutuelle; εα accus. neutre d'εος son; εα les biens, ce qui appartient en propre; ευαης dont le vent est favorable. Ex. : φρατηρ confrère; φραττω enclore, enceindre. Russe брать, frère, all. Bruder; вращаю tourner.

15.

אח (aa) caminum, rogum, arula, sive instrumentum in quo accenditur ignis; אח (je vivre).

Ααω, αυω, accendo, splendeo, flo. La vie est une flamme, un foyer; אש feu; אש exister; דור pyra, rogus; דור generatio, ætas, duratio; εστια focus, lar, domus, Vesta.

Αη impér. d'αημι, souffler; αημα l'haleine, etc.

אח id. quod אחד unus, in fem. אחת una.

Ιη pour ια un; ηα pour ηυ impér. du verbe ειμι être.

Ex. : איש unus, איש homo.

אחו (aau) pratum, locus palustris.

Eau, all. Aue fémin. Wiese un pré; Wase le gazon; Wasser eau; Wasch lessive; grec. υας Hyade, constellation pluvieuse; υω, υακιζω pluo; υσις ipsa pluendi actio; υσδω pour οσδω, id est οζω oleo; ζως vivus; οζος nodus arboris, ramus, métaph. homo bellicosus; Ast branche, rameau, nœud.

Ex. : ים, ימים aquæ calidæ; יחם calefacere et concipere; מי solum dicitur de substantiâ vivâ et rationali; מי quis; מים in constr. מי et מימי aqua, aquæ.

L'humidité et la chaleur sont le principe de la vie, et par métaphore la vie elle-même.

16.

חוה (AUE) nuntiavit, indicavit; חוה ostendit

Αυω clamo, splendeo, flo.

חוות et חות oppida, villæ, vici. Αστυ. חטה triticum, αθηρ, etc.

חוח (AUA) est מין הקוץ species spinæ, paliurus, lappa, carduus, tribulus.

Αυω sicco, arefacio; αυοτης siccitas, ariditas.

Ex. : urtica ortie, herbe, démangeaison de la chair. R. uro, urito, brûler.

17.

אח (AA) pro שמחה euge; haha! admiration. האח euge, courage; εια courage.

אח (AA) væ, vah, ah, idem quod הוי; Moses Kimhi exponit pro אנחה gemitu, dicitque nun sublatum è medio; αι ah, heu, hei!

CAPUT VII.

בית MAISON. בית DOMUS, NIDUS, FAMILIA, PROSAPIA. תבה, תיבה ARCA, FISCELLA.

Be ܒ, ب, secunda Persarum littera, numeri binarii nota et character diei Lunæ, item Geminorum.

BHTA.

Βατεω vado; πατεω calco, conculco; βω, βεω, βειω, βαινω eo; αβα rota, clamor.

ב signe paternel, viril, image de l'action (Fabre d'Olivet).

ב marque l'impulsion; je le rends par απο.

Απο marque l'attraction ou la répulsion : απο à, ab, per; απο, ex, de, absque.

ב, causa instrumentalis, cum, ut; ב significat è vel ex : בזהב ex auro, et sic ponitur vice מן de, ex, è : ponitur etiam vice עם cum, et vice על super; est etiam jurantis ב per : Gen. XXII, 16 בי per me juravi; II, 11 jurate, quæso, ביהוה per Dominum; principaliter ב præponitur pro præpositione in, ut בראשית in principio, etc. Dans ce dernier cas ב est une abréviation du mot בין : βινεω ineo, etc.

Après la combinaison des voyelles entre elles, la première combinaison est celle de א (je) avec la consonne ב (par) : απο.

18.

בא, בוא (BA, BUA) venit, ingressus est. — Βαω, βαινω eo, vado; αβα rota, clamor; βαβα vox inarticulata; φαω luceo, splendeo. Βα, βαθι incede; gall. va, impératif; lat. via chemin, route; ital. va, du verbe andare; esp. vado gué, lieu où l'on passe un ruisseau, etc. All. Paß passage; angl. pass passe; path passage; lat. obeo aller, parcourir; russe путь voie. (פה ouverture, os, oris; פוח flavit, spiravit.) Вѣю souffler; бытие l'existence, βιωσις.

מבי adducens; הביא adduxit, introduxit; מבוא introitus. — Αφηκω venio ex; αφεσις remissio. R. απο ειμι.

אב (AB) pater. Φυω gigno, produco; αφυω tirer en puisant; αφω depuis que. Apud Paulum αββα pater; αππα, αππας pappas, pappus; papa; παππαζω patrem appello, appellito, abblandior patri ut infantes; ital. babbo, pappa; esp. papa; all. Papa; russe авва le père; angl. papa; Homère dit ω ποποι proh dii. Indè lat. abbas; gall. abbé; all. Abt; angl. abbot; esp. abad. Ital. abate; russe аббатъ. (פאה angulus capitis).

19.

בא, בוא (BA, BUA) occidit, occubuit. — Απο longè, procul : απεστι abest; contre, d'une manière opposée; abeo, obeo passer, mourir; gall. obit; ital. obito; esp. obito; angl. obit; grec φαω occido, interficio; russe увожу enlever, emporter; βιαθω partir; вѣю vanner.

Angl. abase abaisser, avilir. (פה finis, פאה finis et terminus.)

מבוא occidens, occasus.

Αφηκω discedo; αφεσις dimissio.

אוב (AUB) species magiæ, python, pythonissa, magus. — Ital. ubbia, abominanda superstitio, infandum præsagii genus. Ποποι, ω ποποι, quod erat genus dæmonium apud Dryopes; Dryopum linguâ dicuntur οι δαιμονες, teste Plutarcho.

(אפעה vipera, regulus, οφις serpens ex quo multa ad aruspicinam sumuntur). Οπη vespertilio; οψε, serò, vesperi; russe вечерь, Abend soir.

20.

חבה (EBE) eia, adver. hortandi, veni quæso, vel idem quod da, affer auxilium. יבב (IBB) jubilare, clangere; אבב concupivit, desideravit; בעה (BOE) rogavit, quæsivit, petiit; בעי, בעו petitio; בבעו obsecro; בי obsecro, quæso. — Russe aбie d'abord, à l'instant; вaю parler. Grec βα, vocula eorum qui se mutuo inclamant, ut et vocula risûs, à βοαω, βαβαζω vagio, loquor; βοη clamor; angl. bubby téton, mamelle, pap id. — Grec φαω dico, aio; esp. voz; lat. vox; ital. voce; angl. voice; russe пѣвéцъ chanteur. (פה os, verbum.)

21.

יבב (IBB) ejulavit, ululavit. (פעה præ dolore vociferatus est.)

Αιβοι interj. seu adver. dolentis; βοαω, βοω clamo, vociferor; angl. bay bêler, aboyer; russe вою hurler; lat. bubo, crier comme un hibou; ital. abbabare étonner, étourdir; bubare, crier comme un hibou; bubo chat-huant; gr. βαβαι, παπαι; lat. papæ, admirantis et exclamantis adverbium.

22.

אבה (ABE) voluit, consensit; אבה affectus, desiderium. — Αφη tactus, accensio; lat. aveo souhaiter, désirer ardemment; esp. voto; ital. voto vœu, voix, suffrage; gall. avis; ital. aviso; esp. aviso; angl. advice; saxon Opa spes; belge Ope; dan. Haab; russe обѣтъ vœu; all. Votum voix, suffrage; votiren, part. votirt, voter.

יהב (IEB) dedit, attulit, obtulit, item posuit; indè הבהבים dona; חבב dilexit; חביב dilectus; אהבה amor, charitas. Voué, dévoué; lat. vovere vouer; russe посвящаю consacrer, vouer, dévouer.

23.

איב (AIB) inimicatus est, adversatus est; אויב inimicus, hostis; אבח mactatio seu jugulatio; אבח fulgor seu frendor gladii; אבח terror. — Αφη coup; αφη la poussière qu'un lutteur jetait à son adversaire pour le faire tomber; angl. bob taper, duper; all. Böse mauvais, méchant; russe вoюю combatre; πατασσω, all. patschen, побои des coups de bâton; βια, βιας violentia, injuria; βιαω, βιαζω vim affero, opprimo; gall. vexé; ital. vessare; esp. vexar vexer; angl. to vex; russe обижаніе vexation.

עב (OB) hastile. — Βοη pugna, bellum; russe пика pique, lance; копье id. Ex.: δοκος hasta, lancea; δοκευω insidior, δοκη insidiosa observatio vel exspectatio. (אף ira, פי, פה acies gladii.)

24.

אבה (ABE) arundo, papyrus; אניות אבה naves arundineæ. אבה lamina. — Αφη jointure, liaison; υφοω texo; вью tordre, dévider. (פח lamina, bractea; חפה thalamus, cubile.) Fascia bande, bandelètte; ital. fascia, benda; esp. fasces faisceaux, banda; gall. bande; all. Binde; angl. band; bundle faisceaux. Παππος flos lanuginosus; παπυρος papyrus, sa tige est formée de plusieurs lames minces et concentriques, qui se détachent les unes des autres. Ex.: ערות papier, plante; עור peau.

25.

אביב (ABIB) virens, maturum; hinc mensis primus, qui est Nisan; vocatur mensis novorum et primorum fructuum. — Αβ le mois de juillet.

אבה (ABE) flos, pomum, virgultum, surculus, id. quod צמח רונן germen viride et gracile. — Φυος fructus, germen, stirps; all. Obst fruit, Obstbaum arbre fruitier. (עפא ramus, palmes.) Russe айва le coing, fruit. Est et אבב pomum, arbor pomifera, undè apud Job anaves be sunt naves poma portantes. — Απιος et απιον pyrus, pomme d'api solo virore suâ commendata; ital. melo appio; all. eppich Aepfel; lat. apii poma. Api herbe; ital. appio; all. eppich; lat. apium; esp. apio céleri, herbe. Hinc αβος maturus, tener, apud poëtas αβαι teneræ, quod de vineis dicitur jam virescere et pubescere incipientibus; hinc βιος

26.

חבא (ABA) abscondit, in hithp. התחבא absconditus est; חבה latitavit; hinc חביון absconcio, מחבא latibulum; עוב, עיב obscuravit, caligine obduxit; עבים et עיבים nubes obscuræ. — Lat. ob devant; φαιος, ου fuscus, pullus, medius inter album et nigrum; fusco, offusco; offa une masse de diverses choses, un mélange; gall. opaque, bay; ital. baio fuscus; υφος velum, tapetum, item rete; russe завѣса voile, опако contre-sens, fuscus; ital. fusco; esp. fusco sombre, brun, noirâtre; angl. fusty chanci, puant; close-air, air couvé. (חפה velavit, occultavit, operuit.)

vivus, adjecto ut sæpè fit aleph; vivit enim quod viret. Russe трава l'herbe, l'herbage; angl. bay baie, laurier femelle.

אביב (ABIB) hinc mensis Abib, nobis martius. — Ηβη juventus, pubertas; ηβαω, ηβωω, ηβασκω pubesco. Εφηβος ephebus, adolescens; παππος lanugo primæ barbæ inferiori labro adnascentis; all. Bube garçon, jeune garçon; russe пучу enfler, s'enfler; пучусь être levé, s'enfler; пушь la pelleterie; пушокъ le petit duvet.

27.

עב (OB) densus, crassus, in femin. עבה grassa; עבה incrassatum est, densum fuit. — Obex obstacle; obesus, obésité, ob-situs placé devant. Opaque παχυς grassus, spissus, opacus; ital. opaco; angl. opaque, opacity.

והב (UEB) moles, id. quod יהב onus, pondus; quidam putant esse nomen proprium loci; alii legunt אתוהב pro את והב. יהב pondus, onus id. quod משא. — Ital. peso; esp. peso poids; peso énergie, force; lat. vis la force; russe вѣсь poids; all. Gewicht pondus; angl. weigt, Wuchs crue, venue; item jet (des arbres).

Βια force, effort, multitude, abondance.

28.

ביב (BIB) id. quod נבוב concavum, vacuum, exsculptum; בהו vacuum, vacuitas, id. quod רקות vel חרבן et שממון desolatio; חוב culpa, debitum, peccatum; indè חובה debitum; חייב debitor; חייב qui aliquid debet, vel ex corpore, vel ex facultate. חיב condemnavit, mulctavit. — Σπεος specus; R. σπαω traho, extraho. Russe пустой vide; lat. vacuo, vacuitas; ital. vacuita; esp. vacuo vide, vaco vacant; angl. void, vacancy; russe вотще en vain. — All. Bay une baie; esp. baya; ital. baia fraus, dolus. Vice, ital. vitio, esp. vicio; angl. vice; belge Gebret; all. Gebrechen; russe ошибка. — Kimhi exponit חוב pro מלוה, id est pro eo cui debetur; debitum dette; lat. debeo; ital. debito; esp. debido; angl. debt.

29.

עב (OB) trabs, in plur. עבים epistylia, l'architrave, le portail.

Ital. oppio opier ou obier, aubier; lat. opulus obier; воданая бузина obier; angl. bay travée; all. Bau bâtiment, édifice, fabrique, travail, construction; Baum arbre, αβαξ abacus tabula; opus travail; οπις cura; ops, opis aide, secours; russe опера opéra, работа bâtisse, travail; древо arbre. (ערב nomen arboris, etc.) Ex.: δοκος trabs, tignum; δοκοω contigno, δοκωσις contignatio.

אוב (AUB) laguncula, in pl. אובות. — Hinc med. græc. et lat. βουττις butta, buticula bouteille; lat. obba, vasis vinarii genus; olim apud Gall. bous, et jàm nunc in prov. galliâ boute, vas ingens vinarium; esp. bota outre; ital. botte; angl. bubble bouteille; bub sorte de liqueur; russe ошибка bouteille; grec πυτινη lagena vimine obducta; bua le breuvage des petits enfants; all. Boie bouée, pappe, bouillie; ital. papa; esp. papo, pâte qu'on donne aux oiseaux de proie; papo le gosier, la poche ou le jabot, papo goître, enflure. Ex.: λαγηνος lagena, R. λαγων ilia, lateris cavitas, etc.

30.

מבוע (MBUO) fons, origo. — Φυμα id quod enatum est è terrâ, id quod ex alio ortum ducit, propago, tumor præter naturam.

בעה (BOE) ampullas facere, ut quum aqua ab igne calefacta bullit. — Αφευω inflammo, uro, torreo; φως feu; αφθη conflagravit; russe варю cuire, bouillir, печь feu, пучу enfler. (אפה pinsuit, coxit.)

31.

בעה (BOE) ulceravit, intumuit; אבעבעות inflationes, pustulæ, scabies. — Gall. bobo; ital. boffa id. quod bubo, id. quod bufo, russe жаба crapaud; esp. buhas, bubas; gall. bubes; esp. baho vapor caldariæ bullentis; bouffée de vent, etc., boia pustula. Hinc boa serpentis genus ab inflando, et tumores excitando, sive bullas, undè etiam bubo βυβων; пупырь pustule.

RÉSUMÉ.

אב marque l'impulsion; αβα la roue, πατηρ le père, βατηρ qui incedit, πατεω calco, conculco. Rien ne reste stationnaire: l'arbre, la fleur, le fruit mûrit ou meurt; aussi toutes les productions, fleurs, fruits, etc., empruntent-elles leurs noms aux verbes aller, venir, chasser; pousser; אבה flos, pomum, virgultum, אבה lamina la bande, le fil, ou la vie; תבואה proventus campi.

Même rapport entre עב trabs la solive, עבים epistylia le portail, l'ouverture, et אב pater. — It. entre עבה densus, crassus, et אבה germen viride et gracile. — Entre בעה intumuit; בעה rogavit, petiit; et יאב concupivit, desideravit.

Enfin עב hastile en rapport avec בא, בוא occidit; חבא abscondit; אבה terror; ביב concavum, vacuum, אוב species magiæ, python. (Voyez la note 8 du Discours préliminaire.)

CAPUT VIII.

גימל CHAMEAU. ג.

ج GIM, SEXTA PERSARUM LITTERA, IN NUMERIS VALET 3, EST CHARACTER DIEI MARTIS ET CANCRI IN ZODIACO.

גלם glomeravit, involvit, compegit; alius interpretatur לבש induit. גמל retribuit, reddidit, rependit bonum vel malum, persolvit; item ablactavit et protulit seu crevit; vel ut Kimhi exponit, ablactavit ad maturitatem.

גלם id. quod גוף שאין בו צורות corpus informe et fetus uterinus, sic vocatur priusquàm in membra distinguitur.

מגל id. quod חרמש falx, instrumentum quo demetuntur fruges terræ et purgantur vites.

ΓΑΜΜΑ.

Γαμω, γαμεω, nubo; γαμος, γαμοι, etc.

Αμμα, nexus; αμα, unà, cum; μαγας tabulatum testudinis chordas sustinens.

Γω, γαω capio, gigno; pario, lætor, glorior.

ג marque jonction: συν, ξυν.

Μαγις vas subigendæ farinæ, ex μασσω subigo.

Μαδιζω glabrum reddo, depilo, vello.

Αγω frango.

Par antithèse, ג marque séparation, coupure; νυξ nox; νυσσω pungo.

32.

גג (GG) solarium, מקום הגבוה locus sublimis, tectum, pars superior domûs, quæ in Palestinâ olim erat plana, ubi ea quæ erant exsiccanda soli exponebantur. Pl. חציר גגות fœnum tectorum. — Apud Homerum ωγη tegmen, diversorium; τεγη tectum, domus; all. Dach; belge Dak; angl. hog; esp. techo; russe крыша. Γη, γαιη, γαια terra, le sol solum; all. Gau campagne, contrée. (עקה peribolum in circuitu tecti factum, ne quis è plano tecto facilè deorsum cadat; קן capitur pro ædificio.

גו (GU) id. quod גוף corpus, dorsum, tergum, in pl. גויות.

Γυια membra, totum corpus; αγυια parvum forum, vicus; esp. acoguejo; russe густый touffu, épais, густота corps, огущаю épaissir. — גוי gens, natio, populus, pl. גוים.

33.

גו (GU) גוא et גוה intus, medium. גוה pharetra, vagina. Γυα, γυη, γυια fossa; גיא vallis. — Γυαλος curvus, concavus, vallis, latebra. גחון venter. (קוה inclusio, carcer.)

גוה id. quod שאף absorbuit. — Γαω capio; εγενετο sumpsit, accepit; ογκιον, ογκαιον vas in quo aliqua reponuntur, pharetra. Angl. dock bassin; gall. auge, jauge; angl. gauge id. Αγγος, εος vas quodlibet; all. Gosse égout, canal. Agoga un canal, un fossé, une tranchée; חגוה rima, scissura, foramen, caverna; ital. gaggia, cage; αγη pour ηγη, ab αγω frango; αγη littus, fractura; russe косогоръ côte; all. Gestade. גוח eduxit, extraxit, gemuit. — Γαω gigno, pario; γυαια funes quibus puppis terræ illigantur. Russe гайно un nid; esp. gajo ramus cum fructu decerptus, gage; ital. gaggio gage, récompense; angl. wages; gall. gagui, fille jeune et jolie. (אשה γυνη mulier, uxor.)

34.

גאה (GAE) id. quod רום intumuit, invaluit, sublimis fuit, elevatus est, superbivit. — Γαω lætor, glorior; γαιω lætor, superbio; ογκοω tumidum reddo; ογκος acervus, massa, eminentia. All. Gähe hauteur, roideur; ital. auge la sommité, le plus haut point, l'auge; lat. aux, augis,

35.

יגא, יגה (IGA, IGE) afflixit, humiliavit, contristavit; תוגה tristitia, dolor; anxietas, mœror, afflictio; id. יגון. (עקה angustia. יאש aversum est, desperatum est.) — Russe иго, ига le joug, das Joch. — געה clamor bovis et verbaliter mugivit. — Γοαω gemo, deploro, lugeo;

summus apex orbitæ stellarum; esp. auge; all. hoch haut, élevé, grand, sublime, relevé, superbe, orgueilleux, fort, excellent; russe громко haut, adv.; angl. high; belge hoogh haut; sax. hyhote altissimus à summitate circuli, sive circini. — Gall. gai, gaieté; ital. gaita, gaiezza, gaio; esp. gaitero; angl. gay, gaiety; russe гулй des plaisirs. (שוש exultavit, lætatus est; שיא elevatio.)

αγοος flebilis, luctuosus; γοος luctus; ογκαομαι rudo (de asinis); agonia; russe гай le croassement; ахаю gémir, soupirer; ахти hélas! Geai, angl. jay, jack-daw; jaser; angl. to chatter; ital. gazza pie; all. Schecke pie; russe сорока pie, галка chouette; gall. coq; κοκκυζω canto ut cuculus, vel gallus, acutum clamo. (קאת avis quædam habens vocem lamentabilem quæ קיק cuculus vocatur.)

נאות (GAUT) decor, gloria, majestas, item elevatio. — Αγαθος fortis, dives, excellens; αγητος admirabilis, ηγησις principatus, etc. Augustus auguste, magnifique, superbe, grand; esp. augusto; angl. august.

גאה crevit, auctum est; גאה id. quod צמח virere, crescere. — Γω, γαω genero, nascor; αγω nutrio, instituo, educo. Augeo, vigeo, ago vivre, passer la vie; âge; angl. age; all. Zeit, etc. Age, aage quùm sit revolutio annorum ducitur ab חג, חוג circuivit.

36.

עוג (OUG) id. quod אפה coxit, ustulavit; indè עגה et מעוג idem quod לחם אפוי על הגחלים panis in prunis pistus, subcinericus panis. — Καιω, καυσω uro, accendo, cremo; angl. to cook cuire; esp. cocer; ital. cuocere; russe жечь cuire; belge koken; sax. coq coquus; dan. kolken; all. kochen cuire; gaschen bouillir, mousser; Gasch levure, écume, mousse; ογκος acervus, massa; ογκωσις inflatio, tumor, amplificatio.

עגה et מעוג (OGE, MOUG) exponitur etiam pro cibo, sive sit magnus, sive parvus, in pl. עגות placenta; all. Kuchen gâteau. — γευω gusto, gustare facio; goût; ital. gusto; all. kosten goûter; angl. cake gâteau; russe охота le goût, l'envie, die Neigung. Esp. hogasa panis subcineritus; hinc est Cantabris oguia panis; gall. nouga, gâteau cuit.

37.

מעוג , עגה (OGE, MOUG) exponitur pro לעג subsannatione. — Γοη pour γοητεια præstigiæ; γοης incantator, impostor; μαγεια magia; angl. guess deviner, conjecturer; gird sarcasme, raillerie. Gaussé, gausser; jocus; ital. giuoco jeu, raillerie; esp. juego jeu, jocoso, joyeux, plaisant; belge Jock jocus; russe ходкость jeu.

38.

גהה (GEE) id. quod רפא medicatus est, sanavit, indè גהה sanitas; secundum alios, significat splendorem, et tunc נגה erit ejus radix. גה id. quod זה hic, iste; גויה corpus vivum. — υγιοω sano, curo; υγιεια sanitas, bona valetudo; υγιως salubriter, sanè, rectè; γε pour γα quidem, certè, rectè. Angl. go aller, marcher; all. Gang allure, démarche; Ganz tout, total, entier; russe шагъ démarche, le pas. (ישע salvus fuit, כוח virtus, potentia, vis.)

39.

גויה (GUIE) corpus defunctum, in construc. גוית cadaver. גוית corpora mortua. — Γυιος claudus, morbidus; γυιοω membra frango, claudum reddo, enervo, vires elido, decurro; russe гуща la lie, le sédiment; angl. go s'en aller, partir. גוע expiravit, periit, defecit, consumptum est; all. Ganz achevé, accompli. (כהה animum abjecit; עשש computruit, inveteravit.)

40.

הגה (EGE) sonuit, intonuit, disputavit; הגיג oratio, sonus, canticum; הגה loquela, querela. — Ηχη id. quod ηχος sonus, sonitus; ηχεω sono, ηχω echo, sonus reci-

41.

הגה (EGE) meditatus est, הגיון meditatio. — Ασκιος qui densam habet umbram; ασκησις meditatio; σιγη silentium, taciturnitas. (חקק cogitatio.)

procus, vox repercussa ; αγεισασθαι narrare, recensere ; ital. eco ; esp. eco ; angl. an echo ; all. Echo ; russe exo.

42.

יגע (IGO) laboravit, יגיע labor id. יגע. — Αγω ago, duco, agito, fero ; αγε age, αγετε agite ; agir ; esp. agio, cambio, trafico ; agio, agioter, agiter ; angl. to agitate agir ; to act ; all. Acht attention, soin ; russe акція action, Агентъ agent, all. ein Agent. (עשה fecit, operatus est.)

44.

חגג (AGG) festinavit, celebravit ; undè חג solemnitas ; significat propriè solemnitatem quæ cum gaudiis et epulis agitur. — Αγιος sanctus ; αγιαζω purifico ; αγιον sanctuarium ; τα αγια tabernaculum primum, cœlum secundum et tertium. Αγος res pura vel impura, piaculum, religio, nefas ; αγιοτης sanctitas ; russe угодникъ saint. All. Gast hôte, convive, prié, convié à un repas ; gach prompt, empressé : angl. guest convié, hôte.

חג agnus, hostia. — Αγνος agnus castus, vitex ; αγνος carus, purus, expers ; agneau ; Agnès, jeune fille simple ; esp. agno casto arbrisseau ; агнецъ agneau. (שה agnus.)

46.

חג, חוג (AG, AUG) circuivit, gyravit, circumdedit, terminum descripsit ; indè חוג הארץ, id. quod גלגל, sphæra terræ ; חוג שמים cardo, vel potius circulus cœli, Aben Ezra sic describit הוא קו הסובב בעיגול id est linea quæ circumscribit circulum. — Ωκυς celer, ωκα celeriter cogo, presser, quia quod undique premitur tandem rotundatur. Angl. go aller, marcher, gait démarche. D'où coche navis rotunda ; angl. cogs ; hinc κογχος, κογχη concha coque ; russe кожа la peau, le cuir. Undè olim οκκος ; ital. occhio ; slavon et russe око ; esp. ojo ; saxon Oge ; all. Auge oculus.

מחוגה circinus idem est quod כלי שמתארין ומכוונין בו העגולה instrumentum quo describunt et delineant circulum. Εικασμα simulacrum, imago, conjectura. — Ex. : compas, compasser, comparer.

ענה incarceravit, detinuit, alii per אחר retardavit. — Gall. cage, russe касса case, etc.

43.

יגע (IGO) id. quod עיף fatigatus est ; הוגיע fatigavit, labore afflixit, item יגע lassus, laboriosus, difficilis, in pl. יגיעים laboriosi ; idem יגע nocere. — Αγη, ης fractio, ruptio, fractio fluctûs inquit Suidas. Ex. : las, fatigué, rompu ; russe усталый las. (ישח humiliatio ; ישיש, etc.)

45.

הגה (EGE) pavor, terror.

חג et חוג id. quod סבב, circuivit, gyravit, circumdedit, terminum descripsit ; חג, חגג moveri, et saltare in modum ebrii. — Αγω eo, vado, rapio in jus ; αγος scelus, αγης scelestus. Ago poursuivre en justice, vexer, inquiéter, pousser, chasser, passer ; all. Acht bannissement, proscription. Esp. aquejar exciter, pousser, persécuter ; joyo ivraie, mauvais grain ; αγνω et αγνοω pour αγω ; αγνος ignarus, ignotus, imprudens ; αγνωμονειν peccare, iniquum esse. Russe худый mauvais.

47.

הגה (EGE) id. quod חסר abstulit ; הגו aufer. — Angl. ago passé ; age, vieillesse ; agone adv. passé ; agony agonie ; go passer, partir, s'en aller ; gast effrayer, épouvanter ; russe го ! го ! ho ! ho !

RÉSUMÉ.

גימל, chameau, indique d'une part la bosse ou l'excroissance, l'élévation ; גאה intumuit, elevatus est ; גאה crevit, auctum est ; גג solarium, tectum, pars superior domûs : גו corpus ; גהה medicatus est, sanavit ; עגה cibus, עוגה placenta ; עוג coxit, ustulavit. הגה sonuit, intonuit ; חגג festinavit, celebravit ; יגע laboravit ; חג, חוג circuivit, gyravit, circumdedit.

Par antithèse, il marque le creux, l'humiliation, la douleur, la folie, la crainte, la mort. גו intus, גוה pharetra, vagina ; גוח eduxit, extraxit, gemuit ; יגה afflixit, humiliavit ; געה clamor bovis ; עגה subsannatio ; הגה pavor, terror ; חגג moveri et saltare in modum ebrii ; יגע fatigatus est ; הגה abstulit : גויה corpus defunctum, etc. (Voyez la note 9 du discours préliminaire.)

CAPUT IX.

LA PREMIÈRE COMBINAISON DES CONSONNES EST CELLE DE ב απο ET DE ג συν, ξυν.

Συναπας simul omnis; συναπτω contingere facio, coarcto, copulo, agglutino, conjungo, hinc cohæreo, cogo, infio.

48.

גב (GB) idem quod גוף corpus, tergum, cervix; capitur pro staturâ. — R. גו corpus; גאה intumuit, elevatus est, עב trabs; והב moles. — Κεϐη caput pro κεφαλη; κυϐη caput le cap, la tête, le chef, la vie, le principal, le capital, l'homme ou une personne, etc.; le point, le nœud, la somme, l'origine, le commencement. (כיפא, כיף petra.) Russe Богъ Dieu; вага le palonier du timon, la balance; all. die Wage, Kuppe la cime, le haut, la pointe, item la huppe; Kopf tête; belge Hooft; ital. capo tête, chef; coppa cervix; angl. cap tête; russe кубъ le cube, der Cubus, etc.; Байка la frise; глава la tête, le chef. (ככב stella, sidus, usurpatur pro insigni vero.)

מגבע pileus, tiara, galerus. — All. Kappe cape; angl. cap bonnet, chapeau; ital. cappa chape; esp. capa; russe капоръ chape.

גבע et גבעה in const. גבעת (GBO, GBOE, GBOT) collis. — Παγος tumulus, collis; παγνυω compingo, cogo, concrescere facio. Russe бугоръ, бугорокъ colline; all. Berg montagne.

יוגב (IUGB) agricola, rusticus, idem quod עובד השדה cultor agri; יגבים capitur pro agris. — All. Pacht une ferme, fermage; russe откупь ferme.

50.

גב, גבות (GB, GBUT) supercilia oculorum; hinc גבן habens deformitatem in palpebris, aut gibbum in dorso, more cameli, et significat cacumen, summitatem. — Υφος et κυφος incurvus, gibbus; οφρυς supercilium, fastus, tumulus; οφρυοεις superciliosus, clivosus, superbus. Ital. gibbo bosse; esp. giba paquet et aussi besace pleine; giboso, corcovado bossu; angl. gibbosity gibbosité, convexité; belge Bult, Buchchel; all. Bauch ventre, Buckel bosse; russe горбъ bosse, горбунъ, bossu.

52.

גב (GB) esca, cibus. — R. עגה cibus, אבה pomum; עב densus, crassus. — Καϐη cibus, à καπτω edo; βεκος panis, cupedia; καϐος frumentariæ mensuræ genus; κοπτης copta genus placentæ; φαγω, φηγω edo, comedo; all. Gabe don, présent, régal; russe хлъбъ pain; голова la tête, un pain de sucre. (גף grossa ficus immatura; בחק lentigo; קב cabus nomen mensuræ frumentariæ.)

Αποξυνω acidum efficio, acutum reddo.

Αποξυω detraho, abradendo lævigo, distringo, expolio.

49.

גב (GB) fossa; גבא id. quod חפירה fovea, fossa, cisterna, in pl. גבאים; גוב fovea, puteus, in pl. גבים, capitur pro בקעים vallibus; גביע scyphus, crater, calix. — R. גו intus medium; גוה pharetra, vagina; חגה rima, scissura, foramen, caverna, ביב concavum, vacuum; בהו vacuum, vacuitas. — Γαϐος fossa; κυϐϐα poculum, cuppa; κυϐαζω incurvo. Κυπη, ης cupa coupe; cuve, cave; gabata une jatte, une écuelle; gobelet; καπη cruche, auge, mangeoire; idem σκαφη auge, vase, fosse; capsa coffre, boîte, caisse, hinc gabia carcer; angl. cup coupe; belge Kop, Kuppe; all. Kufe cuve; esp. cuba cuve; ital. coppa coupe; cupo profond, obscur; cupola coupole. — R. κυπη et πολεω, coupe tournée. Russe куполъ coupole; губа une baie; кубокъ godet, gobelet; бокалъ idem; all. Becher. (כף in pl. כפים cochlearia, scyphi, phialæ, vascula.) глава coupole. (קבה ventriculus, stomachus.)

51.

גבח (GBA) calvus; גבחת calvities, alopecia, depilatio; transfertur etiam ad pannum corrosum. — R. בהו desolatio, עוג coxit. — Κυφος vas quoddam concavum; κοπη sectio, incisio, cædes; κοπεω, κοπτω cædo, scindo; copis sorte d'épée en forme de faux; esp. capar couper, châtrer; ital. coppare échiner, rompre le col; russe пагуба destruction, perte. — Φαλακρος calvus; gall. chauve; angl. bald; ital. calvo; esp. calvo; angl. callow sans plumes; kibe fente, engelure; gap brèche, ouverture, vide; пустой vide, плъшивый chauve. (בקע rupit, dissecuit.)

53.

גב, גוב (GB, GUB) locusta; חגב est מין ארבה species locustæ, bruchus, in pl. חגבים. R. גוה absorbuit, בהו desolatio. — Καϐαισος vorax; φαγω, φαγειν ronger; consumer; gober, subito absorbere; nam locustarum nomina omnia ostendimus ab earum voracitate oriri. Ex.: βρουχος species locustarum; βροχω sorbeo, deglutio; russe хапать gober, кобылка sauterelle.

54.

עגב (OGB) flagravit desiderio. — R. עוג coxit, ustulavit; אבה affectus, desiderium. — Αγαπαω diligo, amo, osculor; αγαπη charitas, amor, dilectio; πνιγος æstivus calor, fervor, anxietas; πνιγευς ahenum ubi carnes suffocantur inter coquendum; russe купидонъ amour; lat. cupido, cupio. (פגע rogavit, precibus oravit.)

55.

עגב (OGB) in commentariis significat nates et loca obscœna. — Πυγαι nates, podex, penis, peniculus; πυγη nates, clunes; angl. buttock; all. Arschbacke fesse; Backe joue; ягодицы fesse. (קבה lupanar, prostibulum, capitur pro loco obscœno.) — Sunt qui עגב (OGB) exponunt pro spinâ dorsi, alii pro natibus, alii pro membro generationis. R. גו dorsum, tergum; יגה humiliavit; חבא abscondit. Ψοα, ας et ψυα reins, dos, râble; οσφυς lumbus, ilia; all. Bug courbure, garrot, hampe; Buckel le dos; angl. back le dos; russe сгибъ courbure.

עגבים (OGBIM) amatores insani id. quod לעגים irrisiones. — R. מעוג, ענה subsannatio. ארב species magi. — Νηπιαζω agir comme un enfant, un sot; νηπιος nigaud, niais; angl. gabble babil, bavardage; russe болтамь babiller. Nepos neveu, débauché, libertin. - Ex.: posticus, posterior, posteri; posterior, id est nequior, deterior; posteriora in animali dicuntur, quæ à tergo sunt, et à parte aversâ.

56.

עגב (OGB) significat instrumentum musicum apud nos incognitum, Hebræi supputantur esse ein gyge. — R. חגה sonuit, intonuit; הגיג sonus, canticum; חגג celebravit, יגע afflixit, contristavit; בי obsecro, quæso; יבב ejulavit. — Πηγευς pars instrumenti musici; Παιαν Pæan, hymne en l'honneur d'Apollon, chant de triomphe; παιανιζω. Παιαν pied de quatre syllabes dans un vers; παιγνιον jeu, amusement d'enfant; παιγνια ouvrages d'un genre badin, poésies légères; all. Pandore pandore (instrument de musique). — Καπος flatus, spiritus, anhelitus; russe вѣтръ souffle. — Ex.: ital. flauto flûte; flato souffle, haleine; all. Flote; флейта flûte. (נקב instrumentum artificii.)

RÉSUMÉ.

Les combinaisons du ב et du ג conservent les mêmes idées que l'on retrouve dans les lettres qui en sont les racines; d'une part élévation, désir, souffle, nourriture: גב corpus, tergum, cervix; גב supercilia oculorum; גב esca, cibus; עגב flagravit desiderio; עגב instrumentum musicum. De l'autre part: גב fossa, גבח calvus, calvities; גב, גוב locusta; עגב nates, et loca obscœna.

CAPUT X.

דלת PORTE. ד.

דלת ostium, janua.
R. דלה elevavit, extraxit, hausit; טל ros.

דלת operculum scrinii.
R. טלל texit, obtexit; דלה infirmitas.

ΔΕΛΤΑ.

Δηλοω declaro, notum facio, manifesto; θαλλω vireo.

Δηλεω lædo, corrumpo, decipio; ληθω lateo, celo.

ד Ex, εξ.

د dal decima alphabeti persici littera, quæ in numeris valet 4, quartive diei sextive planetæ, in ephemeridibus Mercurii character, in zodiaco autem leonis signum et inter præcipuos lunæ passiones eam cum latitudine esse notat.

57.

אד, איד (AD, AID) fons; source, origine, principe. — Αιδης, αιδιος perpetuus; R. αει Διος semper Dius divinus; ital. Dio, Iddio; esp. Dios; angl. Deity divinité; all. bato jusqu'à présent, encore; angl. date durée; russe да oui.

אוד (AUD) titio, torris; חרוד חרש radii solis. — Δαη

58.

אד, איד (AD, AID) significat etiam perditionem. — Αιδης, αιδιος invisible, caché; αιδηλος obscurus, tenebrosus; αιδης, αιδηλος infernal, ténébreux; αιδης orcus, inferi, mors; russe адъ l'enfer; saxon Dead mort; belge Dood; all. Tod; angl. dead.

אד, איד id. quod ענן nubes aut vapor. Αιδηλος obscurus,

fax, lumen; δαος lumen, ignis, lampas; δας, δαδος, δαις fax, facula, tœda, à δαιω uro, incendo; ital. doci les étoiles, qui paraissent comme une pièce de bois allumée.

הוד (EUD) decor, gloria; exponitur pro pulchritudine, et specie; capitur pro תוקת virtute et substantiâ possessionis; vel pro יקר et כבוד honore et gloria. — Δοξα gloria, opinio. R. δοκεω; lat. doceo enseigner; dos, dotis dote; ital. dotto; lat. doctus savant, habile.

ידע (IDO) cognovit, scivit; עיד, עד testis; עדות, עדה testimonium; דעה sententia; דע, מדע id. — Δηω invenio; ιδεω, ειδω video; ιδω scio; δαιω doceor, disco et scio; δαω, δαιω, δαεω, δαειω, δασκω, διδασκω disco. — All. Hode témoin; docte; esp. docto, etc.; russe догадь en pensée; all. in gedanken; догадка conjecture. מידע notus, it. נודע in pl. מידעים noti, cogniti; מודע propinquus; מודעת cognatio. Cognitio, cognatio connaissance.

teuebrosus; angl. dusk la brune; hide cacher, se couvrir, se cacher, hideous hideux; idiocy imbécillité, simplicité; esp. idiota; angl. dizzy vertige, dizzard benêt, sot Ex.: nebula brouillard, nebulo brouillon, fourbe, homme de néant.

וידוע חולי fractus infirmitate, it. fecit cognoscere viros. — Αιδως pudor, αιδοιος, αιδωια pudendus, pudenda, quæ non videntur. — Testis, testes; all. Hode, etc.; angl. hoiden folâtrer, sauter; hold-true être confirmé, hold-up s'éclaircir; russe ядра testes, ядрѣю devenir ferme, dur. Ex.: ὀρχις testes. R. ορω p. οραω video, ορω excito, concito; κικυς vires, robur; ορχεομαι salto, tripudio; salire sauter, saillir, etc.

59.

דד, דוד (DD, DUD) in pl. דדים ubera, mamilla; — (שד mamilla, uber; שדי omnipotens.) — Τιτθος, τιτθη tette, téton; angl. udder pis, tétine; russe-титька tette; ital. doccio canal; doccia, canal, la douche que l'on donne aux bains pour faire couler l'eau sur la partie malade; angl. dew la rosée; russе додаю suppléer.

דוד (DUD) caldarium, magna olla, capitur pro כל cophino et calatho. — Ital. doccio alveus, ahenum coquinum, cucuma, tripus, sartago; διωτη diota genus vasis; all. Dute cornet; angl. hod hotte.

דוד patruus, דודה patrua, patris mei soror, vel patris mei uxor. — Θειος, ου patruus, avunculus; esp. deudo parent, parente, parentage; ital. dada papa; russe дядя oncle. דוד delectus; οι ιδιοι familiares, ιδιος privatus, proprius, suus, suæ speciei.

60.

עוד (OUD) prætereà, עד præda; עדים panni putridi; indè בגד עדים pannum conceptuum, hoc est inquinatum sanguine partus muliebris, et venit à verbo chaldaico עדא concepit.

Δυς malè, ægrè, infeliciter; δυη, ης infortunium, labores, strages, ærumna; δυω, δυνω subeo, occido; οδυνη dolor; ωδινω enfanter avec douleur; russe дань le tribut, l'impôt, роды enfantement. עוד præterea; angl. odd au-delà; do exécuter, finir.

חד, חדד (AD, ADD) acuit.

Ακη acies, cuspis; esp. odio haine; angl. to hate haïr; grec οδους dens; all. Zacke; russe зазубрина dent, уда hameçon.

61.

דודים (DUDIM) amores. — Δεω, διδεω ligo, vincio; δεσμας vinculum; δεμνιον stratum, lectus; τα δεμνια, cubila maritorum; одрь lit.

דודאים mandragoræ, violæ; Salomon dicit quod sint ficus optimæ et odoriferæ; Kimhi vero sic exponit: הם שרש עשב שהוא כדמות אדם est radix herbæ habens similitudinem hominis.

Madeo, madidus; υδος υδωρ eau; ιδρως sueur, suc ou liqueur qui découle. Ex.: συκας ficus novella et recens; συκεη ficus, tumor; succus le suc, l'eau des fruits, la sève; russe сокъ sève. Mandragore, all. Alraun.

62.

דוה (DUE) fluxit, in menstruis fuit, pl. דוות fluxus menstrui; דוה mœstitia, dolor; דוים infirmitates.

Ωδις douleur, souffrance; δυω mergo; υδας, ατος aqua; apud Hesiodum υδος; hinc Υαδες Hyades, stellæ quasi pluviosæ. Angl. dive plonger; waved onde; latin unda; esp. onda; ital. onda; russe вода onde, eau.

דוה abjectus; הדיח ejecit, pepulit, impulit; undè צבי מדח caprea expulsa; מדוחים ejectiones. — Δυτης urinator qui aquas subit; הדיח lavit, υδος, υδας aqua.

63.

יחד (IAD) univit, strinxit, adunavit; יחדיו pariter,

64.

חד (AD) unus.

simul. עוד adhuc, ampliùs, iterum, plus; עדא concepit. — Angl. add ajouter, augmenter, joindre; lat. addo ajouter; all. addiren additionner; δεω, διδεω ligo, vincio; οιδεω tumeo, inflatus sum; οιδμα tumor, fluctus; russe единю unir. Ex.: κυμα fluctus, unda; κυμα fœtus; κυμαινω fluctuo, ferveo, turgeo; κυμας gravida, fœta.

עדה (ODE) cœtus, collectio; et capitur pro cœtu membrorum in corpore, ubi nos habemus artus; מועד tempus solemne in quo congreguntur homines; יעד pactus est, testificatus est, fœdus fecit, fide desponsavit, vel idem quod הכניס introduxit in donum, indè hiphil הועיד dedit testimonium, item certum tempus præscrivit. — Esp. dieta diète, assemblée des états; ital. dieta comitia; angl. diet, assembly; ital. doti belles parties en une personne, dons de Dieu ou de la nature, animi et corporis dotes; dota dote, dons de Dieu, δος; esp. dote; angl. dotation; grec δοσις donation; russe даю donner, дача l'action de donner.

אחד (AAD) unus, quidam, primus.

Add summus Assyriorum Deus; nam ex Macrobio Deus erat Add Assyriis, id est sol, quasi solus et unus; nam et hinc sol dicitur. — As, assis, assus pro unus; ital. asso monas seu unio; russe музъ; all. Aß; οιος solus; εις unus; σειος divinus; θειος, θεος, etc.

Σως salvus, incolumis, sospes; σοω, σωζω salvo; ζωος vivus; Ζευς Jupiter Deus. — Ζωσις ipsa cingendi actio; ζευξις jonctio, colligatio, connexio; Ζυγιος surnom de Jupiter qui préside aux mariages.

65.

עד (OD) donec, usque, ad; עד tempus multum, in æternum.

Οδευω iter facio, eo (עת tempus, ωθεω, ωθω). Lat. ad, adhuc; saxon ead sæpè; belge et all. had adhuc, usque; angl. yad; russe егда quand, lorsque.

עדה, עדעדא dies festus, transitus, et coitio ad diem festum. — Ital. di jour; esp. dia jour, temps; angl. day; latin dies; russe день le jour, дни les jours. Esp. edad, âge, vie, saison, temps; ides; angl. ides, etc.; diù longtemps; russe давно.

עודד crexit, elevavit; הדה id. quod שלח misit, vel פשט porrexit, et הודה projicere significat; דדה est התנעע motus est; הלך מעט porrexit leniter, molle incessit; exponitur per נהג ducere; דחי impulsio. — Russe иду aller; οθω moveo; all. Ost levant, orient; angl. east hôte, qui reçoit, qui est reçu; host; ital. hoste. Gall. est, vent du levant; os l'ouverture, ostia, ostium la porte, l'entrée; gall. huis, etc.; ostendo, etc.; russe входъ entrée. (אתה venit, ivit.)

Ιδιαζω sum seorsum ab aliis, in secessu dego.

יאה separavit, removit. — Διεσις divisio; δεια penuria, paupertas; all. Diat diète; angl. diet; ital. dieta; esp. dieta; russe Діета. — Ex: un-nu ou nud; all. öde désert, stérile; angl. odd impair, déparié; odds différence; russe одинь unique.

66.

עדה (ODE) abiit, transiit; עדא præterivit.

דחה pepulit, repulit, detrusit, exclusit; דחה expellens, דחה abjecit; דחי lapsus, מדחה repulsio; indè דחון דחה musica instrumenta quæ à turbato repellunt spiritum malum. — Ωθω pulso, repulso; ôté, ôter. Angl. out déposséder, dépouiller; out adv. hors, dehors; out, interj., qu'on le chasse, foin de lui, etc.; otter loutre; all. Otter loutre, vipère, aspic; russe ехидна vipère. Gall. ost, oste armée; lat. hostis; esp. hoste ennemi, hueste id.; angl. other autre; russe одурь absence d'esprit. (עות subvertit, malefacit, תועה destructio, dissipatio.)

עדה induit, ornavit; מדוה vestimentum. Δυω δυνω ingredior, induo.

67.

הד (ED) clamor, echo; exponitur pro clamore diripientium, et subitò in civitate irruentium; translatio nostra habet gloria; Hebræi exponunt clamorem resonantem. ידה laudavit, confessus est; עדי os, verbum; הודה, אהודה confitebor; תודה confessio, laus, gratiarum actio, chorus laudantium. — Αδω, αειδω cano, celebro laudes alicujus; ωδη chant, ode; αυδη voix, υδω, υδεω, υσδω, υδδω celebro, cano, dico; αιδεω reveror; angl. ode; all. Ode; ital., esp. oda; russe ода ode, chant lyrique; angl. ditty chansonnette, dittied mis en musique.

חדה (ADE) gavisus est, lætificavit; חדוה lætitia, hilaritas. — Αδω placeo; αδυ pour ηδυ dulce; ηδυς, ηδεια, ηδυ lætus, suavis, jucundus; ηδω delecto; gall. doux; angl. douce; esp. dulce; ital. dolce; russe сладость douceur.

68.

חוד et חד (AUD AD) proposuit ænigma, problema, propositio; idem quod דבר סתום sermo occultus, quando aliud sub verbis intelligitur pl. חידות. Δοιη, ης doute, hésitation, alternative.

Ital. dotta doute; esp. duda; angl. doubt. Ειδος species, facies; ειδεα idea, forma; russe идея l'idée; all. die Idee, идолъ idole; all. duster sombre, obscur; angl. deuce le diable. Ex.: τυπος, τυφος, etc.

הידד (EIDD) ejulatus, celeusma. — Angl. daw choucas, chouette; all. Dohle choucas. Doleo; ital. dolersi; esp. dolioso triste, affligé; dolor douleur; all. Leid deuil, leidig triste, funeste; belge Deedom dolor; russe досада douleur, deuil.

69.

די (DI) satis, sufficiens, sufficientia; et accepit affixa ut דים sufficientia sua, et כדי ut satis; 2° cum litteris servilibus, est mille connotans, vel frequentiam, vel vehementiam rei. — Dis, ditis, ditesco; hinc αδης, αιδης, idem quod Dis Plutus; Δις Jupiter. Dius divin; angl. ditation l'action d'enrichir. Ex.: nomen שדי omnipotens, quasi sibi omnibusque sufficiens, tanquam ex שד mamilla, uber, et nomine די satis, sufficiens; item à שדד vastavit, depopulatus est, et יד percussio, plaga; vastatione etiam significatur Dei omnipotentia.

מדי ab hoc, vel postquam; די qui, quæ, quod, quia; דא hæc, hoc, istud. — All. dis, dies ce, ceci, cela; ital. di, de, à, ab; grec οδε, ηδε, τοδε hic, hæc, hoc; angl. die de, dice des, item pro ce, il, elle, le, la, en, cela. Διο c'est pourquoi, c'est pour cette raison que; ωδι ainsi, δια accus. Jovem; αδια foyer, autel; δια divina, dia, egregia à Διος; russe диво le miracle, диванъ le divan, der Divan.

יד manus; יד virtus, potentia; יד השער capitur pro gradu portæ, pro littore, id pro sagenâ vel hamo, pro parte, pro consilio, pro cujuslibet ferè membri officio ut יד לשון manus linguæ, pro רשות autoritate seu potestate. — Δια per, cum, propter, in, pro, ad, inter; δια en composition marque constance, persévérance, arrangement; intendit significationem δι vel δις de, circum, ex, ob.

ידה (IDE) emisit, ידד id. quod השליך et ידו אבן jecerunt lapidem; ידד id. quod ידה projecit, sagittavit, misit, jecit. — Διωσις dilatatio; διω, διωθεω pousser à travers,

70.

דיה (DIE) nomen avis, milvus, in pl. דיות.

דאה milvus ob pernicem volatum sic vocata; דאה volavit. — Angl. hod oiseau; kite milan; kite (paper) cerf-volant. Ικτιν, ικτινος milvus ab ικταρ celerrimè; milvus un milan, un voleur, ravisseur, exacteur, etc. — Διω expello, abigo, celeriter curro; διωθω protrudo, impello, decipio, deturbo; δια à travers; διαβαλλω, διαβολος, etc. Gall. dia, terme dont se servent les laboureurs et les charretiers pour faire tourner leurs chevaux à gauche. Grec δια, préposition, de δαιω diviser, marque proprement le milieu, le travers, et comme le passage des choses et des actions. Δια marque différence, opposition; intendit significationem δι vel δις per, trans, post, vel contrà. (עיט n° 112.)

הודיע (EUDIO) punire, castigare; ידע fregit, contrivit; יד percussio, seu plaga; עוד prædari, spoliari. — Δω ex δεμω subigo, interficio; δηοω vasto, uro; διωσις protrusio, expulsio, etc Angl. ditch fossé, fossoyer; do finir; russe иду couler, se dépenser.

faire passer à travers; angl. dash trait; dard; esp. dardo; russe идy aller, vouloir, conduire, faire, visiter, etc.

יד (ID) manus, virtus, potentia. — Ditio autorité, puissance, domination, pouvoir; δαιω aor. 2e εδαον divido, partior, epulum præbeo; saxon Hyd, Hyda portio, pars, tractus terræ; all. et belge Hant, Hand la main; germ. et sax. And; angl. hand, id. deal; d'où en espagnol guante un gant; guantada coup qu'on donne avec la main; длань, лодонь paume de la main; десть main de papier; latin- andelangus possessio rei facta non per festucam, sed manu; הודאה indè יהודה Judea seu Jehuda, terra promissionis.— Ex. : χειρ manus, Dei potentia; χειρ copiæ, gratia, benedictio, etc. Syr. dacal et dikla pa'ma, dactylus, quod ejus fuit decem digiti; undè hinc etiam est δεκα decem à totidem digitis palmæ nostræ utriusque, et foliolis palmæ dactyli; hinc et sacerdotes Cybelis, qui totidem erant, Dactyli dicebantur; russe десять dix.

Χειρ Dei vindicta; χειριων pejor, pejus; χειριστος pessimus.

יד sensus. — Οδα parf. 2e de οζω sentir; οδωδη odeur; angl. odour; esp. odorato odorat; ital. odore; духи des odeurs, des eaux de senteur.

RÉSUMÉ.

דלת la porte, l'ouverture; de εκ, εξ (source du bien et du mal.) Source, origine, principe, feu, lumière, jour, divinité, main, force, puissance, gloire, vertu, connaissance, science, voix, chant, gaieté; seul, premier, éternel, union, réunion, don, donation, mouvement, émanation, production, mamelle, canal, vase, paternel, ami, aimant, etc.

דלת operculum scrinii. Seul, abandon, exclusion, répulsion, perdition, obscurité, mort; douleur, infirmité, humidité, éjections, pleurs; contraire, opposé, grossier, arrogant, doute, problème, énigme, malheur, etc.

CAPUT XI.

ד ΕΞ, ΕΚ, ב ΑΠΟ.

Εξαπτω adnecto, accendo, succendo.

71.

בעד (BOD) propter, per. — R. ב απο per עד donec, usque, עד tempus multum, in æternum. — Ποτιδε pour; αποδος, ion. pour αφοδος reditus. R. οδος; russe дабы afin que, afin de.

דבא (DBA) robur; בדים fortes, exponitur pro אבדים membris; alii exponunt pro גבדים fortibus. — R. עב trabs. יחד univit, strinxit; עדה cœtus, collectio, et capitur pro cœtu membrorum. — Angl. posse main forte, milice; esp. poder pouvoir, avoir la puissance; ital. podere; lat. posse, possideo; angl. possess posséder; bide demeurer, rester, bid ordonner; all. Possess possession; belge Besitten; grec

Απεχω refero, absum; απαγχω, fut. ξω strangulo.

72.

בעד (BOD) post se. — R. ב απο, עוד præterea. — Επειτα posteà; ital. dipoi, dopoi puis, après; russe позади adv. derrière; αποδος discessus, abitus; all. Post poste; lat. post après.

דב stercus, fimus. — Podex; ital. podice; pondi dyssenterie. — Βδεω pedo; πατος excrementum; esp. podre sang corrompu, pus; podrir pudrir, etc.; russe вонять puer. — R. עוב obscuravit; הדיה ejecit, מדוחים ejectiones.

אבד (ABD) periit, interiit, dissipatum est; hinc אבד in secundâ conjugatione perdidit, dissipavit, disperdidit.

ποσις maritus, δεσποζω dominor; ποτεω volo; πασις possessio; βια, βιας vis, robur; russe давка des coups, presse; поддаю soumettre, assujettir.

בד (BD) pondus, æqualitas; בד id. quod בדים vectis, fulcimentum; בדים vectes; et Job exponit pro nervis et musculis et ossibus corporis; Kimhi pro durioribus ramis. — Βασταζω porto, bajulo, libro, sustineo (עזב exonerare, sublevare, adjuvare) bât, baudet (tréteau, support). — Poids; lat. pondo, pondus; all. Pfund; angl. to ponder peser; esp. ponderar, pesar; ital. ponderare, peso poids, pesa le pesage; βασις fulcimentum; russe вѣсъ poids; давлю presser, peser; дивїй de bois; вѣтка petite branche.

73.

דהב (DEB) aurum; indè מדהבה id. quod כס זהב et aurum tributarium; tametsi Davidi Kimhi magis videatur esse virga exactoris, quâ ille tributum extorquebat; aut quæ fuerit civitas, quæ ob tributum auri, aurea fuerit vocata. (Voy. זהב aurum n° 101.) — R. אוד titio, torris. יהב dedit, obtulit; יהב pondus, onus; יהבך imposuit tibi. — Angl. bid offrir, enchérir; all. darbieten offrir, présenter; darben être dans l'indigence; angl. debt dette; lat. debeo, dabo; esp. debido, deber; ital. debbo et devo devoir; russe достоинство prix; grec ποσσω dor. p. ποσσου quanti pretii ex ποσις; ποστος quotus; αποδω aor. 2 subj. ab αποδιδωμι, αποδιδοω reddo, retribuo, persolvo, do, vendo, mancipio; αποδασμος divisio, partio, pars; αποδασμιος qui tributum pendit, et tributum cujus fit divisio; item quod pro parte seu portione alicui cedit; russe обдержу posséder. (פדע redemit, liberavit, indè פדויים quæ certo pretio redempta sunt.) — Ex.: Φολλις obolus, saccus, marsupium, follis; φολις squama ut piscium, aut serpentum; φλογιζω, φλογωσις, φλοξ, φλογος, φλογοεις flammeus, ardens, rutilus. (חרוץ; חרם n° 101 aurum, aura.) — Χρυσος aurum; χρυση nomen urbis; χροω, χρωννυμι coloro; χρονος tempus; χρονια vetustas, νεκροω, etc. — Λυκος, λυκη sol, lux; χλους viror, pallor; χλουνος aurum quod pallescat.

75.

בד (BD) id. quod פשתה linum, lineum, in pl. בדים. — R. חד unus, יחד univit, strinxit, אבה arundo. — Βυσσος linus, lini pretiosissimi genus; byssus crêpe, fin lin; ital. bissino; angl. band lien; esp. banda; all. Binde; esp. boda mariage, noces. (אפד constrinxit, cinxit.) Ex.: λινοω lino, linis vinculis constringo, ligo, vincio; λινωσις ligatio.

Abrah. Parizol exponit בד pro medio, vel angulo inferni. — R. אד perditio; בא, בוא occidit, occubuit. — Abdo, abdi, abditus, cacher, retirer; angl. absist se désister, quitter; all. Abstand désistement; ital. abbada en aboi, en délai; abbadare tarder, cesser; esp. abatido abattu, vil, méprisable; russe абшить; der Abschied le congé, la démission.

אבדה res perdita; אבדן, אבדון perditio, interitus. — Abandon; esp. abandono; ital. abbandono; angl. abandoned abandonné; russe безъ prép. sans. In legibus antiquis Anglorum, thiubda est furtum, res perdita.

דאב ארב tabuit, mœstus fuit; indè האדיב tabefecit; דאב doluit, דאבה mœstitia, דאבון languor, difficilis anhelitus; דבא senectus; מדיבות dolores pro מדאיבות. — R. אבח terror; דוה mœstitia, dolor. — Angl. bad malade; bide endurer, souffrir; παθος mollities; παθος affectus, passio, morbus; παθα, παθη casus, clades, calamitas; russe слабью languir; lat. debilis; ital. debole; esp. debil faible, débile; angl. debility; debase avilir, abaisser; saxon dobgend decrepitus; all. betagt vieux, décrépit, suranné; hinc Cantabris deabruach diabolus, ex דאב et רוח quasi malignus spiritus.

74.

דב, דוב (DB, DUB) ursus, ursa. — R. אבח mactatio seu plaga; יד percussio, plaga. — Angl. bad méchant, mauvais; δδεω formido, exhorreo; πτοα metus, pavor; δεφω excorio; δαπτω dilanio; δαπτος vorator, mordax, laniator; esp. bada, abada la femelle du rhinocéros; russe медвѣдь ours. — Ex.: αρκτος ursus, ursa; αρκτευω virgines ante nuptias Dianæ consacro in ursæ occisæ honorem. — R. κτεω, κταω occido; αρκτος le nord, la grande ourse.

דבח (DBA) sacrificare; מדבחא altare. (Voyez טבח mactavit, occidit; טבח victima; פחד expavit, trepidavit; פיד pernicies, destructio.)

76.

בדד (BDD) effugavit, separavit, solitarius fuit; בדד solus; לבד solum; מלבד excepto, præter. — R. חד unus; דאח separavit. — Cantab. bat nisi, præterquam; angl. dab morceau, dapper petit; lat. viduus, vidua veuf, veuve; teut. et belg. Widuwe; hinc latinè dividere; vidua quasi à viro divisa; divida olim pro discordiâ; russe вдова la veuve, die Wittwe. Hinc bouder; angl. to pout; boudoir closet where one retires to be alone. (דחף repulit.)

בד linum, linea ex lino confecta ; ita quidam dici volunt, quod nascitur solus colis sine ramis à בדד solitarium, unicum esse. — Hesychius βαδδιν inquit βυσσινον ενδυμα οις ιεραις, byssina stola, sive lineum indumentum, quo utebantur, cum rem sacram facerent ; Suidæ etiam βαδδιν, ιερα στολη sacra stola ; afferenti illud ex Daniele x, 5, ηρα τους οφθαλμους μου, και ειδον, και ην ανηρ ενδεδυμενος βαδδιν ; levavi oculos meos, et vidi, et ecce vir unus vestitus lineis. — Hinc chald. בדם, בדסק lintea, lecti sternia ; hinc olim apud Callimachum βευδος, βευδεος, βευδεα vestis genus varium aut purpureum. Habet et Hesychius βεδρς ac βευδος, quod exponit στεμμα τι και ιματιον γυναικειον και αγαλμα vittam, vestem muliebrem, ornamentum, et meritò, quòd hæc omnia ex lino contexerentur.

78.

עבד (OBD), servus, minister ; עבדה familia ; עבד colere Deum, et colere terram. — Obedio obéir ; ital. obedire, ubbidire ; esp. obediente obéissant ; angl. obedient ; all. Obacht soin, garde, observation, observance ; οβδη conspectus ab οπτομαι ; σεβω veneror, adoro, colo ; russe подаваться obéir ; порода famille. (טף cœtus puerorum et infantium.) — Ex. : Δουλος, δουλη servus, serva ; dulie culte ; ουλος manipulorum fasciculus ; servio servir, rendre service ; servo observer quelqu'un, avoir l'œil sur lui, considérer, regarder ; servo sauver, délivrer du danger.

77.

בד (BD) divinator, mendax, בדים divinatores, pythones ; item mendacia. דבב diffamavit, deprompsit, mussitavit. בדא finxit, mentitus est ; Kimhi exponit הוציא et כזב מלבו eduxit ex corde. — R. אוב python, species magiæ ; חד, חוד ænigma, problema. דבב loqui ; דובב, דבה loqui facere ; דב, דוב fama mala, infamia ; דבת fama, crimen, opprobrium, infamia ; דבור locutio, præsertim quæ est turpis. (דפי opprobrium, calumnia id. quod גדוף.) — Βαζω, βαζω loquor, vaticinor ; βαξις fama, sermo, vaticinum. Βαττος Battus poëta garrulus et ineptus ; βατταριζω balbutio in loquendo ; βαζω latro ; angl. bode présager, pronostiquer ; בידין chald. et syr. pythones. Gall. badin, badiner ; ital. badalucca, badalucco badiner ; angl. bad malus, inutilis ; gall. badaud ; ital. bada délai, retardement ; star a bada amuser, tenir en suspens ; badagliare bâiller ; esp. andar se de boda en boda aller de noces en noces, phrase pour exprimer la vie oisive d'une personne ; russe зѣваю badauder ; забавный badin.

RÉSUMÉ.

Des combinaisons du ב et du ד l'or ou la lumière, la force, le poids, le levier, le lien, le fil, le fils, la famille. L'ours ou le carnage, la solitude, le désert, la vieillesse, l'éloignement, le mensonge, la corruption, la mort.

CAPUT XII.

ד ΕΞ, ΕΚ. ג ΣΥΝ.

Συνεχῶ constringo.

79.

גד (GD), גדד congregavit ; אגד coacervavit, collegit ; אגודה, אגדה fasciculus ; id. quod אסף. — R. גוי genus, populus, natio ; יחד univit, strinxit ; עדה cœtus, collectio. — Διχος dupliciter, à δις bis ; διχθας αδος duplex. Δεκα dix, δεκακις decies ; ital. dieci ; esp. diez ; russe десать ; all. zehn. Δοκοω contigno ; δοκωσις contignatio. (עקד ligavit, vinxit.)

גד turma, turmatim ; גדד accinctus est ad prælium, collegit exercitum, vel turmam ; גוד turmatim venire ; גדוד turma, cuneus, cohors militum, globus, exercitus ;

Εκνισα ab κνιζω, κνιζεω seco, rado, perdo, molestus sum, etc.

80.

גדע (GDO) exterminavit, demolitus est, succidit, confregit. — R. ידע fregit, contrivit ; יד percussio seu plaga ; גוע expiravit, periit. — Ital. daga, dague ; all. Dolch ; lat. cædes ; ital. cetta une hache ; Schade perte, dommage, préjudice ; russe накладь id. — Καδος funus ; κηδος exequiæ, damnum ; angl. decase, décès ; decay, déclin, dépérissement ; lat. cado ; caduc ; esp. cadente ; cadozo lieu profond, gouffre ; διχα divisim, sine, absque ; russe гадь des insectes, de la racaille. (כיד perditio, pernicies ; דק attenuavit ; דוש trituravit, comminuit.)

גדודים Seb. Munsterus vertit latrunculos. — Δεκας decas, decuria bande de dix hommes; ital. deca, decade, decuria escouade; esp. decuria. Δοκος trabs, tignum, hasta, lancea.

81.

גדודים(GDUDIM) significat sulcum, seu valliculam, quæ in agro fit cum vomere; licet secundum alios significet aggerem linealem, quæ fit ex suffossione aratri. — R. ידע fregit, גו intus, medium; גיא vallis. — Cadeau grand trait de plume; esp. razgo de pluma; angl. ridge sillon; all. Runzel; russe ходъ sillage. — Quadro carrer, cadrer; ital. quadro; esp. quadro cadre; angl. to quadrate cadrer; all. Quader, Quaderstein pierre de taille, carreau; Quadrat quadrille, Quadriren, etc.; russe садка l'art de planter; садику jardin. (רביעי, ארבע quatre.) Δαιω, δαισω, δεδαικα doceor, disco.

82.

גד (GD) Hebræi interpretantur מזל id est fortunam, vel constellationis fatum; Rabbi Moses sacerdos dicit quod sit stella justitiæ, id est Jupiter. (שדי omnipotens, שד mamilla, ubera.) — R. יד manus, virtus, potentia, ou עד et עת tempus; ינה afflixit, humiliavit; גאה elevatus est, superbivit. — Angl. God, Deus; all. Gott, belge Godt, all. Tag le jour; russe годъ, годокі, дка an, année; день jour. (כידוד scintilla, tæda.) Cado arriver, succéder, venir; cedo venir, arriver, échoir; ital. cadere provenir, dériver, échoir; esp. cada chaque; cada que, toutes les fois que; τυχη fortuna, eventus. — Ex.: Δαιω, δαισω, δεδαικα divido, partior, dividor; Δις, Διος Jupiter; δαις fax, lumen; angl. Deity Deus; decido couper, tailler, décider, juger; cadi juge; angl. cadi; russe судъ tribunal, cour ou chambre de justice; судья le juge; התגודד id. quod גזז succidit.

83.

גיד (GID) vena, nervus; גיד ברזל nervus ferreus; in pl. גדים nervi qui per carnem ramificantur, et ligantur ad ossa. — R. יד virtus; חוג, חג, גן circuivit, gyravit, circumdedit. — Angl. tanght prét. et part. de teach roide, tendu; Θιγω tango; Θιξις tactus, contractio; angl. tag fer, petit clou, it. ferrer, clouer; tack broquette, petit clou; all. Kette catena; esp. cadena chaîne; russe сухая nerf. Τονος tonus, tensio, tenor, rigiditas; ινωδης fibrosus, nervosus.

84.

דוג et דגה (DUG et DGE) crevit, multiplicatus est, seu auctum est more piscium. — R. גאה crevit, auctum est; עוד adhuc, amplius; עדא concepit. — Δηγοω impleo; κηδος affinitas; κηδος parentatio, affinitas, nuptiæ; angl.

דאג (DAG) id. quod פחד formidavit, sollicitus seu anxius fuit; דואג sollicitus; דאגה sollicitudo, mœror, timor futuri mali. — R. חגה pavor, tremor; הידד ejulatus, celeusma. — Κηδος cura, sollicitudo, mœror, molestia; cedo se décourager, se retirer, s'enfuir; russe садкій qui se rétrécit, qui se crispe, se grippe en mouillant; esp. ceder céder, quitter; cedò tôt, promptement; ital. cedere; angl. to cede; all. scheiden se quitter, se retirer, partir, abandonner. דך oppressus, pauper, דחוקה tribulatio, molestia.)

85.

דגה (DGE) piscis, in regim. דגת in pl. דגים; hinc דיגים et דוגים piscatores. — Κητος cetus, balena; κητωδης cetaceus, cetis abundans, magnus instar ceti; ιχθυς piscis ιχθυοω piscor; υκκης vel υκης piscis; esp. ceto grand pois-

cade doux, apprivoisé; cadet minor natu, ultimo genito; all. **Kadet**; esp. cadete; angl. cadet; russe кадетъ cadet, גדי fœtus tener capræ; сидень enfant qui ne peut marcher. (דשא germinavit, pullulavit.)

דגר (DGR) incubuit, fovit, calefecit ut aves super oves solent sedere; Hebræi exponunt, congregavit. — R. גג tectum; יחד univit, adunavit, strinxit. — Russe одѣть couvrir; lat. tego couvrir, cacher; τεγη tectum, tegmen; στεγω tego, operio, sustineo; all. **Dach** toit, **Decke** tegmen, tegumen.

גדי (GDI) est ולד רך fœtus tener capræ, hædus; secundum Rabbi Kimhi, est commune ad agnum caprinum et ovinum, in pl. גדיות et גדיים. — R. חג agnus; דד ubera, mamilla. — Russe коза chèvre; all. **Geiß**; belge **Geyte**; angl. agist paître; grec αιξ αιγος capra; αιγιζω capras pasco; russe Агнецъ agnus. — מגדנות Salomon exponit dona, מגדים fructus terræ, seu dulcia poma. — Manducum mets, chose à manger. — (דודאים mandragoræ, violæ, ficus optimæ.)

גד coriandrum est herba, dicit Rabbi Salomon, quæ vocatur aleandri, cujus semini assimilatur manna, non in colore, quum manna fuerit album, et coriandrum sit nigrum, sed in formâ; in colore vero magis conforme dicitur esse bdellio. — Καδυτας herbula quædam syriaca; γιγγιδιον herbula pastinacæ sylvestri similis; ital. cadita sorte de plante. (דשא virens, viror, herba recens; שוד humor, pinguedo.)

son comme les baleines et autres; russe судакъ brochet, perche.

86.

דוגה piscatorium instrumentum. — Acutus; ital. acuto; angl. acute; russe жестокій aigu; αγκιστρον hamus, uncus; all. **angelhaken**; russe уда. — R. חדד acuit, ακη acies, cuspis. (חדק spina quæ sine læsione tangi potest.)

Alii volunt quod דוגה sit navicula parva, scapha. — R. גוה vagina; דוד magna olla, capitur pro cophino et calatho. — Κυτος cavitas, sinus, alveus; κυτωδης cavus, sinuosus, in alveum tumens; russe судно navire.

87.

גדות littora, alvei, ripæ. — R. ידע fregit; חג, חוג circuivit, gyravit, circumdedit. — Αιγιζω dilacero, flo vehementius, tempestate affligo, divello. Αιξ αιγος procella; angl. to agitate agiter, troubler; russe знакъ côte. — Ex. : Αγη, ης, littus fractura, ab αγω frango; גדודה laceratio.

RÉSUMÉ.

ד εξ, ג συν, de avec, ou avec de; la réunion, la cohésion, le nerf, l'attache, le cadre, le sillon; ou la fortune, la multiplication, l'abondance, les fruits, l'herbe, le jeune chevreau.

Par antithèse, le sort ou la chute, la peur, le tremblement; le poisson ou serpent, la sinuosité, la pointe ou le hameçon, le déchirement, etc.

88.

בגד (BGD) fefellit, prævaricatus est, fidem speranti in se non servavit, sprevit, detestatus est, odio habuit. בגד incredulus, impius, prævaricator, infidelis, fœdifagus; in pl. בגדים, in fem. בגדה prævaricatrix, בגד prævaricatio. — R. בד mendax, גב fovea, fossa. — All. **Betrug**; belge **Bedrogen**; russe провода tromperie, fourberie; grec ψευδος, ψευστης; R. οψις masque de théâtre; pseudolus un menteur; pseudo-cato hypocrite, tartufe; angl. pseudology fausseté, mensonge. (גדף blasphemavit; גדופה calumnia, opprobrium; φθεγμα. R. φθεω et τεγγω.)

בגד id. quod לבוש vestis, in pl. בגדים et בגדות. — All. **Balg** peau; δεψα pellis, δεψεω subigo et mollio coriariorum more, à δεφω excorio; dépecé; ital. spezzato;

esp. despedazado. — Ex. : pellis, pellax, pellex, pelliceo; παγιδευω envelopper dans des rets, prendre au filet; R. παγις, δεω. Russe неводв rets Fallstrick.

CAPUT XIII.

זין TRAIT, GLAIVE, MASSUE. ז.

זון, זן cibavit, זן esca, cibus, alimonia.
נרץ floruit, germinavit.

זנח dimisit, dereliquit.
נוס fugit, evanuit, evasit.

ZUTA.

Ζα valdè, admodum; ζια vel ζεια far, frumenti species.
Ζοω, ζαω vivo, vigeo, vivisco; ζοω ferveo, bullio, אזה accendit.

Αζη ariditas, squallor.
Αζω sicco; arefacio. מזי רעב succensi fame.

ز ze decima tertia littera Persarum in numeris valet 7; in Ephemeridibus character diei sabathi, et scorpii in zodiaco.

ז représente la vie active, la chaleur, le bouillonnement.
ז sécheresse, destruction, cessation.

ז εις, ες. Σειω, σεισις; ιζω, ισω.

89.

זה, זו (ZE, ZU) hic, ille; הזה hic, iste; item hæc, illa; et recepit à fronte et à calce litteras serviles בזה hic, in hoc loco; מזה hinc; et בזה, ובזה sic et sic; hinc suprà הזה illa, ipsa.

Ce; angl. yes oui, si; es il, le, ce; ital. si oui; se pour sei tu es; se pron. récipr. soi; sich; esp. se id. quod lat. sui, sibi, se; esp. este, esta, esto; so, sa; lat. iste; εις unus, quidam; Азь je, moi; сей, сïя celui, celle, celui-ci, celle-là.

זו (ZU) capitur pro relativo אשר; זו hic, iste, זו id. quod זאת iste. — Grec ος, η, ο, qui, quæ, quod; οστις quis, quinam; אז et אזי tunc; ατε ut potè, quippè, quià, quando, quùm; зu à, vers, chez, en, dans, par, pour, après, entre; за prép. pour, par, à cause, de, après, derrière, au-delà. בזה hic, in hoc loco. — Ποτε quando; οποτε ubi; οπουδε, οπουποτε ubicunque.

90.

אזא, אזה (AZA, AZE) id. quod הבעיר accendit, indè מזי רעב succensi fame; αζα, vel αζη, ης, ariditas; Asche cendre; angl. ashes cendre; hot chaud, ardent, brûlant; засуха sécheresse; осушка l'action de dessécher; ожога brûlure. (צחה aruit, exsiccatum est, צחיחה siccitas, ariditas; עשש consumer.)

91.

חזיז (AZIZ) coruscatio, seu fulgoris apparitio, quæ antecedit vocem tonitrui, pl. חזיזים. זיו mensis secundus, nostro fermè respondens aprili, et nominatur zif, quod in eo fit זיוא לאילני id est germinatio arboribus. — Zeit temps, jour, heure, saison; σιζω strideo, maximè de ferro cadente et splendente, cum in aquâ extinguitur; зиto vite, vitement; lat. cito, citus. (חץ sagitta, fulmen. ציץ penna seu ala.)

זע (ZO) motus est, vel movit se; זעזע commovit. — Ζεω et ζειω ferveo, bullio, scateo; ζαω vivo, vigeo, revivisco; ζωια vita; житïе la vie; оживаю, ожить ressusciter; ζυμιζω cresco ut fermentum, ζεα, ζεια far frumenti genus;

92.

חזיז (AZIZ) id. quod ענן et עב nubes nue, éclair lumineux; ζεω ferveo, scateo, undè ζαλη turbo, procella; туча nuée, orage; αση fastidium, nausea, molestia animi.

93.

זעזע (ZOZO) movit, dispersit; זעזוע commotio; זוע id. quod רתת tremuit, indè זועה et זועה id. quod תנועה commotio, tumultus; invenitur etiam duplicatum מזעזעים. —

жито du blé, des grains; киснуть fermenter; закваска ferment; ость les pointes des épis; angl. yest levure, levain; yesti écumant, écumeux; Sieden bouillonnement; Schaum écume, mousse. (צעצע et צאצא filius, puer.) Ital. cito jeune garçon; cita jeune fille; zitello, zitella id.; Aſt branche, rameau; ital. azizzare agencer, parer, accommoder; et azzimarsi s'enjoliver, s'orner; זיוא id. quod תאר forma, exponitur pro אור et נגה lumine vel splendore, nos figurâ. — Russe сіяніе brillant; осіявать éclairer. (ציץ prospexit, eminuit; צח, צחח claruit, canduit, nituit; צרץ, צץ floruit, germinavit.)

94.

חזה (AZE) vidit, speculatus est; חוזה videns, propheta; חוזה visio, id. חזון et מחזה in pl. חזיונות. — Οσσε oculi vel oculos; duel pl. οσσει, vel pl. οσσω, ab οσσος, ου, vel οσσος, εος oculus; οσσα omen, vox, fama; οσσομαι video, prædico, auguror; οσσεια vaticinatio, divinatio; око œil; Auge; esp. ojo; ital. occhio; angl. eye. Visio, visus; visée; vox, vocis, voix; ασις cantilena; angl. ask demander, réclamer; Geſang chant; Schau montre; Schein jour, clarté, lumière, éclat, lustre, splendeur, aspect; Schall voix, etc.

96.

אחז (AAZ) apprehendit, possedit, tenuit, hæreditavit; מאחז tenens, indè אחוזה hæreditas, possessio; capitur pro סיעה cœtu et comitatu; העין id. quod אסף cumulavit, collegit. — Gall. saisie, possessio; angl. to seize saisir; esp. asir prendre, saisir; занять saisi, emprunté; занятие l'action d'occuper. — Parum distat ab חדה gaudere; joie, joyeux; esp. gozar, gozo, gozoso, jouir, jouissance, etc.; angl. joy joie; to enjoy jouir, posséder; охота l'envie, l'inclination, le plaisir, l'amour.

97.

עז et עזז (oz, ozz) prævaluit, fortis fuit, et activè firmavit; indè hiphil העז roboravit, munivit, ubi alii exponunt כנש collegit, congregavit. עז fortis, עזוז potens; it. עוז in constr. עז fortitudo, et cum affixis עזי et מעזי. (עץ lignum. Οζος nodus arboris.) — Sto, sisto je tiens, je résiste; angl. stay étai; ſtehen; защищаю protéger, défendre; haltend tenant; gall. ost une armée; angl. host; οστα contractè pro οστεα; ossa ab οστεον os, ossis; οστωδης durus ad osseam duritiem accedens, osseus. (אסא sanare, ιασις curatio.) (עצה spina dorsi; οιω, οισω fero, porto.) Ηυς et ευς fortis, bonus Iliade II, 160; οσσιος, α, ον, justus, sanctus. Οσος et οσσος quantus. — Capitur etiam מעוז pro petrâ propter fortitudinem ejus; οστα testa ab οστον; μοσσον turris, propugnaculum; Stütze étai, appui, sou-

Συσις commotio, quassatio. — זח, זחח levavit, separavit, it. abrupit, abstulit. — Ital. cazza, cazzia chasse; esp. caza; angl. chase; загонъ la poursuite, la chasse; загонка l'action de ramener le bétail. (חסה exterminavit, disperdidit; עסס calcavit.)

עז caper, capra. — Αιξ capra; αισσω ruo, prosilio; коза; Geiß, Ziege chèvre. זיז nomen generale bestiarum sylvestrium. — Ζωον animal, ζωος vivus, etc.

95.

עיז (OIZ) impudentem fecit; עז pertinax impudens in pl. עזים. עזות impudentia, invenitur etiam מעזים; יעז et נועז id. quod לועז barbarus, brutus, ineloquens, vulgaris; item id. quod עז impudens; undè quum Hebræi aliquid vernaculâ linguâ interpretari volunt, dicunt בלעז id est vulgariter. — Ιτης temerarius, audax, animosus; οξος vir iracundus; οξις vas acetarium; lat. hostis; angl. hostile; russe оса guêpe, осеть le chardon (סעה evulsit); остие les épines aux plantes.

98.

יזע (IZO) sudor, id. quod זיעה; significat id. quod יגיע labor; etiamsi alii sudorem interpretantur. — Εξιδιω exsudo; angl. to sweat suer; dan. ſweder; belge ſweten; sax. ſwinc, ſwôtan sudare, sudor, labor; run. dasad suer, der Schweiß sudor; ital. sudore; esp. sudor; υδος aqua; υω, υσω pluo; ιδος sudor; дождь pluie.

tien, pilier, support. — Apud Gallos Hezus, id. quod Mars eorum deus; Hezus, Hizzus, et Hazizus, Britannorum et Germanorum deus scilicet Mars, a fortitudine ità dictus; hinc ital. azara ut fortuna, et fortis, forsan, forsitan, forte cohærent; et Hebræis גד fortuna et fortitudo; quod alia verè non sit sive fortuna sive sors omnium eventuum dominatrix, quam fortissima et invictissima Dei voluntas; hinc et αισα fortuna, sors, parca, fatum, jus; αιστος fortis, potens; gall. aise, aisé fortunatus; apud Homer. Iliade, XI, 167, αζηος, αιζηος, ηιθεος juvenis, adolescens, idemque robustus. Russe дюжїй robuste, ſtark; saxon Oxa bos; angl. ox; dan. Oxe; belge Oxe; all. Ochs propter robur boum. Ex.: אדיר fortis et taurus. חזה pectus (animalium).

99.

זוז (ZUZ) cum mem et he ut מזוזה postis, in pl. מזוזות postes qui in latere januæ consurgunt et portant superliminare. — Ζυγος jugum, statera; ζυγος balance, signe de la balance, constellation; Ζευς Jupiter. (ταλαντον libra, statera, lanx, trutina, pondus librarum; ταλαω sustineo, Atlas, etc. (תלת tres.)

זויה (ZUIE) angulus, ut est altaris vel domus. — Acke angle; αξις axe; angl. axis axe, essieu; ital. asse; esp. exe; Axe; ось. Ital. asso; ein Aß monas seu unio; as angl. ace; lat. as assis, un tout qui se divise en douze parties; asto être debout; ast certes; est orient; est il est. (חצה dimidiavit, divisit, partitus est; חצץ collectio.)

100.

חזה (EZE) id. quod ישן dormivit, dormitavit.

Ιζω, ισω sedeo; ιαυω, ιαυσω commoror, tempus tereo, dormio; ιαυεσκω dormio, commoror, diversor, quiesco. Cessio cession; angl. to cease cesser; stay séjour, délai, demeure; ital. cessione; esp. cession cessation; загасаю s'éteindre, it. tarder à revenir; загашаю éteindre, осада le siége; осадка l'affaissement. (חסה tacuit, siluit; חסה posuit, collocavit.) חזה pax, pactum, vel visio pacis. — Ησυχια paix, repos; ησυχος quietus. R. Συγκειμαι simul positus sum, consto, consors sum.

RÉSUMÉ.

ז le trait; — le mouvement, la vie, la clarté, le jour, l'œil, la force, l'axe, le support, la pierre angulaire.

ז le glaive, la massue; — la commotion, la dispersion, la chasse, la terreur, le feu, l'aridité, l'audace, l'impudence, la sueur, la fatigue, le sommeil, le repos, la paix.

CAPUT XIV.

ז ΕΣ, ΕΙΣ.

Εισαπας omninò, prorsus.

101.

זהב (ZEB) aurum, masc. gen. caretque plurali numero. Voyez דהב aurum. (פז id. quod זהב חטוב aurum bonum et purum; עצב substantia, divitiæ.) — R. אזה accendit, חזיז coruscatio, זיוא lumen, splendor; יהד dedit, attulit, obtulit. — Φως lux, focus; φωσκω illucesco. Angl. focus; ital. foco, fuoco; esp. foco; печь feu; изобилїе or, abondance; πασις à παω posséder, acquérir. (חרוז, חרוץ aurum; אור lux, lumen; חרס sol.)

Hæc significatio auri apud Varronem oriri potest ex אור ignis, lux, lumen, undè et latinè aurum; hinc זהב oriri

ב ΑΠΟ.

Απεσομαι, απειμι abeo.

102.

בזז, בז (BZ, BZZ) rapuit, prædatus est, depopulatus est; בזז, בז prædari, spoliare, in eâdem significatione invenitur בזא; בזה præda, direptio. זאב lupus, bestia, rapax; זאבה lupa. — R. זח, זחח abrupit, abstulit; זעוע dispersit; בא, בוא occidit. זבח sacrificavit, immolavit, occidit, mactavit; זבח victima, מזבח sacrificus, מזבח altare. — Φαω occido, interficio; убить tuer, бить id. Φως, φωδος ustio; φωζω uro, in foco torreo; ζοφος caligo tenebræ, occasus; ζοφοω obtenebro; φαιος fuscus, nullus; angl. fog brouillard; зыбь les nues. Voy.

potest ex זין splendor; aurescit lux ut Varro dixit l. vi, De linguâ latinâ; aurescit ver juxta Buxtorfium. — Auro dorer, couvrir d'or; auro, onis, herbe, arbrisseau.

104.

עזב (ozb) extruere, ædificare (יצב statuit, collocavit, constituit). — R. עז fortitudo, עב trabs; יהב posuit; עז activè firmavit. — Βασις fulcimentum, fundamentum; ζαβη cuirasse, parapet; gall. base, bâti; angl. to baste bâtir; lat. basis base, fondation; ital. bastimenti bâtimens; esp. basa, basta bâti, en terme de tailleur, bastidor châssis, ouvrage de menuisier, qui enchâsse, qui entoure, qui supporte; bastide (mot provençal) maison de campagne; Bastei bastion, boulevard; Gebäude bâtiment; бастїонь bastion; עזב exonerare, sublevare, adjuvare; βασταζω, etc. Voyez דב pondus, æqualitas.

דבח sacrificari; דב, דוב ursus, ursa. La même opposition de lumière et de loup ou obscurité se retrouve en grec dans λυκος, λυκη lux, et λυκος loup, λυγη obscurité.

103.

בזז (bzz) despexit, contempsit; בוז, בז id. בוז contemptus, opprobrium; בזוי contemptibilis; בזה sprevit, despexit; נבזה despectus, נמבזה vilis, בזיון despectio (בוץ et בוס). — R. זין nomen generale bestiarum; יעז barbarus, brutus, vulgaris; חוב culpa, debitum, peccatum. — Bouse ou bouze, fiente de bœuf, de vache. Συβαξ qui porcinis est moribus; salax, libidinosus; angl. buss; пѣловать baiser; συβωτης subulcus, qui sues pascit.

105.

זב, זוב (zb, zub) fluxit; זבה fluens. (בצה locus humidus et lutuosus.) — R. יזע sudor; בהו vacuum, vacuitas. — Esp. zubia est locus in quem aquæ undiquè fluunt. Russe зыбь la houle, marais; вода eau; angl. baste arroser; bath bain; Bad; esp. batida grande chute d'eau, grande pluie en façon d'orage, lavasse. Zabache mer de ce nom; zabajone un chaudeau. Sax. Deawe ros; teut. Daw; angl. dew rosée, whites fleurs blanches; etc.

עזב derelinquere, demittere; hinc עזוב derelictus; עזובה derelictio, desolatio. — R. זעזע movit, dispersit; בהו vacuum, vacuitas. — Σβεω, σβεσω extinguo; φασις phase, changement; passé; esp. bâtir ruiner, abattre; bastar suffire; ital. basta, gall. bast il suffit; angl. bating excepté, à l'exception de. Bätze ou Betze vilaine, chienne, coureuse; Bast écorce d'arbre, etc.; écorcer, écorcher, etc.; безъ sans, excepté. (פזז saltavit, חפז destitutus fuit, præcipitavit.)

106.

זבוב (zbub) musca, in pl. זבובים, indè בעל זבוב Baalzebub, magister muscæ, nomen cujusdam diaboli. R. זוב fluxit, בזה sprevit, despexit; בוב vain, creux. — Βυσσω, βυζω bubulo, queror, et gemo; πυστις interrogatio, fama, rumor; angl. whiz bourdonner; whisper chuchotter, murmurer; Fliege mouche, moucheron; fliegen voler, flotter. Angl. spy mouche, espion; fly, patch mouche; шпїонь mouche; Spion. Ex.: musca mouche, fâcheux, importun, parasite; musso marmotter, murmurer; musa muse, chant; μυια ας musca ut flebilis vocula; μυζω, μυξω musso, clausis labris sonum è naribus emitto, item sugo; μυεω, ησω instituo, in sacris initio; musca sic vocata ob susurrum muscarum, sicut ob eamdem rationem apis דבורה à דבר loqui. (פז laudavit, cantavit.)

RÉSUMÉ.

זהב l'or ou la lumière ; עזב élever, édifier, construire.

בז, בזז enlever, dépouiller ; זאב loup, animal destructeur ; זבח sacrifier, immoler ; בזה despexit, contempsit ; זב, זוב fluxit ; עזב derelinquere, dimittere ; זבוב musca.

CAPUT XV.

ז ΕΙΣ, ΕΣ. — ג ΣΥΝ, ΞΥΝ.

Συνιεω pro συνιημι simul eo.

107.

גוז (GUZ) id. quod הפריח volavit, exponitur pro הוציא educere, extrahere. - Ital. gazzo cheval; gazelle; angl. gazel; gazehound lévrier ; саига Gazelle ; ital. guazzare gayer, vado, trajicere seu transire. גזע stirps, propago, truncus arboris, et quicquid extra terram de arbore eminet. — R. זעזע movit, עזז prævaluit ; גוח eduxit, extraxit. — Ξηνος truncus, stirps ; ογκος tumor, eminentia ; ογκιαι acervi, cumuli, quicquid intumescit, ογχνη pyrum sylvestre. Gascht levure, écume, mousse ; загонный adj. de pâturage ; gazon ; angl. gazon ; Wasen. (דגה, דוג crevit, multiplicatus est.)

אגז (AGZ) nux nucis, capitur pro פרי fructu, et אילן arbore. — R. גוה pharetra, vagina, עזז roboravit, munivit ; עץ lignum. — Nux, Nuß ; ital. noce ; esp. nuez ; angl. nut ; belge Note, Noteboom noyer ; esp. agalla noix de galle ; косточка noyau.

Νυσσω pungo, vulnero.

108.

גז (GZ) recessit. R. זז levavit, separavit, it. abrupit, abstulit ; גוח eduxit, extraxit. זג id. quod קליפת הענב cortex uvæ, folliculus, זג peau. Ξυστις tunica seu vestis, muliebris pallium. R. ξυω exuo. Κασια casia, frutex lauro similis, cujus cortex abraditur ; кассія ; Cassia. (גדודה laceratio). Indè zeste res nihili, pellicula fructus operiens ; lat. ciccum ; ital. chico, zaccara ; angl. skin peau, cuir ; gaze ; angl. gauze étoffe claire de soie ou de fil d'or ; газъ ; Gaze ; gazer, voiler, déguiser ; Decke voile de tête ; gaye, voile léger.

גז , גזז totondit, rasit ; גז rasura quæ reliquitur post herbam desectam ; item tonsio vellus. גזזים, גזים tonsores. — Ξυσις rasura, pruritus ; ξυω seco, rado ; ξεω ξεσω rado, polio, scalpo, dolo. Ξεσις rasura, cælatura, ipsa actio radendi, poliendi, dolandi ; גזית levigatum, politum, sectum. Russe чеканю ciseler.

גוז (GUZ) abscidit, avulsit, abripuit, abscissus fuit ; גיזא transire, secare. — Σχιζω seco ; ciseau ; eisen rompre la glace, das Eisen fer, ciseau. Russe ножницы ciseaux ; ital. cisoie, cisore, cisello ; angl. scissors ciseaux.

גזה (GZE) vellus lanæ. — Κως, κωας ovium vellus, stragulum ; κωδιον corium ; cosse ; ital. scorza ; cozzare cosser, écosser ; шелуха cosse ; Hülse ; angl. shell of pease ; peau, pelure, peler, lèpre. (סיג rubigo, scoria, sordes quæ ab argento depurantur.)

RÉSUMÉ.

גוז volavit, item educere, extrahere ; גזע stirps, propago, truncus arboris, et quicquid extra terram de arbore eminet ; אגז nux.

גז recessit ; זג cortex uvæ, folliculus ; גזה vellus lanæ ; גוז abscidit, avulsit, abripuit, abscissus fuit ; גז, גזז totondit, rasit.

CAPUT XVI.

ז ΕΣ, ΕΙΣ. — ד ΕΞ, ΕΚ.

Εξεις qui emisit ab εξειμι.
Εξεις ab εχω possum, valeo.

Εξιεω ησω exeo, excedo, ejicio.

109.

זד et זוד (ZD ZUD) in fem. זדה superbivit, in hiphil

הזיד præsumptuosè egit; indè זיד et זד superbus, petulans, temerarius, in pl. זדים contumaces; זדון temeritas, superbia, arrogantia, præsumptio; זדונים insolentes. — R. עז pertinax, impudens; עודד erexit, elevavit.

זד id. quod עושה הדבר ברצון qui volens et sciens malè egit. — Δαυκος audax; esp. audaz; ital. audace; angl. audacity; дерзость audace, дерзокій audacieux. Decido couper, tailler, trancher, décider. Decido tomber, choir, déchoir. (שיד calx, lapis in calcem adustus; σιζω stridere, etc.)

110.

זבד (zbd) id. quod מתן donatio, vel חלק pars, portio; ut זבד טוב dos bona; ibidem verbaliter pro donare. — R. בדד זהב aurum separavit; vel בד בז præda sola. — Dapes; δαψιλης largus, copiosus; δαψιλεα copia, abundantia, liberalitas. Ital. dobba daube ou dobbe, assaisonnement de certaines viandes. Esp. estofado daube; даяніе don; Gabe; подача le don, l'offrande, la gratification; lat. do, dabo; даю, даваю donner. (פזר prodiguer, it. nourrir, fomenter, entretenir.)

CAPUT XVII.

טיט LA BOUE. ט.

טיט lutum, cœnum, limus, humus.

טות jejunavit.

ΘΗΤΑ.

Θηττα, θησσα ancilla; θησασθαι lactare, a θαω lacto, nutrio; θησαι sucer, téter.

Θω, θεω pono, colloco; θαω lacto, nutrio, it. cœno, epulor.

Θω curro, item punio, mulcto, οθω, etc.

ט Αντι.

111.

טיט (tit) lutum, cœnum, humus; עבטיט multum lutum. — Θις acervus, cumulus; τιτθη nutrix, τιτθος mamma. R. θεω, τιθημι. Gall. tette; angl. teat; ital. tetta; esp. teta; all. Tutte, tutten sucer à la mamelle, au pis; титька tétin. Hinc τηθυς tethys terra, quasi lutea; τιτθη μεγαλη magna mater; τηθος ostreorum genus, quia testacea et lutosa.

חטה (ate) triticum. — Θυω suffio, epulor; σιτος frumentum; αθηρ arista, aristæ cuspis; lat. sisto, subsister, soutenir; Saat blé. (עות sustentare, opem ferre.)

113.

יעט (iot) id. quod עטה involvit, induit; id. sonat quod יעץ consilium iniit, consultare fecit, consultum voluit; עטה id. quod עצה consilium. — Ισταω statuo, erigo, colloco, cohibeo, sisto, appendo; ιστιον navis velum; εστια,

112.

אט (at) vestigavit, lentè incessit; טאה et טאטא verrit, scopavit. (אתה venit, ivit, עת tempus; עדה transivit, irruit.) — Θεω cursu contendo; ωθω, ωθεω pousser avec violence, jeter, précipiter; οδευω faire route; טחה jecit arcu, sagittavit; מטחוה jactus.

Hâte; angl. haste; hasty hâtif; esp. ahotar, ahotado audax; saxon ehtan persequi, hvattan excitare; ital. atto action, trait; atto habile; That action, fait, effet; Thätig actif, agissant, effectif, efficace; акть acte, часъ l'heure, le temps; ital. otta heure.

עיט (oit) turba avium, volatile, et verbaliter id. quod גער increpavit, vel הריח repulit. — Οιστευω lancer une flèche contre, assaillir de traits; οιστος flèche, trait; עט stilus, calamus pugillaris. Αιτης impetuosus; αισσω irruo, αετος aquila; αιθος ardor, αττω prosilio, impetum facio,

domus, vesta ; ital. sito, sisto ; lat. situs ; fetzen statuere ; чаю espérer, croire.

עטה (OTE) indutus est, opertus est ; העטה operuit, amicivit ; מעטה pallium, it. amictus, involutus ; alii exponunt acuta vel polita lamina. — Testa coquille, vaisseau de terre cuite ; ital. testo ; esp. testa cerveau, la partie supérieure de la tête, où réside la cervelle ; testa front, face ou partie antérieure de quelque chose ; Tasche poche ; gall. toit tectum ; angl. hut ; all. et sax. Hütte ; esp. bato, habits, hardes ; belge Hôd vestis ; run. hyde antrum. Одежда Kleid ; одѣть couvrir ; esp. mate vase indien ; mante, manteau ; angl. mantua, mantle ; métal, Metall, металлъ. (טיח tectorium.)

טוח (TUA) linivit, obduxit, deauravit, הטיח litura ; תוה signavit, scripsit ; тушь encre de la Chine ; die Tusche. Ital. tacca, taccia ; esp. tacha marque, tache.

114.

טוה (TUE) nevit, filavit ; מטוה opus filatum ; טוה filum, funiculus, vitta, verbaliter consuere, vel componere, seu concinnare, vel componere funiculum, vel ligare. — Angl. tow toue, étoupe ; to tow touer, remorquer, faire avancer un navire au moyen du cabestan ; lat. suo coudre, joindre ; angl. suit suite ; ѳита la lettre tita, точу tissure, ткать tisser ; textus tissu ; υιοτης filiatio ; θης, θητος servus, famulus ; той, тотъ, та, то iste, ista. (Chald. אית pro יש est vel sunt.) Ex. : νεω, νεθω neo ; νεος novus, νεοσσος pullus ; neveu, nouveau. (חוט filum.)

טוחות (TUAUT) capitur pro כליות renibus, visceribus ; capitur pro puris cogitationibus et affectibus, et juxta alios pro renibus adipe obductis. — Intus dedans, intuitus entendement ; τα εντερα viscera ; intestin intestinum ; intestinus intérieur.

בטוחות sapientia ; quia arcana sapientiæ sunt latibula ; et ea in renibus locat Scriptura. Σοφος sapiens, angl. sapient ; sepio enfermer, enclorre ; воздержность sagesse, воздерживоа retenir, contenir ; воздержный sobre.

irrumpo ; αισαλων accipitris genus ; lat. æsalo avis prædatrix. (דיה nomen avis, milvus.)

Ex. : lat. avis, visus ; gal. vite ; ital. vista vue, apparence ; visita visite, revue ; vivacita ; esp. viveza ; angl. vivacity ; gall. avis ; esp. aviso ; angl. advice ; esp. advertir aviser ; advertido avisé. — Oiseau ; σειω, σειοω moveo, agito ; voyez סוס cheval, hirondelle. Angl. out hors, dehors ; out go devancer, surpasser ; out do surpasser, exceller ; out of hand tout de suite ; ital. issa ; lat. citò, citus, etc.

115.

טוה (TOE) id. quod נטה declinare, divertiri. — Angl. tattoo retraite. — Oiseux, indolent ; тушу éteindre ; туча nuée obscure ; düster obscur.

טעה id. quod תעה erravit, deceptus est ; indè הטעה errare fecit ; טעות error, טעה oblivisci, aberrare. — Θωη damnum ; angl. dote radoter ; belge butten.

חטא (ATA) peccavit, deliquit, erravit, deviavit a scopo, חטא peccatum vel culpam fecit. — Ατη damnum, clades, calamitas, peccatum ; ατω, αταω lædo, noceo ; τητη penuria, τηταω privo, τηταω quæro, tento ; αιτια culpa ; lat. atia odium ; angl. hate ; germ. hâte ; all. Haß ; ital. hastio ; gall. il hait ; тащу traîner, таю celer, cacher ; татство le vol, le larcin ; Dieb voleur, larron. (עות subvertit, malefecit.)

חטא nonnunquam capitur pro pœnâ peccati. — Тужу s'affliger, se chagriner ; θωη mulcta ob delictum ; θυος sacrificium, suffimentum ; εταζω examino, inquiro, scruter ; ετασις inquisitio, tormentum ; חטא oblationem peccati fecit, expiavit, mundavit à peccato. Тоска l'angoisse, l'anxiété, le serrement du cœur, l'inquiétude. (שעה respexit.)

טות (TUT) jejunavit ; tusus brisé, broyé ; θυσια victima. Θυω sacrifico. Jeûne abstinence, jeune novus, juvenis ; νηστεια jejunium ; νηστις jejunus ; νεοσσος, νεοττος pullus ; νεος novus, juvenis (jeuner, redevenir jeune, être pur).

RÉSUMÉ.

טיט la boue, la terre humide. חטה frumentum, triticum. יעט involvit, induit ; עטה indutus est, opertus est ; טוח, טח linivit, obduxit, deauravit ; טוה nevit, filavit. טוחות capitur pro renibus visceribus, pro puris cogitationibus et pro renibus adipe obductis. — טאה verrit, scopavit ; טחה jecit arcu, sagittavit ; עיט turba avium, volatile ; נטה declinare, divertiri ; טעה erravit, deceptus est ; חטא peccavit, deliquit ; חטא expiavit, mundavit à peccato. טות jejunavit.

CAPUT XVIII.

ט ANTI. ב ΑΠΟ.

Απαντησις occursus, obviam itio.

116.

טאב (TAB) gavisus est, exhilaratus est, benè fuit ; indè

Απαντησις exceptio.

117.

טבח (TBA) mactavit, occidit, immolavit ; מטבח occisio,

טב טוב bonus fuit, pulcher aut jucundus fuit; indè verbum hiphil היטיב benè egit; hinc מטיב beneficus, יטב bonum fuit, טוב bonus, decorus, elegans; טובה bona, et substantivè bonum, bonitas, in pl. טובים.— R. יהב dedit, obtulit, אב pater; עטה operuit, amicuit. — Δαπτω à δαιω divido; δαψιλης, δαψιλεια copia, abundantia, liberalitas; добро bon, доброта bonté, даю, даваю donner (דהב aurum, פדע redemit, liberavit, absolvit; טפח nutrivit, lactavit, mensuravit.)

טובי beati. — Ital. beato heureux; esp. beata béate, femme dévote, hinc opto, desidero, ποθεω, ποθω; hinc optimus, optimates; sax. beſt, beſta optimus; angl. best; all. beſte id.; sax. bet melius, magis; φιτυς pater, вать le père (תאב concupivit, desideravit).

jugulatio; טבחים sacrificia, רב טבחים magister militum seu occidentium; טבח coquus, lanius. — R. תעה evellere, אבח mactatio. — Δαπτω, δαψω voro, dilanio; δαπτος voratus, dilaniatus, vorator, mordax, laniator; τυπτω, τυψω verbero, pulso; τυπος ictus, percussio; φατος occisus. (פיד pernicies destructio, דבח sacrificare.) Angl. dab dauber, taper; tap tape, coup; Tapş; esp. tababoca coup qu'on donne avec la main; ταφος, ταφη, R. ταπτω. Давка des coups; битва, combat; вить la lame, le fil d'or ou d'argent; бичь le fouet, бить battre. (תאב, תעב detestatus est; sprevit, abominatus est. בעת terruit, turbavit, stupefecit. — תופף frapper, battre.)

חבט (abt) excussit, purgavit, trituravit, ut solet triticum triturari, et fit propriè cum baculo. — R. חתת contrivit, fregit. — Batte; esp. batido battu; ital. il battitore batteur, it. fléau à battre le blé, bâton; angl. to beat battre; ital. fiedo frapper, fiedita blessure. (דחף impulit, repulit.)

חטב secuit, occidit, indè חטיב עצים cæsores lignorum. — Πισσω pour πιπτω cædo, procido (חטף rapuit vi quâdam.)

טבח coquus; טבחות mulieres coquariæ seu coquæ. — Τυφω inflammo; hinc latinæ et saxoniæ voces stubæ, stufæ étuves; ital. stufa; esp. estufa; Stube; angl. et belge Stove; печка; ein Oefchen petit fourneau; σποδος cinis qui extinctis ignibus remanet; σποδεω ferventi cineri obruo. (תוף tympanum, תוף ignis infernalis. תפת idem denotat quod גיהנם gehenna, infernus. Nomen loci ubi idolo Moloch incendebantur pueri vivi.

118.

בטח (bta) speravit, confisus est, fiduciam habuit; הבטיח fiduciam tribuit, promisit, sustentavit; בטחה, בטחון confidentia, spes; בטח fiducia, securitas. — R. עב trabs, עות sustentare, opem ferre. — вдаю confier, πειθω, πιστευω, πιστοω fidem facio et exigo, confirmo, stabilio; πιστις, fides, fidelis, fido, fiducia; ital. fido, fiducia, fidenza; esp. fido, fiducia; angl. fiducial; sax. betốcan credere, concredere; bataht desponsata; gall. fiancée, confiance, fiance; невѣста fiancée.

בהט smaragdus, crystallum; volunt quod sit lapis durus similis שיש marmori. — Πεσσος scopulus, πετρος lapis, saxum, опока pierre de roche.

119.

בטה בטא (bta bte) lubricè seu inconsideratè oblocutus est; מבטא inconsiderata locutio, prolatio, pronuntiatio. — R. עות subvertit, malefecit; חטא peccavit, deliquit, erravit; תחת infra, sub, בעה rogavit. — Πισσα, πιττα pix, picis; Pech; esp. pez; πισσοω pice oblino; gall. poisser, poissarde, poison; ядъ poison, забïяка poissarde, запачкать poisser. Βαττος balbus, βατταριζω balbutio; d'où dispute; βιττακος id. quod ψιττακος; battologia; ital. battocini, battone brocards, lardons; парча brocard; angl. bate débat, dispute; bate rabattre; sax. Bebeb præceptum. (תוב respondit vel requisivit.)

120.

עבט (obt) feneratus est, pignoratus est, commodato dedit; עבוט pignus. — R. הבהב munus, donum; עות sustentare, opem ferre. — Πιστα pignora beneficentiæ; obses gage, assurance; Gabe don; φυτευω planto, con-

121.

עבט (obt) pervertit, impedivit, vel moram fecit (עטף tardavit, serotinavit.) — Obses otage, obsessus assiégé; ошибка la faute, l'erreur.

טבע demersit, defixit, vel in neutro demersus est, insero, gigno, produco; φυος fructus, germen, stirps; βατις herbæ nomen; вѣтка petite branche (בת filia, עבת frondescere, אלה עבתה arbor frondosa). עבטיט multum lutum, copia divitiarum; אבטיחים pepones, melones; αφθαι aphthes, pustules, dartres, feu. Ex.: cucurbita, citrouille, courge, calebasse; cucurbitula ventouse.

טבעת (твот) annulus, circulus; utuntur etiam Hebræorum magistri hoc vocabulo טבע pro naturâ, veluti סורות הטבע secreta naturæ — Φυσις ortus, generatio, natura, vis cuique rei ab ortu indita. — естество nature, существо, качество id. — R. עת tempus, תעה vagatus est; עבט feneratus est, pignoratus est; טבע demersit, mersit, defixit, interiit, defixus, infixus est. — R. עטה declinare, בא ,בוא occidit, occubuit. — Βαθος, βυθος profond, hinc βευθεα profunditates maris, Odys. 306. Τυφως vortex, turbo; водоворотъ gouffre; sax. deop, deope profond; angl. deep; belge diep; germ. dieff; sax. dippan, dippetan mergere; angl. dep; dan. diper; belge doopen; all. taufen; quæ omnia sunt a טבע, nam *mersus, demersus, profundus* unum idem est δυω, δυπτω aquam subeo, mergor; βαπτω mergo, intingo, lavo.

RÉSUMÉ.

טאב gavisus est, exhilaratus est; טב ,טוב bonus; עבט feneratus est, pignoratus est, commodato dedit: בטח speravit, confisus est, fiduciam habuit, הבטיח fiduciam tribuit; בהט smaragdus, crystallum; טבעת annulus, circulus; טבע natura. טבח mactavit, occidit; טבח coquus, lanius; חבט excussit, purgavit, trituravit; בטה lubricè seu inconsideratè oblocutus est; עבט pervertit, impedivit, moram fecit; טבע demersit, defixit, vel demersus est.

CAPUT XIX.

ט ANTI.

Εξανθεω effloresco, pullulo, erumpo.

122.

אטד (ATD) in pl. אטדים rhamnus. — R. דחה impulit, דחי impulsio, אתה venit, ivit. — Δατος vindemia, δασυς densus; δαιω, δαισω epulum præbeo; дача l'action de donner, la paye; lat. dato, datus, datum; datte; angl. date fruit; esp. datil; Datteln, Ast branche, rameau. (דתאה et דיתאה herba.) Ex.: spica, spicus épi de blé; spissus dru, épais, serré, nombreux.

ד ΕΞ, EK.

Εξανθεω defloresco.

123.

אטד id. quod קוץ carduum, spina, tribulus. — R. חדד acuit, עט stilus, calamus pugillaris. — Δατος dolus, astutia; δασυς pilosus, hirsutus. Δαιω, δαισω uro, comburo. — Acutus; ital. acuto; ακανθος épine; жестокій aigu. (עתוד hircus יתד clavus, paxillus.) — Ex.: spina épine, plante épineuse, arête de poisson, difficile, fâcheux.

אטדא celerrimè ignem concepit, unde Psal. LVIII, 10, priusquàm sentiant ollæ vestræ rhamnum אטד, calorem a spinis succensis sub illis. — Hinc igitur lat. teda combustioni apta inquit Plinius XVI, 10, quam ipse quoque arborum inter tribulos collocat; ideoque ab Hebræis אטדא, id. eliso spiritu, ut solet initio vocum; non autem à græco δαις, δαιδος quod est ab hebr. איד titio, torris. Hinc quoque nomen habet celebratus ille apud poetas Attes Αττης, sive Atys, deæ Cybelis sacrificus; quem propter allusionem nominis fixerunt in arborem pinum ab ipsâ deâ fuisse conversum.

CAPUT XX.

כף LA PAUME DE LA MAIN. כ.

כף manus, vola, sive pugillum, it. planta pedis.

כפים summitates arborum, seu folia palmi. כפא ligavit.

פכה redundavit; כפה lignus, ramus, surculus.

כף nubes.

כפף incurvavit, defluxit, plicavit.

פכה effluxit.

Καπω spiro pro καπτω comedo, avidè spiro, flo.

כ ut, velut, tanquam, instar, sicut, ita, tam, quam, ut, ubi, quum.

Πασχω patior, afficior.

כ ενεκα, ειεκα propter, emblème de la force et de la faiblesse.

124.

אך (AC) id. quod אמת et אבל certè, ultimò, utiquè, profectò. — Κα pro κη et κεν, si conjunctio potentialis; latin. ac, istud, atque; esp. ca et ce qui, quæ, quod; russe ce voilà, voici; gall. ce questo, ceci; ital. cio. (אש être, exister; זה hic, ille.)

125.

אך (AC) at saltem, verumtamen, tamen. — Αικ pro αικα vel αικε siquidem. Russe ко et къ prép. à, vers, chez, pour. (שח et שחה incurvatus seu inclinatus est.)

ככה, כה (CE, CCE) sic, ità, in hunc modum, capitur etiam pro huc. — Sic; ital. cosi; gall. coussi; lat. seu, quasi; gall. et esp. casi; gall. ci, ici, çà; esp. aca ici; lat. hic, hùc hàc; ital. chi ici; quà ici; qui idem; какъ ainsi; аки comme si, ainsi que; како comme. (חק statutum, decretum; קו funiculus, regula, directorium.)

כי (CI) quoniam, quia; הכי verè. — Gall. que; ital. chi, qui, celui qui, chiche qui que; esp. ca lequel ou qui; lat. qui, quæ, quod; сей celui, etc.; томъ, ma, mo, le, la, les, art. et pron. (שי présent, יש il est.)

היך (EIC) id. quod איך quomodo. — R. אי ou כה ainsi, est-ce que; икаю hoqueter, hoquet; esp. cata essai, épreuve; lat. hisco ouvrir la bouche, bâiller.

126.

כוח כח (CA CUA) virtus, potentia, vis, robur, fortitudo. (עשה fecit, operatus est; אשש fundavit, fortificavit.)—Χυω terrâ aggestâ extruo; χυω fundo, aggero. Κικυς vis, robur; ισχυς robur; войска forces. Ισχις, ισχιον lumbus; coxæ, os grande et robustum, in quo magna pars virium corporis; κοχευω sustollo, fero, veho, quod fit vi et robore, состоюсь subsister. Anglais catch prendre, saisir, empoigner; cast jet, coup, fonte. Kiesen choisir, élire.

127.

כוח (CUA) reptile quoddam, quod aliqui limacem, alii chamæleontem, alii stellionem. Rabbi Kimhi speciem bufonis מין חצב, Judæi עייך חורן, Rabbi Salomon לווירט interpretantur. (עש vermis, tinea.) — Esp. cuco chenille, insecte, chuco oiseau nocturne et mauvais comme la chouette; oca oie; ital. oca oie, oison; гусь; Gans; angl. chough choucas, chouette. (סס tinea, vermis.) — Χυω fundo, liquo; χυσις liquefactio, tumuli extructio; ital. occaso le couchant, l'occident, occasus chute, échouer. (עשש computruit, inveteravit.)

128.

כוה (CUE) combussit, incendit; כוה adustio; כי, כויה adustio (אש ignis); καιω id. καυω uro, incendo. — Russe жечь cuire; lat. coquo; ital. cuocere; kochen; angl. to kook; belge koken; esp. cocer. Hinc κακαβη cacabus vas testaceum et igni coctum, chaudron.

כוא plur. כוים sicut et gallis quandoque fenestræ dicuntur embrasures, nam et ab igne multa lux est. Lat. uro, urere ab אור lux, lumen; ignis, ut lat. fenestra a φαινω, φαινεσθαι; Hebræis etiam צהר est lux et fenestra; Galli etiam alludunt des jours, des fenêtres. Russe кажу montrer, faire voir; оконко Fenster; око l'œil. Gall. œil de bœuf, fenestra orbiculata. (שעה aspexit seu vertit se.)

129.

כהה (CEE) obscuratus est, caligavit, כהה defecit, anxiatus est, et כהה consumptum est. כהה obscurus, tristis, mœrens, נכאה humiliatus est. (סכך velavit, operuit.) — Χια et χεια latebra; lat. cæcus, cæcitas; chassie, chassieux; lat. cæcutio; hisp. cegaiez; gall. caché; сажа la suie. Hinc Odys. ι, 424, κακκαιοντες dormientes; indè et κικκαβη noctua, Isodoro cæcua noctua, κικκαβαυ vox noctuarum. Сова hibou, сљпо, adv., aveuglément. A כהה venit χαος chaos; angl. chaos; esp. chaos; хаосъ, en opposition à χαος aer, cœlum.

130.

הכאה mœreri fecit, contristavit, כאה doluit. (עקה anxiatus est). — Αικια ας plaga, verbera, injuria quæ fit cædendo; ακηδεω tædio afficior, angor, mœrore conficior;

aceo être aigre; acacia acacie, drogue, sorte d'épine; angl. check echec; Schach; жестокiи aigu, ахаю gémir, soupirer, ächzen; остiе les épines. כחה pro רפואה et התקמט in rugas contrahi; כהה cohibere, coercere, it. contrahi, arctari; узкiй étroit, serré; αγχω strangulo; αγκων pli du coude; angl. crease plissure, pli. Ахань espèce de filet à pêcher. Esp. encaje, encajar emboîter, enchâsser; angl. case case, boîte, étui. (העיק turbulavit, anxiavit; קוה inclusio, carcer.)

131.

חכה (ACE) speravit, expectavit, in fem. הכתה· (שעה speravit; חסה id.) — Ακεσις εος sanatio, curatio, remedium. Σαω, σοω servo; σοος salvus; жить respirer; остаюсь rester. (ישע salvus fuit; הושיע salvavit, liberavit; שוש exaltavit, lætatus est.)

132.

כחה (CEE) festinare. — Αιχη violentus motus, ab αισσω. Σωω, σοω concitato cursu ire cogo, in fugam conjicio; οχος currus; οξυς acutus, velox; angl. cast jeter, lancer; скорый vite. (חוש, חש festinavit; חיש festinus, velox, celer; סוס equus.)

133.

יכה (ICA) probavit, approbavit; דברים נחכים recta verba; נכחת approbatio. — Αση ab ασομαι, αδω cano; ασις cantio; ηχω echo, sonus, etc.; кажу, жему dire. (שוע enarravit, שיחה preces, eloquium.)

134.

יכח (ICA) redarguit, reprehendit; indè מוכיח abjurator, corrector; in passiv. נוכח redargutus est, נכחת excusatio, תוכחת correptio, increpatio. (סיס hirundo, חנה sonuit, intonuit, disputavit.) — Αση fastidium, nausea, molestia animi; ital. cusa accusation; esp. cuca moquerie; angl. chat babiller, jaser; check reprendre, arrêter, réprimer; gall. choquer, choc; кажу mutiler. (עשק, עשקה calumnia, violentia.) — Hinc causa, causari, accusare, excusare; Sache cause, chose.

135.

חך חיך (ac aic) palatum, faux. — Saxon Chece, Ceoca, Ceac palatum; angl. cheek; belge Cócke mala, maxilla, Chieke palatum; esp. caxa de las muelas les gencives; saxon Ceac bucca, gena, mala; de là gosier, caquet; узкiи, узка, узко étroit, serré; кусака qui aime à mordre; кусаю découper avec les dents. (עקה angustia, קהה retrusio dentium.)

RÉSUMÉ.

אך certè, ultimò, utique, profectò; כה, ככה sic ità, הכי verè; כוח virtus, potentia, vis, robur; כוה combussit, incendit; כוים fenestræ; חכה speravit, expectavit; יכח probavit, approbavit.

אך at saltem, verumtamen; היך quomodo. כוח reptile quoddam, etc.; כהה obscuratus est, caligavit; כהה defecit, anxiatus est; הכאה mœreri fecit, contristavit; כחה in rugas contrahi; כהה cohibere, coercere; כחה festinare; יכח redarguit, reprehendit; חך, חיך palatum, faux.

CAPUT XXI.

כ ΕΝΕΚΑ. כ ΑΠΟ.

Απενεγκαι ab αποφερω asporto, tollo.

Απενεγκαι p. απενεγκασθαι aor. 1er infin. ab αποφερω defero, αποφερομαι effluo, exhalo.

136.

ככב (CCB) stella, sidus, astrum, in pl. כוכבים; usur-

137.

כבה (CBE) extinctum est, et activè extinxit; מכבה

patur etiam pro insigni viro. — R. כח virtus, vis, robur, potentia. אש ignis, איש homo; עש constellatio. בא venit ingressus est. — Φαικος splendidus, efficax, a φαος lumen, lux, solis ortus. Φως lux, φως vir; φαω, φησω luceo, splendeo, dico, aio; καφος spiritus, flatus, καφεω spiro, à καπτω flo; показываю paraître, звѣзда étoile. (Voyez זהב aurum.) Focus; vox vocis; βιος, βιωσις la vie. (כפח ramus, ligni surculus; גב cervix, n° 48; בזק coruscatio, resplendentia ignis.)

כבע (сво) armatura, capitis galea. — Κυβη caput, cap, etc.; високъ la tempe. Voyez מגבעה pileus, tiara, galerus n° 48.

(קובע armatura, capitis galea, ferreum pileum, id. quod כבע.)

extinctor. — R. כהה consumptum est, בא, בוא occidit, occubuit. — Φακος nigra oculi macula, item ahenum condendis cineribus mortuorum. R. φαω occido. Fuscus, etc.; вынось obsèques. (Voyez בז n° 102. Angl. back en arrière, id. dos, derrière, revers. (כפף significat restinguere seu reprimere iram.)

138.

בכה (BCE) flevit, ploravit, id. הבכא, indè בכי fletus; כאב doluit; הכאיב vulneravit, afflixit, devastavit; מכאוב dolor, flagellum, in pl. מכאובים et מכאובות dolores, flagella. בכי נהרות capitur pro stillis fluviorum. — R. כהה doluit, it. tristis, mœrens; יבב ejulavit. — Βαβαζω vagio; πηγη fons, scatebra. — בכות fletus; hinc Bacco Bacchus; Bach ruisseau. (בקק, בוק evacuavit.) Gall. bec ruisseau, bec de gaz, bec de lumière; *stella, stilla;* on dit des flots de lumière, la lumière ruisselle (אור fleuve, lumière); потокъ ruisseau, бѣжать какъ вода ruisseler; Κηφισος Cephisus Bœotiæ fluvius; Κηφισσις Cephisis lacus. (פכה effluxit; אפיק rivus, ripa impetu fluens.)

139.

בכא (BCA) morus, secundum alios pinus; Rabbi Salom. arbores quam תופים vocat. — Φαγος fagus le hêtre; Buche fau, hêtre; angl. beech; букъ; ital. faggio. (N° 421.) Gall. bûche, pièce de bois de chauffage, bûcher, bustum. — Ex.: μορεα mûrier; μορεω laboro, affligor, et partior in partes minutas; μορος portio, fatum, morbus, labor, mors. (פגע incidit, occurrit.) Mûrier, mûrir, mourir. Φαγος edax; הכאיב vulneravit, afflixit; בכה flevit, ploravit.

RÉSUMÉ.

כבב stella, sidus; כבע armatura, capitis galea; בכא pinus, arbor.
כבה extinctum est, et activè extinxit; בכה flevit, ploravit; כאב doluit; בכא morus.

140.

אבך (ABC) superbivit, intumuit, exaltavit, instar inanis fumi. — R. בעה intumuit, חכה speravit, כוה combussit, incendit. — Αβακεω agir sottement; abigo, abactus chassé, mené battant; бабка le grand palatin, le palatin à bouquet. (אבק lutter, אבק poussière.) Ηβασκω entrer dans l'adolescence. R. Ηβη αγω ou ασκεω, exerceo juventutem, pubertatem. Αβαξ, ακος; lat. abacus un banc, ab elevatione; dicuntur etiam Gallis bancs de sable, in medio maris supra fundum maris elevationes; ità et pulveris et elevationis imago concurrit. Angl. back monter, soutenir, appuyer; Bak gaillard d'avant; it. balise; Baaken tonneaux ou marques dans la mer, sur lesquels on règle la navigation; it. bâtons ou perches pour décrire une ligne, etc. (כפות summitates arborum.)

141.

אבך convolutus est; בוך irretivit, indè מבוכה perplexitas, intricatio; אבך oberravit. — R. חוב culpa, debitum, peccatum; כהה in rugas contrahi, arctari; כהה obscuratus est, caligavit. — Αβακεω ne savoir que dire, que répondre; αβακεω se taire; abigo, abactus emmené, enlevé, pris. Angl. back dos, derrière, revers; ital. basso, bas, vulgaire, commun, humble; пошва le sol, la terre. вабукъ le gerbo, rat de montagne. כפות vestigia, plantæ pedum; עקב posteriora, pedis planta, calcaneum, vestigium; עקב impedivit, it. moram fecit, vel remoratus est in finem; בושש tardavit, moram fecit; סבך intricatum seu perplexum fuit, etc.

CAPUT XXII.

כ ENEKA.

Εγκαινοω innovo, dedico, initio. Εγκαινια encænia festus dies.

142.

כדי (CDI) cum, quando. —R. כי quia, די satis.—Quod conj. que; daß; lat. quando; ital. quando; gall. quand; esp. quando; когда quand, lorsque.

144.

כדד, כידוד (CDD, CIDUD) scintilla, nos habemus tæda. — R. כי adustio; קדח ussit, succendit; אוד titio, torris. — Δεδαικα à δαιω, δαιτω uro, comburo, incendo, ardeo. Δαιτις fax magna, ardens; angl. disk discus; ital. disco; esp. disco le corps du soleil ou de la lune tel qu'il paraît à nos yeux. (גד fortuna vel constellationis fatum.)

דך chald. hic, ille, fém. hæc, illa; dieser, diese, dieses; iste, ista; ital. costui, celui-ci; ουτος, αυτη, τουτο; momo, ma, mo, ce, cet, cette; esp. aquesse, sa, so, aqueste; este, esta, estos. (זאת ista.)

146.

כדכד lapis pretiosus, quem quidam carbunculum, alii crystallum esse volunt; Thargum Hierosolymitanum et Rabbi Kimhi interpretantur מרגלית שחורה id est margaritam nigram. — R. קדח ussit; כחד celavit, occultavit, abscondit.

(אקדח lapis pretiosus, carbunculus; Kimhi dicit esse lapidem rutilantem in modum ignis, ut carbonem vivum et rutilantem. Strass strass diamant; ανθραξ carbo, carbunculus; carbunculus escarboucle, rubis, pierre précieuse, une terre qui brûle par la chaleur; la brouine des fruits de la terre; ulcère, apostume, charbon de peste, abcès enflammé. קדחת morbus ardens ex nimio calore, ardor vel febris, quæ corpus ardere facit; dicunt etiam significare ignem sacrum ex ossibus flagrantem. — R. קדח ussit, succendit. Kalte la fièvre, la fièvre quarte, Kalt froid, frisson, Kalt gelée, glace; Kalk la chaux, tartre. Zu Kalk brennen calciner.

ד ΕΞ, ΕΚ.

Εκκναιω evado, molestiâ afficio.

143.

כחד (CAD) celavit, occultavit, abscondit; item delere, extirpare, succidere, דעך extinxit. — R. כהה obscurus est, caligavit; אד, איד perditio. — Κευθω occulto, abscondo; καδος pour κηδος funus; casus, occasus; ital. occaso chute, coucher du soleil; cedo quitter, se retirer, s'en aller; cædo couper, abattre, tuer; angl. to cede céder, résigner; сидка la distillation; сидень enfant qui ne peut pas marcher; чадо Kind; lat. scindo couper, scander.

כיד (CID) id. quod איד perditio, pernicies. (שד vastavit, depopulatus est.) Κατω infrà, deorsum, infermè; η κατω inferior, καττω contra, καθεσις demissio; angl. caducity caduque, etc. (Voy. גדע exterminavit, nº 80; קדד incurvatus est.)

145.

דך (DC) oppressus, pauper, contritus; id. fermè quod עני pauper. (דקק tenuis fuit, דק attenuavit.) — Δεκτης mendicus, cado, etc. דכה, דכא id. quod כתש et שבר contudit, contrivit, quassavit. מדכא contritus. R. ידע fregit, contrivit, קן modicum, אחד separavit. דוך contudit, trivit, quassavit. (דש, דוש trituravit, contrivit, comminuit.) חדך id. quod כתת contudit, contrivit, id. quod דמס conculcavit; מדכה mortarium. — Cædes carnage, meurtre; садно écorchure, foulure; eine Quetschung. Θυια, θυιας mortarium, pila a θυω θυσω macto, sacrifico. (חדק spina quæ sine læsione tangi potest.)

דכא adjectivè pro contrito; דכיא in formâ עוני fracturæ, contritiones scilicet fluctuum; cædo couper, battre, couper, trancher, abattre, etc.; кидаю jeter.

147.

כד (CD) hydria, amphora, in pl. כדים רקים lagenæ vacuæ. — R. דוד caldarium, magna olla, כהה cohibere, coercere, קוה inclusio, carcer. (עדק ligavit, vinxit; דיק antemurale, vallum, munitio.) — Καδος vas vinarium, et situla pro suffragiis colligendis; cadus caque, baril; кадь cuve, tine; кадка cuvette; hinc med. et lat. cauda vini une queue de vin; sax. et belg. Hodus, Hoed, verso c in H. Gallicè godet vasculum ad potandum, a latino godetus, sicut κωδων tintinnabulum, et κωθων poculum militare; timbales tambours d'airain, timbale gobelet d'argent; et κωθων Hesychio poculum quoddam, compotatio, it. ebriosus. Κωθα ποτηρια, pocula, saxonicè apud Martinum cot potus, κοθωνιζω poto. (שדח vas quoddam, scyphus, fistula et canale per quod aqua fluit.)

RÉSUMÉ.

כדי cum, quandò; כדד, כידוד scintilla, tæda; דך hic, ille, illa; כדכד lapis pretiosus, carbunculus, crystallum. כחד celavit, occultavit; דעך extinxit; כיד perditio, pernicies; דך oppressus, pauper; דוך contudit, trivit, quassavit; דכי illisio, sonus rei illisæ; כד hydria, amphora.

148.

כבד (CBD) gravis, ponderosus, divitiis oneratus, capitur etiam pro גדול magnus. כבד gravitas, multitudo; כבד significat honorabilem esse, it. honoravit, glorificavit; it. הכביד; כבוד gloria, honor, majestas, נכבד inclitus, nobilis. — R. כבב vir inclitus; דב pondus. — Υπατος summus, honoratus; υπαρκτος subsistens, permanens, firmus; angl. pageant splendide, brillant; γαβαθα lieu élevé; глава sommet; Spitze; слава gloire; властель le chef; Haupt la tête. (Voy. נב, n° 48.)

149.

כדב (CDB) chald., mendax, falsus. — R. כחד celavit, occultavit; בד mendax. (דבק soudure.) — Υπατος imus et profundus, υπαρκτιος sub septentrione positus; παγιδευω illaqueo, irretio, angl. paddock enclos, id. crapaud, grosse grenouille. Russe влага humide; власяница le cilice. — Gall. fagot, conte, fable, conter des fagots.

150.

כבד significat hepar, jecur. (דבק pulmo, significat hepar, jecur. דבק adhæsit, adglutinatus est.) — Ηπαρ, ηπατος jecur. Hinc κυβαδδα sanguis, Hesych. κυβαδδα αιμα αμαθουσιοι, quasi כבד officina esset sanguinis quæ fuit antiquorum omnium opinio. Russe печенковая hépatique.

CAPUT XXIII.

כ- ENEKA. ז ΕΣ, ΕΙΣ.

Καινιζω renovo, καινοω novo, renovo; καινυμι vinco.

151.

זך, זכך, זכה (ZC ZCC ZCE) mundus fuit, purus fuit; זכו puriores fuerunt; indè זכה purificavit, emundavit, correxit, in hitphael הזכה pro הזדכה. — כי adustio; זה hic, ille; זו hic, este. — Χαος bonus, illustris, κεττος bonus. Δικη jus, justitia, Dica. Δικαιος justus; indè jus, justus; ז et ד perpetuò commutatis (צדק, צדיק justitia). — Ital. giusto, esp. justo, angl. just; судь juridiction. Indè זכותא præmium à זך purus, sicut βραβειον potest esse a בר purus.

Καινω perimo, occido, seco. Νεικεσσιος hostis.

152.

זעך (ZOC) mutilavit, amputavit, id. quod כרת præcidit, vel secundum alios דעך extinxit (dalet et zain commutatis). R. זחח levavit, separavit, abrupit, abstulit; יקע crucifixit. — Σχιζω findo, scindo, disseco; кажу mutiler; κακιζω vitupero, labefacto, improbo; κακος; cæcus; кососmь l'obliquité. (Voy. כסה abscondit, קסם abscidit, id. קצץ.) Cassé, scandé, ciseaux, etc.

153.

זכובית (ZCUBIT) vitrum, crystallum, aut secundum Rabbi Abraham est lapis quem vocant diamant, id est adamantem. — R. זך purus, et בכה flevit, בכי fletus.

Russe стекло verre, la vitre. R. стекаю découler, s'écouler; лоскъ lustre der Glanz. Ex.: Κρυσταλλος glacies, gelu, crystallus; кристали. R. κρυος frigus, algor, crusta; croûte, dureté, écaille, morceau de glace; et σταλαω, σταλαζω stillo. — Δαγυς, δαγυδος crystallus, glacies, corallium à nitore et puritate.

154.

כזב (CZB) mentitus est, negavit, cessavit; כזב mendacium, et כיזוב apud magistros; indè אכזב capitur pro scaturigine negante aquam; in pl. כזבים. — R. כסה abscondit, velavit; בזה despexit. — Κασαλβη meretrix scortum; Σαβακαι Bacchi sociæ; σαβακος putridus, cariosus. Ex.: Κασσα meretrix; κασας tapes utrâque parte villosus.

CAPUT XXIV.

למד POINTE POUR ANIMER LE BOEUF AU TRAVAIL. ל.

מלמד instrumentum in cujus capite est stimulus quo boves erudiuntur, virga aculeata.

למד docuit, instruxit;

R. מד mensus est, mensuravit, et דלה elevavit, hausit, exaltavit.

דלו erecti sunt, ubi nos habemus attenuati sunt.

למד didicit, studuit.

דל attenuatus est, depauperatus est.

ΛΑΜΒΔΑ.

Βδαλλω, ϐδελλω mulgeo, sugo; sucer, tirer le suc. Δελω inesco, epulor; Θηλω, Θηλεω.

Δηλεω declaro, manifesto; Δηλιος Apollo.

Βδυλλω formido, exhorreo; ϐδελλω fœtor.

Δηλεω lædo, corrumpo, ληδεω, etc. Δουλος servus.

ל Υπερ. Υπο.

ל nota dativi significat ad, in, versùs, intrà, circà, statìm, post, ergà, contrà, cùm, ob, propter, ut, ità ut, quùm, donec.

Υπερ pro, per, propter, suprà, ultrà, præter, trans, post.

Υπερ pro, præ, ex. Υπο a, ab, ex, sub, subter.

ل lam, vigesima septima Persarum littera, valet 30; est character noctis, et Saturni planetæ, et oppositi aspectus.

155.

על, עלי (OL, OLI) super; עליון excelsus, altissimus supremus. אל (AL) super, propter, a, ab, ad, apud. אל Deus. — Αλλα certes, oui; улика la conviction; esp. Ala Dieu; ley la loi; ley loyauté, fidélité; grec ολος totus, universus, integer; angl. all; all; belge heel tout. (Voyez כל omnis, totus, omnia.) Лаль le rubis; лилія le lis; die Lilie lilium; angl. lily. Ex. : יה Deus; יה est; ia oui dans toutes les langues du Nord; ια vox; ιαω nomen Dei. (רעות voluntas, רוחות voluntas et desiderium; תורה lex divina.)

יאל (IAL) desideravit, voluit, acquievit, benignus fuit. — Λω volo, λωιστος, λωστος optimus.

157.

אלו (ALU) ecce; לא pro לו ei, sibi; אל, אלה illi, isti. — Αλλος, η, ο, ce, cet; lat. alius, alii; ille, illa; ital. elli, ello, ella; esp. el, ello, ella lui, elle; ela le voilà, le voici; allhie ici, en ce lieu-ci; ли ou ль si; ликъ le cri d'allégresse; esp. ala cri d'admiration; ala! que tengo un doblon.

156.

על (OL) adversum, pro. עליון exterminium. אל (AL) non, nec, ne, adv. negandi; לא non, nec, ne, neque, nihil; indè ללא absque. — Αλλα non, point du tout; Leiche corps mort, cadavre. Ολοος, ολοιος perniciosus; ложь, лжи mensonge, fraude; die Lüge; angl. lie mentir; алыря fripon.

158.

אלו (ALU) si; אל ubi; הל est-ce que. — Allwo où; или où.

הלא numquid, non-ne; אלי, אולי numquid, non-ne, si, אלא tamen, sed, nisi, tantum, præter; אחלי, ולו utinam; לוא utinam, utique, si, etiam, ne forte. לולא, לול dictio composita id. quod אמאל si, non, nisi. — Αλλα sed, tamen, mais, néanmoins, toutefois; angl. alias; lat. alias autrement; αλη erreur, incertitude; esp. ala, holà terme menaçant; ala! que es esso. Russe ли ou ль est-ce que? ou, soit; еле à peine.

159.

הלל (ELL) lucere, splendere; הילל lucifer, stella matutina; תהלה lux, splendor. — Ηλιος sol, σελας lux, σεληνη luna; лысина étoile, солнце soleil. A תהלה est δηλος, δηλοω manifestus, manifestare; hinc et ιλλος oculus, nam et oculi lumina vocantur; angl. light, lit allumer, éclairer; all. Helle clarté, lueur, jour. Hell clair, serein, net, évident; αλεα tepor in locis apricis ad solem; gall.

160.

לילה ליל (LIL LILE) nox. — Ελικος niger; μελας niger, ater. R. μη ειλη non æstus, non calor solis; gall. mêlé, mélange. (ערב miscere, ערב vespera, crepusculum.) Lat. nil, non ille; nego non ego; nox non os. Ελυω, ελυσσω envelopper, couvrir; αλαος fuscus, nullus; αλαοω excæco; ιλλος strabus, tortus, cæcus; angl. vail, veil voile. (ערוה confusibilis.)

hâlé; hinc αληθης verus, purpureus ut verus ab אור, алыо devenir rouge; алый rouge clair. Ab הלל ελη ειλη splendor, calor solis; ειλεω sedeo ad calorem solis, insolari; apud Lacedæmonios βελα significat solem et lucem. בהל , בהלה in splendore, in luce; quin et Abellio, Belenus et Belinus apud priscos historicos à Gallis et Britannis adoratus idem qui sol et Apollo non alius quàm hic Abellio; Cretenses colebant et Abelium vocabant; forsan et hinc Heliogabalus ab ηλιος ou הלל et עגול rotundus, vel ab עגול בעל rotundus Dominus, et ex Herodiano statua ejus erat petra in conum desinens. Ab התהלל venit stella étoile; ital. stella; esp. estallar, estallido éclater, éclat; dan. et goth Eld ignis. הלל est stella matutina et vespertina lucem et tenebras simul significans. (אורה , אור lux, splendor; חור albus.)

161.

אהל (AEL) tetendit, expandit, indè hitph. האהיל splenduit, extendit lumen. — Αλως cercle rayonnant ou lumineux de la lune ou du soleil; angl. halo; esp. halon couronne, parhélie, espèce de météore; луна la lune, луча le rayon.

163.

איל (AIL) id. quod מזוזה frontispitium, limen scilicet superius quod incumbit super duos postes januæ laterales, in pl. אילים. Ιλλος oculus, λαω video; אלו ecce, voici, vois-ceci. Angl. look regard, air; лице le visage, la mine, l'homme, la personne. Ex.: μετωπον frons, fronton. R. οψις vultus, facies, species, visus. (ארו ecce, vide; ראי visus, aspectus.)

165.

אלוה (ALUE) Deus verus; אלה capitur pro diis et simulacris, it. pro principibus et hominibus fortibus. — Ελω, ειλον, de αιρεω vaincre; leo λις, λεων le lion, constellation Löwe; левь; angl. leo. (ארי leo.)

167.

אלה (ALE) quercus arbor. — Ilex quercûs genus; angl. ilex chêne pourpre, yeuse; Holz bois, halot; ελατε sapin, arbre, palmier; ital. lella aulnée arbre.

חל (AL) capitur pro agro seu possessione, et venit à radice חלק detruncata ultimâ litterâ; alii putant id. esse quod מישר planities. — Αλως area, plaine; angl. ley champ, pâture; lea clos, prairie fermée; Wohl le bien, bien-être; angl. veal bien, bonheur, état; wealth richesses; лена; ein Lehn un fief; חל substantia, divitiæ.

ליות plurale feminini relatum ad צורות figuræ leonum scilicet et boum, לויתן leviathan, draco aut serpens magnus in mari vel fluviis, vel piscis ingens qui תנין vocatur; angl. whale baleine; Wallfisch. לילית animal sylvestre, lamina, furia, aut secundum alios avis quæ de nocte clamat; alii putant quod sit animal quod in tenebris noctis ambulat; magistri etiam sic vocant dæmonem familiarem, lares, larvas, et melancholicam apparitionem, cæteraque spectra. — Ελεας avis nomen; eleus fresaye oiseau de nuit; ital. alita; λυσσα, λυττα furor, rabies; lutin; angl. elf fée, lutin; лютый cruel, féroce. (ער inimicus.)

162.

יהל pro יאהל (IEL IAEL) figit tabernaculum; hinc אהל tentorium, tabernaculum in pl. אהלים. — Ιαλλω tendre, étendre; улусь camp, certain nombre de tentes; αυλαιος rideau, aulæum tapisserie; Leilach linceul, drap de lit; esp. lilaila étoffe légère. (יריעה velum, aulæum.)

164.

יאל (IAL) stultescere, stultum fieri, אויל stultus, fatuus. עלל , התעלל illusit; עלילה opprobrium; הלל , הול insanire, הוללות stultitia, error, insania; ελεος stultus, stolidus; λαλως, λωλος fatuus, stultus, insanus; ηλιθα frustra, incassum, ηλιθιοτης stoliditas; τελλος fatuus; esp. lelo fat, niais, sot; шаль folie, улещаю flatter, enjôler; олухъ nigaud, lourdaud; πελελος quasi φελελος fol, félé; Leffe fat; πελος, πελιος niger, fuscus. R. πη ηλιος quelquefois la lumière. Αελλα, Θυελλα tempestas quasi maris insaniæ. (עור excæcare, exoculare; עור cæcus.)

166.

אלוה (ALUE) Deus falsus; אליל nihil, idolum, dæmonium; Kimhi exponit pro re quæ non existit; אלילים simulachra. — Αλιος vanus, inanis; αλλιοω vanum reddo; hinc nullus; ноль nul non ullus.

168.

עלה (OLE) succidit, exterminavit; עלי mortarium, pilus seu instrumentum quo aliquid in mortario contunditur. — Αλεω moudre, broyer; αλοαω comminuo, trituro; angl. hail, haily grêle; Hagel. Χαλαζα la grêle; angl. hell l'enfer; Hölle. (ערר diruit, confregit.) עליל vas alchimicum; alii exponunt כור הצורף fornacem seu mortarium aurifabri. — Ολμος mortarium, tripus; olla un pot de terre, marmite; esp. et ital. olla id. תעלות capitur pro vasis quibus vinum hauritur et תעלה pro fossâ, lacu vel rivo,

חל pro חפירה fossâ quæ ambit murum civitatis. — Alveus lacus; ολκος tractus, sulcus, alveus; ulcus ulcère; angl. loch lac; **Loch** trou, ouverture, plaie, blessure; ложжу caver **aushöhlen**; ложчинка vallée **ein Thal.** (חור, חר foramen, caverna; חור excavare.)

חלול vacuus, cavus, מחלות voragines. — **Hohl** creux, vide, cave; angl. hole trou, creux; hollow créux, vide; лука la courbure.

חלל perfodi, vulnerari, חלל confossus, מחלות fossæ, cavernæ. Ουλη cicatrix. Læsus; esp. et ital. leso lésé; angl. less moindre, plus petit; sax. **holan, aholan** effodere; **acvellan, flean**; angl. slay; belge **flean** occidere. (Vallis, avello, κοιλος, etc.)

169.

עלה (OLE) ascendit, elevatus est; העלה fecit ascendere, extraxit, eduxit, superposuit, asportavit, obtulit, מעלה et עולה gradus, ascensus in pl. מעלות; capitur etiam pro lineis ex horario protractis, per quas sol ascendit, et pro cogitationibus quæ ex corde ascendunt. — Ala aile; улеть l'action de s'envoler, le vol. Angl. elate elever; lat. elevatus; esp. elato, elevado haut, élevé; angl. hill montagne; ital. alto, altus haut, profond, elto rude, âpre à monter. (הר mons. רוח laxus, spatiosus.)

לויה levites, לוי id. quod לוית additio, augmentum. — Levite, de la tribu de Lévi; lever, élever, élévation; левить; **Levit.** מעל elevatio aut operatio, ab עלל facere, operari, et עליות superiora. — Angl. lay mettre, placer, disposer; molior; μολος; молоть le marteau. Chaldæis vero על, עול est venire, ingredi. — Ελθω, ελευθω ab ερχομαι venire; μολεω venio, curro; ελαω, ελαζω gradior; הלאה deinceps, trans, ultra, cis, citra; נהלאה longè projectus. — Angl. alley allée, passage; alee, adv. sous le vent; ital. alea allée, halle; alesi tour ou degré du ciel; аллея, **die Allee** l'allée; ελαω, ελαυω agito, proveho, duco; élan course prompte; angl. lank élancé, leste, prompt. (ארח ivit, ארחי incessus, iter, via.)

Esp. ola mouvement, agitation, huic ales, alites, ala; angl. ile aile; esp. alear mouvoir les ailes, alear respirer; esp. ital. halito; lat. halitus; angl. to haul hâler; to hail a schip héler. Крыло aile, лось l'élan. (רוח navis.)

עלל (OLL) accessit, intravit, ingressus est; על et עול venire, ingredi; הועל adductus, introductus est; מעל accessus, ingressus; עלה chald. causa, occasio; תעלה ingressus. — Τελλω, τελλομαι facio, fio, præcipuo; τελεθω sum, fio; chald. טלע extrahere, ascendere, elevari facere, et תלל elevari, inde התעלל. — Ανατελλω oriri facio; ανατολη ortus solis. (רוח flare, spirare. חר nobilis, liber.)

170.

עול (OUL) excidit, exterminavit. — Ελαττω, ελασσω minuo, diminuo; ολιζοω ad paucos redigo, imminuo, brevio; exilis petit, mince, menu; angl. least, little peu, petit; шило alène, poinçon; **Ahle.** עול parvulus. (רעע chald. confregit, comminuit; רעה fractio.)

חול (AUL) mansit, cecidit; לאה id. quod יגע fatigatus, afflictus est, molestus fuit, תלאה lassitudo, molestia, labor; חלאה rouille. — Esp. lasso las, fatigué; angl. lusk lent; **laß** las, faible; μαλασσω mollio; angl. lassitude; last dernier, passé; lazy fainéant; усталый las. (אחר tardavit.)

חלל (ALL) interfectus est, mortuus est, vulneratus, infirmatus est. חולל infirmus, מחלל occisor et מחלל interfectus, חלל vulneratus, in pl. חללים vulnerati; חללי חרב interfecti gladio.

Halo, exhaler, rendre l'âme; angl. exhale exhaler; lie giter, coucher; ελη interfecit, rapuit, ab ελον αιρεω; τελεω perficio, τελλις totum, τελη, τελετη, τελευτη finis; лежу coucher; עלל occidit (sol); מעל occasus. (ערר diruit, dissipavit, confregit; ערירי orbatus.)

171.

יאל (IAL) indè הואיל id. quod התחיל cœpit, incœpit; חלל cœpit, incœpit, indè תחלה principium, exordium; חול incœpit et הוחל cœptum est; חולל formavit, creavit, concepit; מחולל creator, formator. — Alo élever, fomenter, faire durer; angl. alloo exciter, inciter; élever, élève. (ירה projecit, sagittavit, עור exsurgere, excitare, evigilare; העיר excitavit, suscitavit; עורר levavit, vibravit.)

172.

אליה (ALIE) cauda, id. quod זנב. — Ολκος cauda, ολκαια cauda quæ vel quâ trahitur. R. ελκω traho, dilacero; лишаю priver, ôter; esp. alila la queue du fruit; angl. heel talon, heel pencher; tail queue; sax. Tögl; all. Tagl. Ex. : caudex le tronc; cauda la queue; cado, cædo, caudeus, caudatus. עלים capitur pro membris quæ sunt supra; שוק crus, ut sunt femur et coxa. — Ολμος truncus corporis. (ראה turpis fuit; ערוה capitur pro infirmioribus locis.)

173.

אלי (ALI) fortiter, vehementer; איל fortis; איל fortitudo, virtus; אל, חיל robur, virtus; אילות fortitudo. — Αλξ robur; αλις satis, abundè; ουλος, santé, salubrité; תעלה sanitas; angl. lusty robuste, vigoureux; heal guérir, consolider; health santé; hale robuste, sain, vigoureux; gall. alloy, aloi qualité; well bien, beaucoup, fort; силь fort; зло beaucoup; angl. live vif, en vie; life vie, vigueur.

חל exercitus. — Ιλη agmen, aile d'armée; ital. ala l'aile; Held héros, brave; μαλα ala, axilla. חל, חיל exercitus, munimentum.

לוה (LUE) adhæsit, societatus est; indè נלוה associatus; hinc unus ex duodecim filiis Jacob dictus fuit לוי et לוית in const. additio, augmentum. — Ελυω involvo, implico; angl. leah lesse, attache; lié, allié; angl. ally, to ally allier, unir; esp. lazo union, lien, engagement; узель nœud; αλιζω colligo, congrego; ital. lianza; Allianz, etc.; λαος, λεως vulgus, populus. — יחל speravit, confisus est; ελπις spes, πελω admoveo, appropinquare facio; spes, sepio. Ex. : קוה expectavit, speravit, sustinuit; קוה congregavit. (ערה adhæsit.)

174.

חלא, חלה (ALA, ALE) ægrotavit, doluit, infirmatus est; חולה ægrota, sive נחלה infirmatus est; חולי et חלי infirmitas; it. חלות, מחלה et מחלת morbus, ægritudo. — Ολοος, ολοιος perniciosus; angl. ail avoir mal, faire mal; ailing maladif; ill mal, malheur, mauvais, méchant; alt vieux, vieil, cassé; зло mal; ital. illasso chute, faute.

הוחיל verb. hiphil capitur pro desperare, et perdere spem. Αυω, λυσω délier, dénouer; απολυσις dissolutio, obitus; allein seul, séparé; лишь seulement, лишаю priver, ôter. Ex. : solus, seul, solvo délier, dénouer. — Απονοια, απονοεω ad desipientiam redigo. R. απο, νοεω, νεω neo, glomero. — שכל intellexit, prudentiam habuit; שכלל fundavit, extruxit; אשכל uva, botrus, propriè ramus cui adhærent grana uvarum. — שכל impegit, corruit, lapsus est, nutavit, vacillavit, infirmatus est, השכיל fecit corruere, labefactavit; סכלות, שכלות stultitia; שכל orbatus est liberis, privatus est, sterilis fuit; שכול orbitas vel sterilitas; שלך avis quædam quam mergulum vocant.

175.

עילעא (OILOA) id. quod צלע costa. — Lez ancien mot qui veut dire auprès, proche, vers, du côté de; αλιξ relation entre camarades; αλληξ ou αλλιξ surtout, juste-au-corps; coste, cosse; angl. hull cosse, gousse; шелуха id.; Hulse cosse; latus; ital. lato, costa. (רעה sociavit, conjunxit.)

חלי (ALI) monile, pl. חלאים monilia. — Ελιξ volumen, involucrum, gyrus, clavicula, armilla, annulus, species hederæ ab ειλεω concludo. All. Halse collier, Halz col; angl. collar collier, col-lier; coller; ειλυω verso, volvo, ειλεω coarcto, concludo; клеишь coller, коло un cercle, силокь collet, lacet, cerceau.

176.

על, עול (OL, OUL) joug. — Lié; angl. to lash lier; esp. lazo lacs, lien; ital. laccio; силко, силокь lacet; esp. lia corde faite de jonc; ital. ellera lierre.

לול (LUL) cochlea, sive gradus ascensus tortuosus; Kimhi habet columna vacua habens in suâ vacuitate tortuosum ascensum. — Αυλος flûte, tuyau; ελιξ helice, spirale; esp. helice; מלול cochlea moules, etc.; улита escargot, limace, coquille, conque de l'oreille.

177.

עליה (OLIE) camera, cœnaculum, cubile, interstitium domûs superius, in pl. עליות. — Angl. hall salle, palais; Halle

halle, portique, porche; esp. aula grande salle; ital. aula cour du prince, une halle; αυλη aula; зала Saal, salle; улей la ruche. (עיר urbs, patria, pars urbis.)

178.

עולה (OULE) pro lactante accipitur, in pl. עלות. עולל et עול parvulus, infans; תעלול parvulus, puerulus. — — Ouaille ovillus, ovilis; ουλος tener, molliculus; et indè ουλον gencive ob teneritudinem. Russe лелекъ le tette-chèvre; молоко Milch le lait; лелью dorloter. Ιουλος, ιουλιζω primam lanuginem emitto; ουλος crispus, qualis sunt parvulorum capilli; velu, vellis, villus, villosus; עלות sunt femellæ de ovibus lactantibus, sicut et filii earum vocantur עולים; פרות עלות vaccæ fœtæ, à radice עול; vêler; russe телиться; angl. calve; Kalbe petit veau; sax. Gehul natalis Christi ab חול parturire, ut nobis natalis gall. Noël de natali Christi tantummodò dicitur. (הרה concepit, הורה conceptus, genitrix; ירה docuit, instituit; אור pluvia.)

179.

עול (OUL) iniquè agere, עולה iniquitas, in pl. עולות; hinc מעול perversus, עול iniquus, in pl. עולים iniqui, item filii parvi. — Ολλυω perdo; ουλος pro ολοος perniciosus; vil; angl. vile; lat. vilis; ital. vile; esp. vil; Wohlfeil; φαυλος simplex, vitiosus; pravus; подлой vil, лыды la tromperie; angl. low bas, vil, abattu; lowly humble, bas; lâche Schändlich; lâchement; nachlässig. (רע malus, impius.)

יעל (IOL) ibex, hircus rupricolis, capricornus, id. quod תיש הבר hircus sylvestris, in pl. יעלים; secundum alios sunt damæ, et יעלה hinnulus, caprea. — Ιξαλος ibex impetuosus, libidinosus, ex ιξυς, et αλλομαι; λάζω nimia pabuli ubertate lascivio, superbus sum. Russe козелъ bouc. (עיר asinus sylvestris; עירים pulli. ריר, דר albugo ovi; רע in formâ בן filius.)

עלה (OLE) folium, arboris, in pl. עלים. — Υλη sylva, materia ligna, υλημα frutetum, succula materia. Φυλλεια herbæ virides hortorum odoriferæ olerum folia vilia; φυλλιαω folia emitto, frondesco. R. φυω, υλη; Folie feuille; лисmъ, фольга feuille. — Αλωα, αλωη viridarium arbustum, locus arboribus consitus; hinc μηλεα malus arbor, אלה arbor quod libet, est enim inter arbores altissima; Алой l'aloës, die Aloe. Hinc layra, laya id. est sylva; gall. laye; Saint-Germain en Laye, in sylvis; sax. Holt; belg. Hout; all. Holz sylva; лоза bois; лѣсъ le bois, la forêt (יער sylva, saltus, nemus.)

לח (LA) viride, humidum, recens ut עץ לח lignum viride, et יתרים לחים funes recentes, hoc est de viridibus vergis facti. לח viror, viriditas, humiditas. — Ελος palus, ελειος palustris; лейка l'arrosoir. Angl. lay gazon; olus oleris, herbes potagères; sax. Leag campus, pascuum, ut potè virens. Χλοα herba virens, hinc χλωρις, etc.; oleo croître, uligo humiditas; humescunt enim semper sylvæ; ulva herba paludosa; angl. lave laver, arroser; sax. Leacs porrum; angl. leck; belge Loock; dan. Log; all. Lauch; лукъ le porreau. Щолокъ lessive; Lauge; ital. ella; lat. helenium herbe médicinale; lala d'albero mousse d'arbre; laja algue plante; lazzo un goût vert, astringent; esp. ala plante aunée ou énulée; sax. Weald sylvaticus; all. Walde; лугъ le pré, la prairie. — Ex.: Flos, flora, florere; fleurs, fleurs blanches, fluo, fluere. (רי irrigatio, רויה ubertas.)

אהלה (AELE) stacte, aroma quod in linguâ arabicâ vocatur sandel. Ελαια olivier; olea oliva; angl. oil huile, oily huileux, onctueux; Oel; ital. olio; esp. olio, oleo; ola onde, flot, vague, елей l'huile. (ריח olfecit; ריר glaire, salive.) Ex.: שמן oleum; שמן pinguis, crassus, uber.

180.

אלח (ALA) fœtuit, corruptum est, deterioratum est, id. quod נבאש. — Oleo sentir, avoir de l'odeur; oleo perdre, ruiner; ολερος male olens; υλιζω defœco; angl. olid, olidous puant, fétide; ital. olire sentir; esp. oliscar commencer à sentir mauvais; льяло sentine. (ריח exhalatio, odor.)

181.

לוה (LUE) mutuum accepit; commodato accepit; הלוה dedit mutuum; undè differunt לוה et מלוה ut mutuator et mutuum accipiens; et in commentariis magistri vocant sortem ipsam, quæ cum lucro restituitur fœneratori הלואה. — Gall. loué; angl. to let louer; Lohn loyer; λυειν ouvrir, délier; λυειν τας αποθηκας ouvrir les greniers, les magasins, λυειν τελη être utile ; יעל, הועיל juvit, profuit, utile fuit ; indè מועיל utilis, utilitas, profectus, id. תועלת. — Λαυω fruor, λωον utile, melius, satius ; αλλοιω mutuo, accipio, vel do ; germ. leien ; angl. loan ; dann. lon ; belge loon, lôn ; mutuum, mutuum dare. (רוה satiavit.)

חלה in const. חלת (ALE ALT) placenta, libum, torta, collyrida, in pl. חלות id fermè quod ככר nisi quod aliquanto minor est massa. — Ουλαι farine d'orge ; υλα, υλη alimenta, cibi decocti, materia ligna. (חרי panis albus ; יערה favus mellis, hoc est placenta mellis, etc.)

לוח (LUA) tabula, maximè super quam scribitur, in pl. לחות, in duali לחתים. — Ελεος, et ελεον mensa coquaria ; столъ table.

אלול (ALUL) mensis, seu lunatio ultima, partim augusto nostro, et partim septembri, imò aliquando majori ejus parti respondens. — Λωος mensis augustus ; αλωα sata, segetes ; лѣто l'été.

עולל (OULL) vindemiare, botros ex vitibus decerpere, racemos remanentes colligere, indè עוללות racemi, uvæ. — Ουλος manipulorum collectorum fascis ; ουλω οος Ceres manipulorum largitrix ; ουλος hymne que l'on chantait en l'honneur de Cérès. (ארה collegit.)

182.

עלע (OLO) id. quod בלע seu לוע, duplicatâ ain litterâ לועע deglutivit ; לע le gosier. — Gula la gueule ; ital. gola ; die Kehl ; λειχω lambo, lingo ; hinc leccare lécher ; angl. liek ; belge lacken ; all. lecken ; ital. leccare ; лижу lécher ; λαιμος le gosier ; לחם manger ; глошка, голось gosier ; Kehle.

לחי gena, mandibula ; exponitur pro percussione contemptibili in pl. לחיים. — Λια, λεια præda ; λεια lævigata ; λειαινω lævigo, molo, subigo ; λεαινω lævigo, comminuo ; λαιος lævus, sinister ; λαινος durus, sinister ; λαιμος undè lamia et lamiæ, etc. ; laniare, dilaniare, etc. ; злославлю diffamer, calomnier ; лезнее le tranchant. (ארה decerpsit.)

183.

חול, חיל (AUL AIL) in gyrum agi, saltare ; חל, חול, חלל chorum ducere, psallere ; מחול, מחלה chorus, חללים chorizantes ; חליל tibia, lyra, instrumentum musicum. — Angl. holla, hollo crier à haute voix ; λαλεω parler ; αυλος flûte. Voy. לול. — Luth ; ital. leuto ; eine Laute ; angl. lute ; esp. laud luth ; lætus ; ital. lieto ; Lustig. חולי, חילה lætitia. Θελω delector, etc.

הלל (ELL) laudavit, gloriatus est ; מהלל laudabilis, laudatus ; הלול laus et gloriatio ; מתהללים gloriantes ; תחלה et מהלל laus, pl. תְהלות ; hinc etiam הללויה alleluia, id est laudate Dominum, dictio composita. — Gall. loué, laus, louange ; esp. loor louer, hinc lat. olor cygnus ; hinc Iliad. VIII, 150, απειλεω glorior ; Lied cantique ; russe хвала louange Lob ; ликъ le chœur, le cri d'allégresse ; esp. lelilies, cri que poussent les Maures en combattant, pour invoquer Mahomet. (רע et רוע clangere, jubilare, מרוה canticus, lætitia.)

184.

ילל (ILL) ululavit, clamavit ; יללה ululatus ; υλαω latro ; ολολυζω ululo, ejulo, ploro ; αλαλη clamor, ululatus ; ιαλλω latrare ; esp. ahullar hurler ; alan, alano canis ; molossus ab ululando ; лаи l'aboyement, лаю aboyer. (רועע vociferari et ululare.) אללי væ, heu ; ילל hélas, interj. dolentis et quasi ululantis ; sax. ule, ulula ; angl. owl ; dan. ugle ; belge vul ; all. eul ; hisp. maullar miauler. Αελλω Aello una ex harpyis, ab ילל ululatus ; chald. אלה lamentari ; hinc λυζω singultio ; angl. alas hélas. חול tremuit, expavit, indè act. חולל tremefecit ; angl. lest de peur que ; חול, חולל doluit, parturiit, infirmatus est, vulneratus est ; חולל parturire fecit ; חול, חל, חלה cruciatus, חיל dolor, חיל torqueri ; αλυων mœrens, αλαστεω mœrore afficior ; ιλεος, ειλεος parvum intestinum, quod illud maximè doloribus vexetur ; жалью plaindre, жалуюсь se plaindre, se lamenter, undè iliaceus dolor ; angl. iliack, etc. ; wail pleurer, se lamenter ; боль la douleur. Ελεος, ελεεω, misereor, ελεημοσυνη misericordia, et indè et ex νη negante fit νηλεης, νηλης sævus, immisericors. התחלל consternatus est ; חלחלה pavor. (עיר pavor.)

185.

חלה (ALE) orare, precari. — Ελεεω misereor ; ιλαω propitius sum ; налой prie-Dieu ; малю supplier ; жаль la pitié. Λιτευω supplico, obsecro, precor ; λιτη supplicatio, preces ; litæ, arum les déesses protectrices des suppliants,

186.

חלל (ALL) profanare, חלל profanus, confossus ; חול profanus, communis ; אלה maledixit, exsecravit ; אלה planxit. — Αλοω, αλιτζω arguo ; αλιτεω pecco, delinquo. R. αλη error ; лылы la tromperie. חללה repudiata, pol-

litatio litanie. Esp. loa prologue d'une pièce de théâtre.

אלה (ALE) juravit, אלה juramentum. — Angl. holy saint, sacré, pieux; holily saintement; hallow sanctifier, consacrer; hold affectionné, ami, favorable. — Ex.: αρα preces, ara autel, αρα diræ, exsecratio, noxa, pernicies; aræ écueils. (יראה reverentia, pietas; ירא coluit, veneratus est.)

עולה (OULE) sacrificium, oblatio, hostia, quasi עולה כלו כליל על המזבח id. est quod tota ascenderet super altare, pl. עולות. — Gall. élévation, sacrifice, holocauste; altar autel. Ουλη mola salsa quâ hostiæ immolabantur; ολοκαυτωμα victima seu hostia, quæ tota cremebatur, holocaustum. Ολος et καιω; олтарь autel; Altar.

luta; invenitur etiam מחלות pro voraginibus. — Ολος id. quod θολος atramentum sepiæ, turbidus et corruptus humor; αελλης turbidus, procellosus; αελλα turbo, procella. Λυα, λυη seditio; лиликъ le plongeon. (ארר maledixit, devovit, exsecratus est.)

חלאה id. quod זוהמה spuma, qualis ab ollâ carnis bulliente tollitur. — Αιαζω agito, jacto, separo, turbo; ital. elisso bouilli; lat. elixus cuit, bouilli, tiré par expression; gall. lie; angl. lees; esp. lia lie, marc de raisin. חול arena. — Ελειος glis, lutum; ιλυς limon, boue; angl. thill boue, lest, gravier; esp. lodo boue; илъ limon, fange; лайно boue.

RÉSUMÉ.

על, עלי super; עליון excelsus; אלו ecce; יאל voluit, desideravit; אל, אלה illi, isti; הלל lucere, splendere; אהל tetendit, expandit; איל frontispitium; אלוה Deus verus; אלה capitur pro diis et hominibus fortibus; אלה quercus, arbor; חל ager seu possessio; עלה ascendit, elevatus est; לויה levites; מעל elevatio, operatio; עלל facere; על, עול venire, ingredi; עלל accessit, intravit; עלה causa, occasio; יאל et חלל cœpit; תחלה principium, exordium; חולל formavit, creavit, concepit; אלי fortiter, vehementer; איל fortitudo, virtus; חל, חיל exercitus, munimentum; לוה adhæsit, sociatus est; עילעא costa; חלי monile; עליה camera, cubile; עולה pro lactante accipitur; עול parvulus, infans; יעל ibex, hircus rupricolis; עלה folium arboris; לח viride, humidum, recens; לח viror, humiditas; אהלה stacte, aroma. לוה mutuum accepit; הלוה dedit mutuum; יעל juvit, utile fuit; חלה placenta, libum; אלול mensis seu lunatio ultima; עולל vindemia; עוללות racemi, uvæ; חל, חול, חלל chorum ducere, psallere; חליל tibia, lyra; הלל laudavit, gloriatus est; חלה orare, precari; אלה juravit; עולה sacrificium, oblatio.

על adversum, pro; לא non, nec, ne, nihil; ללא absque, עליון exterminium; אלו si, אל ubi; הלא, אלי numquid, nonne; אלא tamen, sed, nisi, לוא utinam; ליל, לילה nox; ליות figuræ leonum et boum; לילית lamina, furia, dæmon familiaris, larvæ, spectra. אליל nihil, idolum, dæmonium, Kimhi exponit pro re quæ non existit; אלוה Deus falsus; יהל, יאהל figit tabernaculum; עלל illusit; אויל stultus; יאל stultescere; עלח succidit, exterminavit; עלי mortarium vel pilus; עליל vas alchimicum, fornax; תעלה fossa, lacus; חלול vacuus, cavus; חלל perfodi, vulnerari; עול excidit, exterminavit; חיל mansit, cecidit; תלאה lassitudo, molestia; חלל interfectus est, אליה cauda; עלים capitur pro membris quæ sunt suprà crus, ut femur et coxa. חלא, חלה ægrotavit, doluit; חלי infirmitas; הוחיל desperare, et perdere spem; על, עול jugum; לול cochlæa; עול iniquè agere; אלח fœtuit, deterioratum est; לחי gena, mandibula, exponitur pro percussione contemptibili; עלע deglutivit; ילל ululavit, clamavit; ילע temere locutus est; אלה lamentari; חול tremuit, expavit; חול, חיל, חולל doluit, parturiit; חיל dolor; חלל profanare; אלה maledixit, exsecravit; חללה repudiata, polluta; חלאה spuma qualis ab ollâ carnis bulliente tollitur; חול arena.

CAPUT XXV.

ל ΥΠΕΡ, ΥΠΟ. ב ΑΠΟ.

Υπερφαινω super emineo.

187.

לב (LB) cor, mens, intellectus; לבב cordi accepit, corde sapuit, corde tumuit, cor accepit, vel cor abstulit. — R. אבה voluit, consensuit, אבה affectus, desiderium, על super, אלו ecce. — All. Leben vie, esprit, âme; παλη lucta; παλλω vibro, agito, palpito; былъ un fait. — Ind.

Υποφαω subluceo, non planè, non apertè dico.

188.

בל (BL) non, nec, neque, nequaquam; accipitur etiam בל pro לב corde; חבל significat idem quod מחוז terminum, regionem. — R. אל non, nec, על adversum; איב adversatus est. — Labi branler, être prêt à choir; λωβος morbus, vitium, etc. Aboleo abolir, vieillir; russe былой fait,

BAL vivre; BALA (PALA) sang. (פלה distinguer, séparer, choisir. פעל œuvre, action.) Exemple : καρδια le cœur. R. δια de δαιω, marque le milieu, le travers, et comme le passage des choses et des actions. Δια καρ division de la tête, à travers la tête.

Cor, cordis; discors désuni; cœur; cour siége de justice, où l'on plaide; cour, lieu où est un souverain et sa suite; chœur ensemble, concert. Le cœur; c'est l'amour ou la haine; oui ou non.

לבת pro להב medio; russe поль moitié; angl. half; halfte. (פלה partie, moitié.)

אבל (ABL) adv. affirmandi, capitur pro אמת verè, profectò, utique, certè. — Поло ouvertement, à découvert; лѣпо joliment; лѣпъ beau, joli; belle, bien; bellus joli, beau, agréable; bel, belot; бѣлый blanc, albus; ital. et esp. albo. Αβελιος sol. (הפליא et הפלה mirificavit; פליא mirabilis.) Φαλος splendidus, albus; лѣпота la beauté, la magnificence; φιλως libenter, φιλος amicus, dilectus, charus, benevolus; libet, lubet, lubens, libens; λιπτω desidero, cupio; hinc ελπω sperare facio; ital. libente, libenza; all. et belge liebe; angl. love; saxon leof, leofa dilectus, amicus; indè leofan, libban vivere; angl. live; dan. liff, etc. Russe любо adv. cela fait plaisir; любовь l'amour, l'inclination. — Ind. LUBH désirer, aimer; PAL aimer. Lieben aimer. — Ловлю prendre, saisir. חבל id. quod לקח המשכון pignora, pignus accipere, indè חבל et חבולה pignus. Bailler donner, bail assurance; angl. bail caution, cautionnement; лѣпо adv. il faut, il convient. (פלל judicavit, arbitrium egit.)

לבת (LBT) pro להב id est pro medio, seu igne; להבה להבת flamma. — R. בת pupilla sive intimum oculi, הלל lucere, splendere. — Φαλος splendidus, albus; φλοξ flamma, id. flos quidam. Albus, albescens, flavus; saxon falewe, fealwe color helvus, gilvus; angl. fallow; belge voel; all. fal fauve. All. blos blanc. (Voy. לבן blanc.)

להב (LEB) lamina acuta, quæ ut flamma rutilat, si poliatur, in pl. const. להבות et להבים; accipitur pro faciebus rubescentibus in modum flammarum. — R. הלל splendor, et lucere, splendere. אבה lamina. — Φαλα ornamenta galeæ; all. Loof bractea, lamina; saxon Leaf folium; angl. leaf; belge Loof; dan. Loff; all. Laub feuille, feuille d'or; φλοιος cortex; φυλλεια, φυλλιαω; листвïе les feuilles; полоса lame; блаха id. (Ind. BALA lumière; פארור nitor, pulchritudo.)

passé. (חלף transiit, præteriit, עלף defecit, עלף tenebræ.)

בלי (BLI) perditio, חבל id. quod גורל sors mensoria; בלה veteravit, consenuit. — Παλλω pello, quatio, sortior; παλος, παλλος sors. — Ind. PAL passer; PLUS nuire, consumer. — Παλαι olim, quondam, pridem; πολιος canus, παλαιω antiquo; λαπη pituita, labo, labes; пилю scier, limer. (פלה couper, percer, faire sortir.) Gall. vieil, vieillir; angl. pale, pâle, blême; лопаюсь se casser, se fendre; лопоть un vieil habit; лопаю crever; βαλλω jacio; plaga, vulnus, abjectio, amissio; bello, bellum, bellua, etc. — Ind. SHALL blesser, tuer.

Et componitur hoc adverbium בל cum aliis litteris, ut מבלעדי, לבלי, בבלי, בלא, לבלתי, מבלי, בלי non, absque, sine, præter, nisi, tantum. Hinc בליעל iniquus, malus, apostata, absque jugo, prævaricator. — R. יעל בל non juvit; Rabbi Kimhi exponit רשע; commentator exponit נבל stultum. — Φλαζω stultè, inarticulatè loquor; φηλω, φηλεω decipio, fallo; φηλος impostor, fallax. Fallo, gall. fol. All. Fall ruine, décadence, chute; it. faute, péché, fente, crevasse; angl. fall tomber, false faux; ital. fallo faute, erreur; falso faux; esp. fallo manque de; falso, etc.; balourd balordo; лувавый faux, баальство tromperie, jonglerie. Apud Hesychium βλιτας και βλιτωνιας του ευηθεις fatuosi, simplices; lat. bliteus belître; hinc blitum id. quod beta genus oleris a saporis stupore appellatum; esp. baladi, balda merces nullius pretii; debalde res nihili, embalde in vanum; hinc et valadi vil, etc.; vallescere, apud Festum perire, ejici; angl. bald chauve, pelé, fade, usé. (עלף defecit, fessus est.)

הבל (EBL) vanè egit, vanus fuit; ההביל infatuavit; indè nomen הבל vanitas, fatuitas, in pl. הבלים et הבלי. R. יאל stultescere, חבא abscondit. Apud Hesychium αβλας stultus, insipiens; apud eumdem αβαλη, quod exponit inutile, languidum, ignavum. Βλαξ ignavus, iners, hebes, lascivus, jactator suî; ital. bulo sot, idiot; esp. bululu l'action de se moquer de quelqu'un; φλυω nugor, inepta loquor; angl. looby lourdaud; глупой sot; фаля nigaud, niais; вялий flétri; балакаю causer, babiller; балы, ловь des fadaises. לעב id. quod לעג irrisit, subsannavit. Λωβευω irrideo, λωβη injuria, contumelia; Odyss. XI, 333. Επιλωβευω cavillari.

189.

לבב (LBB) significat coquere, placentas ussitare, indè לביבה secundum Rabbi Kimbi est בצק הרקיק placenta facta ex pastâ cum calidissimâ aquâ et in sartagine cocta. — R. הלל calor solis, אביב virens, maturum. — Φλυω ferveo, bullio; bouilli, bouillir; bullire, angl. to boil bouillie, bouillon; belge bobbelen bullo; Bobbele bulla bouteille ou bouillon s'élevant sur l'eau. All. Bolle bulbe, oignon ou fleur; das Aufwallen des Wassers bouillon. Esp. bullir, bullon la teinture qui bout; ital. bullia bouillonnement; булла bulle, булïонь bouillon. Παλη pollen, παιπαλη farina tenuissima, παλυντη polenta, à παλυνω aspergo, albefacio, propriè de farinâ. Lat. libum, libo, libare, libationes, quod libare Deo cœperint odolere, et igni injicere adipes victimarum, et liquores, idque erat Latinis adolere, libare, suffire, suffumigare; grec θυειν.

191.

חלב (ALB) lac, ut נאד החלב uter lactis. — R. לח viror, humiditas, עולה pro lactante. עב densus, crassus. חלב adeps, pinguedo, arvina, medulla, in pl. חלבים; indè יין חלבון vinum optimum et benè digestum; significat etiam albuginem ovi. — Λιπος pinguedo; Cypriis ελφος butyrum; πιλοω, ῶ et πιλεω cogo, coarcto; πιπελη pinguedo, πιλημα id omne quod constipatum est; albugo le blanc d'un œuf; ital. albugine, albume, blanc ou glaire d'œuf; бѣлокъ въ яицѣ. (Ind. LIP graisser, oindre; PUL et PAL amasser, accroître. ברא saginavit.)

193.

חבל (ABL) id. quod הוסיף sociavit, addidit; indè חבל cœtus, congregatio, חבל comitatus. — R. עב densus. לוה adhæsit, sociatus est. — Лѣплю coller ensemble; πιλοω cogo, empiler; παλαθη massa ficuum et caricarum; esp. pila pile, acervus, cumulus; vollauf en abondance, plus, davantage, plein, etc. Πολυ multùm, valdè; πολις urbs, civitas. (חבר consociatio.) חבל id. quod כברת חרץ mensura terræ. — Gall. pellée, plein la pelle, patella plena; prendre une pellée de terre; pelvis poussière; поле le champ, la terre; das Feld. בעל planities seu vallis, etc.

חבל (ABL) id. quod עבות funiculus, in pl. חבלים funes. — R. אבח lamina, לוה adhæsit; lat. pila, pilula, pelote, peloton, rouleau de fil; ital. palla, pallotola, pilotta; ein Handball, ein runder Ball; esp. balota petite

190.

בלל (BLL) commiscuit, confudit; נבלה confusum est; indè בל nomen idoli cui servierunt Babylonii; התבולל commixtus est, vel commiscuit se; תבלית confusio, scelus; תבלול macula oculi, ut est linea alba, confusio, vel mixtura nigredinis pupillæ. (אפל caligavit.) — R. ליל nox; חבא abscondit. — Βαλια maladie des yeux, ophthalmie. Hinc Babel, Babylon, Babylonia, nomen turris, urbis et regionis, ubi confudit Deus labium totius terræ; gall. pêle-mêle, confusément, φωλεια latebra.

בליל mixtura ex feno et palea, migma; יבלת papula, macula, verruca deformis, Kimhi exponit rugam. — Βαλαιος moucheté, maillé, pommelé, balius color; Βαλιος nom d'un cheval d'Achille; Homerus unum ex equis Achillis sic appellavit; non nulli varium interpretantur, maculisque multis distinctum. Половый, плавъ blanc mêlé avec du jaune. (Φυρω, φυραω misceo, commisceo.)

בעל (BOL) pro idolo capitur, utpote re nihili. — Βαλις deus Balis; Baal; hinc Baal-peor, Baal-zebub, Baal-tsephon, nomina idolorum et falsorum deorum. Болвань une idole.

192.

בלע (BLO) devoravit, deglutivit; בלע dissipavit, destruxit, diruit, perdidit, corrupit; hinc בלע corruptio, præcipitatio; Kimhi exponit dolus, qui enim loquitur cum dolo, abscondit, et quasi absorbet cor suum. — R. ב לע dans ou par le gosier, לחי mandibula. — Φλαω avidè comedo, λαπτω lambendo bibo more canum, ingurgito me; gall. avaler, piler, bien manger; angl. lip lèvre, bord; вабило le leurre, ваблю attirer, leurrer; angl. wily rusé, insidieux; gall. vallois sorte de rets. מבלעדי nisi, præter, absque, excepto. Полу польй vide, cave, libre. (חלף perforavit, fecit transire; βορος vorax, edax. רעב fames.)

194.

בלא (BLA) contrivit. — R. עלה succidit, exterminavit, על mortarium. — Φλαω frango, contundo; βαλλω frapper, blesser, atteindre. Bellum, ballista, etc.; било une batte, un maillet; Kloppel; биленъ le fléau à battre le grain. Piler, battre avec un pilon. (פלח dissecuit.) Depilo ôter, arracher le poil, peler, épiler; russe волосу, slav. власъ cheveu; angl. bald chauve, pelé, etc.; полю sarcler; лубъ l'écorce d'arbre. — Ind. PHAL diviser.

בלו (BLU) genus tributi, בלהה terror, stupor; id. בהלה; pl. בלהות formidines, pavores. — Φλιβω premo, affligo; gall. fléau; angl. flail.

בהל (BEL) horruit, obstupuit, cujus passivum נבהל frequenter est in usu; indè הבהיל stupefecit, compulit; בהל terruit; חבל corruptus est, dissipatus est, et חבל

boule; ballen former en pelote; баль ballotte, пуля balle pila; πιλησις coactio et constipatio lanæ, compressio; חבל spira funium; câble; кабелтовъ Kabeltau, etc. Кабалю rendre qqn. son serf; кабала obligation; angl. loop ganse, maille, tenon.

195.

חובל id. quod מנהיג הספינה ductor navis, pl. חובלים nautæ, navium gubernatores, qui trahunt, tendunt et solvunt funes mali in navi. — Gall. pilote; ital. pilotto; angl. pilot; esp. piloto; der Pilot; пилотъ. (אלוף rex coronatus, אלפי pater meus vel dominus meus.) R. אב pater; אהל tetendit, expandit.

חבל (ABL) malus navis. — R. עב trabs, על excelsus. אלה quercus, arbor. Lat. palus, pal, pieu; ital. palo; Pfahl; angl. pale; esp. pala bâton, bois; πασσαλος; лѣсь le bois, la forêt, Wald, etc.

destruxit, dissipavit, disperdidit; indè חבל corruptio, חובלים dissipatores. R. אבה terror. חול defecit, cecidit. חול tremuit, expavit. Φλεω corrumpo, labefacto, vitio, perdo; αβαλις (apud Hesychium) mala oliva; αβελλον vile et humile; vil, etc. Балую polissonner; viol, violation; angl. to violate, violer. (Φωρ fur; חרב vastavit.)

בחל tæduit, abominatus est, horruit, id. quod מאס et קץ; it. variavit. (חלף mutatus est, עלף terrore consternatus est.) Полошу alarmer, épouvanter; παλλω palpito, etc. — Ind. ABHILA formidable.

בחל (BEL) id. quod מהר festinavit, acceleravit, inconsultè obruit; נבהל turbatus. — R. בא venit, עב hastile; הולל dissipavit, irritavit; עלה ascendit, elevatus est. — Παλλω pello, quatio; bald bientôt, vite, aussitôt; βαλλω jeter, lancer; полетъ volée, essor; полотъ une flèche, un dard; grec βολος, βολη, βολις jactus, jaculum; βελις sagitta, ob celeritatem; saxon Flaid flèche; βαλιος celer indè velox; ital. veloce, volatus, vol. — Ind. PIL, it. LABH lancer; PILUS trait, javelot. (חלף transiit, præteriit.)

196.

יבל (IBL), et indè verbum הוביל attulit, protulit, produxit; hinc יובל id. quod פרי et תבואה fructus, germen; id. בול cum defectu litteræ iod; capitur quoque pro ramo ligni; יובל rivus aquarum, ripa, id. quod פלג מים, id. אובל, secundum quosdam porta; in pl. יבלי.—R. הלל cœpit, incœpit; עבים epistilia; בוא, בא, venit, ingressus est. מבוא fons, origo. — Βλω contr. à βλεω mitto; βαλλω immitto; βλωσις adventus, à βλοσκω advenio, ascendo, cresco, vado. — Ind. LABH mouvoir, atteindre; PLIH aller, mouvoir.

אבל porta; βαλβις l'entrée dans la carrière; φλεα porta; angl. lobby portique, vestibule; lat. labium la lèvre, le bord de l'ouverture de la bouche.

197.

בול (BUL) a radice יבול palus truncus, Kimhi exponit ramum; it. frutex, palmes, fructus, surculus, et quicquid jumenta de arboribus comedere possunt; aut quicquid primùm tenerum oritur ex terrâ, sive sit herba, sive pullulans arbor. יבול proventus. (חלף surculus, בר filius.) Angl. lop branche taillée; boll tige, s'élever en tige; польныи croissant aux champs, полевый champêtre, de champ, vom Felde. Φλεω plenus sum, abundo, fructu sum fecundus, βλυω, βλυζω scaturio, scateo, mano, польза le fruit, l'avantage, le profit; полню remplir, emplir. Πολυς multus, frequens, copiosus, πωλος pullus; полей poulier, Poley; βωλιτης boletus champignon; Blut famille, sang, race. — Ind. PHUL fleurir; PAL fructifier; BALA enfant; BHRÎ porter, produire. Blühen fleurir, être en fleur. (Φερω fero, φορα proventus, ραπις virga, βρυω germino, pullulo, פרח germinare.)

בול mensis october, in quo communiter fit inundatio pluviarum; מבול diluvium, inundatio; נבל defluxit, expalluit, emarcuit, decidit ut flos vel folium à virore; נבל pluvia, nubes, inundatio. — R. חול doluit; מבוא occidens, occasus. — Βλυω effundo; pluo pleuvoir, pluie; поливаю arroser, mouiller, плакса pleureur; bluten vom weißstock pleurer; esp. lluvia pluie, etc. Εν τω μηνι βααλ in mense colligendorum fructuum. (Βρυω scateo, emano, fundo; ρυψις purgatio, abstersio. רפא dissolvere.) — Ind. PLU couler; PLAVIAS flux.

198.

לביא (LBIA) leo, scilicet senex. — All. Löwe lion; левь id.; левище un gros lion; löblich glorieux; ind. BALH être grand ; sax. balde, bylde ; goth. balth ; angl. bold ; ital. baldo audax, quasi cordatus ; leo est cordatissimum animal. — R. לב, cor, animus ; יאב concupivit, desideravit ; איב inimicatus est, adversatus est. Ex. : λεων, λεαινα leo, leonis, leæna ; lenis doux, paisible ; lanio démembrer, déchirer ; lanius, etc., liniment, lanière.

199.

יובל (IUBL) quinquagesimus jubilei annus, in pl. יובלים — R. חל. חלל psallere, chorum ducere, יבב jubilare. — Βαλλιζω tripudio, jubilo ; gall. bal, baller, ballade ; ital. ballo ; esp. baile ; Ball assemblée pour danser ; angl. ballete ballet, danse figurée ; баль bal, балетъ ballet ; gall. baller, danser.

201.

בעל (BOL) possedit, dominatus est, potestatem habuit, maritavit, coivit. — R. ב απο, על super. Λω volo, etc. (עפל prævaluit, פעל operatus est, fecit ; פלל judicavit, arbitrium egit.) — Βουλη volonté, polleo potestate et autoritate valeo ; волю vouloir ; lat. velle ; wollen ; ital. volere ; angl. will ; belge willen. בעל magister, dominus, autor, maritus. — Βουλης consultus, qui habet vim sive curam consulendi ; hinc Βααλ deus Phenicum, quasi dominus, indè Βηλος Belus, βαλαιος magnus, fortis ; велю ordonner, permettre. (Βαρος pondus, onus ; רב magister.)

200.

אבל (ABL) id. quod בכא luxit, planxit, lamentatus est, mœstus fuit ; in hithpael התאבל, in hiphil האביל ; indè אבל luctus, tristitia, planctus ; אבל lugens, mœrens ; חבל dolor. R. ילל ululavit, יבב ejulavit. — Βαλλω, βαλω répandre des larmes. — Παλλω émouvoir, παλλομαι être ému ; βαλη hélas. Боль la douleur, болю tomber malade. Λυπη dolor, tristitia. (עלף defecit, fessus est. Βαρος molestia, gravitas.)

חבל (ABL) parturire, חבל anxietas, et eniti, parturire ; βολαι douleurs de l'enfantement ; баблю accoucher une femme ; vêler, beeler ; balatus, balare ; angl. to bleat ; esp. balar ; ital. belare ; блею ; blöken bêler. בעלת הבית mater familias ; vulva matrice, die Barmutter. — R. חול doluit, parturiit. (פרה fœtificare, parere, ברא creare.)

202.

בעל (BOL) habitare, בעלים habitatores. — R. עב epistilia le portail, l'architrave ; יחל mansit. עליה camera, cœnaculum, cubile ; interstitium domûs superius. — Βουλη le lieu où s'assemble le sénat ; Bleiben demeure, habitation ; польный habitant ; grec πολις, εος, ville, villa ; esp. villa ville ; ind. PALLI bourg. (Βαρις domus regia.)

בעל (BOL) planities seu vallis. R. חלל cavus, vacuus ; חל ager, planities ; ביב concavum ; בחו concavum, exsculptum. — Vallo, valle, vallis, vallon, vallée, val ; подоль ; angl. vale ; belg. Vallei ; ital. valle ; esp. valle. Поле le champ ; πολεω aro, pasco. (Φαροω aro, בר campus.) Russe поль le rivage, la contrée, le plancher.

RÉSUMÉ.

לב cor, mens, intellectus ; אבל verè, profectò, utiquè, certè ; חבל pignora, pignus accipere. לבת, להב accipitur pro medio. לבת, להב ignis, flamma ; להב lamina acuta, quæ ut flamma rutilat, si poliatur ; לבב coquere, placentas ussitare ; לביבה placenta facta ex pastâ cum calidissimâ aquâ, et in sartagine cocta ; חלב lac ; חלב adeps, pinguedo, arvina medulla, albugo ovi ; חבל sociavit, addidit ; חבל cœtus, congregatio, comitatus ; חבל mensura terræ ; חבל funiculus ; חובל ductor navis, חובלים nautæ ; חבל malus navis. — יבל attulit, protulit, produxit ; יובל fructus, germen ; יובל rivus aquarum, ripa, item porta ; בול palus, truncus, ramus, frutex, palmes, fructus, surculus, herba, et quicquid tenerum oritur ex terrâ, etc. ; יבול proventus. לביא leo scilicet senex ; בעל possedit, dominatus est, potestatem habuit ; בעל magister, dominus ; יובל jubilei annus ; בעל habitare ; בעל planities seu vallis.

בל non, nec, neque, nequaquam ; חבל terminus ; בל perditio ; חבל sors mensoria ; בליעל iniquus, malus, apostata ; חבל vanè egit, vanus fuit, חבל vanitas, fatuitas ; לעב irrisit, subsannavit ; בלל commiscuit, confudit ; בליל mixtura ex feno et palea, migma ; תבלית confusio, scelus ; בעל pro idolo capitur, ut pote re nihili ; בלע devoravit, deglutivit, dissipavit, destruxit, diruit ; מבלעדי nisi, præter, absque ; בלה veteravit, consenuit. — בלא contrivit, בלו genus tributi ; בלהה terror, stupor ; בהל horruit, obstupuit ; חבל destruxit, dissipavit, disperdidit ; חבל corruptio ; בחל tæduit, abominatus est, horruit ; בהל festinavit, acceleravit ; inconsultè obruit ; בול inundatio, pluvia, מבול diluvium, נבל defluxit, expalluit ; אבל luxit, planxit, lamentatus est ; חבל dolor ; חבל parturire ; חבל anxietas, et eniti ; parturire.

CAPUT XXVI.

ל ΥΠΕΡ, ΥΠΟ. ג ΣΥΝ.

Συνυφαω contexo, simul attexo.

203.

גל (GL) cumulus, acervus. R. גו corpus, חיל robur, virtus.

Χαλα, χηλη saxea pilea, fluctibus objecta; κηλη tumor scorti; складка en tas, ensemble. (סלע petra, saxum; גר pes montis.)

גול הגיל (GUL EGIL) exultavit, indè גילה et גיל exultatio, id. quod שמחה. — R. גו corpus, ל super. (קלל alleviari, levem esse, דלה exaltavit.) Angl. glee gaillardise, joie; grec γιγγλιζω id. cum γαργαλιζω et γαγγαλιζω titillo, lætitia afficio; Αγλαια una ex tribus Gratiis; angl. gayli gaiement, pompeusement; gall. gaillard; ital. allegro léger; leicht; лёгкій léger; лёгко à la légère; lat. gallus; esp. gallo coq; gallear primer, etc.; глаголь le gibet der Galgen. (עלץ gavisus est, exultavit, עלז id.)

205.

גחל (GAL) carbo, pruna, scintilla. R. עוג coxit; חלל lucere. Γαλεω, γελεω splendeo; γελα splendor solis. (Voy. קלה adussit, torrefecit.) Αγλαος splendidus; angl. gild dorer, couvrir d'or; gold or; gelt clinquant; золото or; Gold or, glanz brillant; saxon Golde, Golden aureum aureus; dan. gald deaurare. Κηλεος, κηλαος calidus, urens, splendens; caleo, calor; ital. calore; klar clair, pur, serein, luisant, lumineux; лоскъ le lustre. (קלל candidus, purus, perlucidus; כחל coloravit, rubricavit.) Αυγη lux. — Ind. GHALA la lumière.

גלה (GLE) aperuit, revelavit, discooperuit, גלל illustris fuit. — Κλεις clavis, κλειω celebro, memoro; κλεος, κλειος gloria, celebritas; καλος, etc.; ключь clef; Keil; angl. clef; glossy lustré, éclatant; γλωσσα lingua, sermo, verbum; глась la voix. להג enucleatio, pronuntiatio, etc. (קל, קול vox.)

גאל (GAL) observavit, גלה aperuit, discooperuit, revelavit; גלוי manifestus, apertus. — Λυγξ, λυγκος lynx acutissimi visûs animal; λυκη lux; глазъ l'œil; ιλλος; angl. gloss œil; look regard; all. glanzen luire, briller; glasern de verre; belge Glas verre; angl. glass; стекло verre; глажу rendre uni, lisser; גליונים specula, quia in eis revelantur facies intuentium; λευσσω video. (צהל הצהיל nitere, illustrari.) Ex.: κατοπτρον speculum, ab οπτομαι video; on disait du voirre pour du verre; voirier vitrier, etc. — Ind. LAUC voir; ULKA flamme.

Υπονυσσω subtus pungo.

204.

גל (GL) significat etiam gurgitem fluctuum, et procellam, quæ est cumulus aquarum, vel quod per continuas revolutiones sese impellunt; גלי הים gurgites maris. R. גו intus, גיא vallis; גוה absorbuit, sumpsit; חלל cavus, vacuus; מחלות voragines. — Ind. LUK rupture.

Ζαλη, ζαλος turbo; λακη barathrum, præcipitium, λακκος fossa, lacus; κυλα cavitas, sinus oculorum; Loch trou, ouverture; логъ un endroit creux et bas; лука courbure, la sinuosité; луда écueil; лужа bourbier. (אכל consumpsit, זלל devoravit; צלל submersus, profundatus est.)

גלה (GLE) lenticulum, vas rotundum. (Voy. כלי vase, כלא carcer, clausura.) לוג sextarius, genus מדה mensuræ parvæ. Γυλιος vas vineum, ubi milites cibos asservabant; γυαλος qui manu comprehendi potest, curvus, concavus, vallis, latebra; galeola espèce de vase; ложа le fût; ложжу caver; καλυξ, κυλιξ calix, etc. Κλειω, κλειζω claudo, occludo, obsero; гасило un éteignoir.

עגל (OGL) vitulus, עגלה vitula, vacca, in pl. עגלות. — R. געה mugir, עלה ruminer. — Κοιλια venter, uterus, quævis cavitas corporis; βουκαλιος armentum boum. R. βοω pour βοαω in bovem mugio et κοιλια venter. Bucula, buculus jeune vache, veau. Culeus un sac de cuir, une grande mesure; vacca, vacua, cava; vague grand espace vide; vaco être vide; etc.; vache malle. Ex.: корова vache; коровъ caisse faite d'ais fort minces, коровка boîte, étui; angl. cow vache, cowl cuve; Kuh vache, Kufe cuve.

206.

גלע (GLO) id. quod התערב mixtum vel confusum est. — R. גלל rouler. על super, ad, apud, adversum; עלל illusit. (כחל pinxit oculos stibio seu fucum adhibuit oculis.) — Λυγη obscuritas, tenebræ; λυγιζω flecto, torqueo, circumago, tergiversor, effugia quærito; легелъ la panne die Dachfette; luscus; ital. losco louche; borgne; Scheel. (כלאים sunt permixta.) Lusus raillerie, plaisanterie, luxus démis, disloqué, ложь le mensonge.

207.

לחג (LEG) enucleatio, meditatio, pronuntiatio, eruditio. — R. הגה meditatus est, הגה sonnit, intonuit, הלל laudavit, gloriatus est. — Гласъ la voix, глаголъ le mot, глаголю parler. Λεγω lego, colligo, numero, dico, loquor; λογος verbum, ratio, jussum, carmen; lat. loqui; ital. loquace; angl. logick logique; Logik; ital. loico, logico; esp. logica. (קל, קול vox; שילה Silo, Messia seu Christus; שלח mittere, emittere; צלא orare et invocare.

מגלה (MGLE) schedula, volumen, charta volubilis, liber, propter chartarum revolutionem; גליון charta, alii tabula in quâ scribitur. לחג studium assiduum litterarum. — Λεγω lego, colligo, dico, loquor; λεγω cubare facio; lat. lectus choix, élection; lectio lecture, choix, etc. Lectus lit, couche, coucher, mettre, poser, étendre; coucher, imprimer; couche de couleurs, couche d'or. גלל causa, negotium; it. chald. onus, gravitas; λογος negotium locus, disposition des choses, locare, etc.

208.

לעג et הלעיג (LOG ELOIG) id. quod לעץ derisit, subsannavit, it. balbutivit; indè לעג subsannatio; עלג balbutire, atque impeditè loqui. — R. ענה subsannatio. Γελαω rideo, γελως risus; χλευη risus, derisus; χλευαζω irrideo; saxon leogan, aleogan mentiri; hlagole facilis ad risum, ridiculus; angl. laugh, laughing; allem. et belge lachen ridere; Gelächel souris, sourire. (חלק blandiri, adulari.) Lusus raillerie, loci lieux de rhétorique. Ложь et лжа, лжи; die Lüge le mensonge. (שלו dolus.) Глоть chicaneur, галка chouette; Dohle; angl. gaggle crier comme une oie. (לעז barbarè locutus est, לצצים deridentes, irrisores; λασθω irrideo; ital. lazzi, etc. לעג. — R. לע gosier, ענה retardavit, incarceravit, detinuit. Λογγαζω tardo, moror, milito; λοχος insidiæ. Gall. galimatias, mélange confus.

Ex. : Χαρτης charta, χαρτιον volumen, chartula. R. Χαρασσω ρητα, sculpto, imprimo dicta, coucher des dits, des paroles. (חפה lit nuptial; פה bouche, ouverture, ordre, disposition; חוף la lèvre, le bord de l'ouverture de la bouche.) Χειλος labrum, sermo, littus, seu ora maris. Βιβλις libellus funiculus a papyro plixus; πειαγωγης, entortillement, livre. (Pline.) Συνταξις syntaxis; volumen, volvo, voluto, etc.

209.

גאל (GAL) luit, vindicavit, redemit, indè גאלה redemptio. — Χαλαω laxo, concedo, remittor; χαλαω ouvrir. Λυω, λυσω solvo, crimen diluo. случай ouverture, sujet, occasion die Gelegenheit.

גאל affinitatem assecutus est, indè גאל affinis, propinquus, ad quem pertinebat redemptio possessionum. — Γαλως, γλως glos soror mariti, vel uxor fratris. (כלה sponsa, הלך fluxus mellis.) Γαλα lac; γαλακτιζω candorem lactis imitor. Ind. GYALA belle-sœur. Заловка belle-sœur; случаю joindre, couvrir (une jument). R. עול et גוה. — עגלה vitula; γαλουχεω allaiter. עגול vitulus; γαλιαι petits ânes.

גואל (GUAL) propinquus, propinquitatis vindex, lege Moysis, qui viduam proximi defuncti ducere jubebatur. — Esp. liga amitié, ligar attacher, allier; hinc Latini medio ævo dicebantur gildones, propinqui contubernales, gildonia societas propinquorum, penes quos erat hoc jus redimendi et vindicandi; hinc in lege Alaman gildum, geldum, prætium, æstimatio à גאל redimere; in capitul. gilda, gildonia, confraternitas, etc. Angl. legergildum mulcta pro illicito concubitu; etc. Dan. Gield; all. Gelt pecunia.

210.

גלל (GLL) quidam interpretantur שן dentem. R. לחי mandibula. Χολη bilis, fel, ira, vesica bilem continens, sepiæ atramentum; χολαω bile mihi jecur turgescit; indignor, irascor; χολοω bile inflammo, ad iram concito. Angl. gall fiel, animosité; Galle fiel, bile; it. amer, fiel, bile, colère, haine, ressentiment; желчь le fiel, la bile. (עקלקלה perversitas. שלח ensis, gladius.) Ex.: δους dens; οδυσσω irascor, succenseo. (שן dent, שנא haïr.) Vous avez une dent de lait contre lui (Molière). (אכל comedit; לקק lambit, linxit. נער objuravit, increpuit; it. compescuit.)

גלח (GLA) rasit, totondit (barbam, capillum). — Κολουω amputo, decurto; coluri, orum, à qui on a coupé la queue. Gall. colure colurus. Колура. — Ind. GAL trancher.

געל (GOL) fastidivit, repudiavit, rejecit; גלע concertavit, litigavit. Λογχη lancea, λογχοω cuspide munio, in modum lanceæ exacuo. (גרה excitavit litem, exacerbatus est, bellum inivit.) Ссора querelle.

211.

גלל (GLL) scaturigo, fons, irrigatio; exponitur uno modo

212.

גול et גל (GUL, GL) devolvit, amovit, abstulit. גלל gy-

pro fonte, alio modo pro ostio seu januâ. (חלך fluxus mellis; כלכל nutrire, cibare, saturare; שלח mittere, emittere.) — Γαλα lait; χαλαω ouvrir, laisser aller; λαχος ce qui est échu par le sort, la fortune et le sort de l'homme. R. λαγχανω. Случай ouverture; ключь là clef, la source, la fontaine, etc.; галактишь galactite; ital. calla et callaja ouverture, porte; Lücke. אגל gutta, stilla, id. quod טפה; angl. galaxi; ital. galassia voie lactée; млеко Milch lait; lat. lac; esp. leche; ital. latto; Galla habit de gala, de fête; esp. dia de gala jour joyeux; ital. gala pompe. — Ind. KALYANAS fortuné; GALA eau.

213.

גלה (GLE) vitta, funiculus. R. חוג, חג circuivit, gyravit. לוה adhæsit. — Λυγοω flecto, propriè viticem inflecto, intorqueo, vincio; χηλευω necto; καλως rudens, funis nauticus. Angl. gill roquille, lierre terrestre. Liguer pour lier; lat. ligo; ital. liga fœdus, societas; esp. liga amitié, liga jarretière, lacet; Geschlecht lignée; γαλως, etc. Галунь galon; Galone. (שול fimbria, etc. שלח propago.)

214.

גיל (GIL) par, coævus id. quod דומה similis.

Λιγνα ornatus vestis ex utraque parte adscitus.

Ικελοω assimilo, ικελος et εικελος similis, αλιγκιος id. gleich égal, semblable; angl. like pareil; égal; угладить égaler, гладкій égal; lat. æqualis, qualis, qualiter; ital. eguale, uguale; esp. igual. — Calque, קלע figurare, sculpere; Kelle truelle.

215.

עגיל (OGIL) inauris, circulus, vel ornamentum aurium. — R. חלי monile; חוג, חג circuivit, gyravit, circumdedit. — Κλανον armilla; angl. locket bracelet, joyau; all. Locke boucle, anneau; складень collier. Licol, collier, etc.; коло cercle, cerceau, ein Kreis. (לחשים inaures.)

עגול (OGUL) rotundum, circulare, indè מעגל et מעגלה locus castri in rotundum dispositi. — Angl. lodge loge; lodge demeurer, soucher; gaol geole, prison; ложа Loge, Gelaß place, espace; ital. loggia; lat. loco, locare, mettre, placer, planter, établir, asseoir le camp. Gall. local; Lokal. Λοχος cohors, agmen, insidiæ, puerpera, gravida; locus lieu, place, poste, naissance, maison, famille. Λεγω cubo, λεχος lectus; леганіе le coucher das Liegen. Ex.: περεμβολη castra camp, fort, retranchement, poste, campement. (גור commoratus est, habitavit. רגע quietus, quiete habitavit.)

216.

גלגלת (GLGLT) cranium, testa capitis calvaria, et calravit, revolvit, complicuit; גלגל devolvit, amovit, et התגלגל involutus est; גלגל rota plaustri, sphæra, circulus orbis. — R. חג, חוג circuivit, gyravit; חוג sphæra.

גל cumulus; ל super, ל sub; גלל rouler, גליל circulus, it. tornalis, sphericus; Rabbi Salom. exponit sphæram, rotam. (קל levis, קלים veloces; שלח projecit, misit.) — Γογγυλοω rotundo, in orbem convolvo, γογγυλος rotundus. Κυκλοω cingo, circumdo, in orbem ago, incurvo; κυκλος circulus, orbis, κυκλω pro εν κυκλω in circuitu. Κυκλαζω gyro in orbem, circumeo, gyro includo. Κυκλαινω gyro, roto, rotundo; κυκλεω verso, duco rotâ veho. Kugel boule; Zirkel circle, cercle. Кругъ, Kreis cercle; галушка une boulette de farine.

גלה (GLE) transmigravit, exulavit, seu translatus est; גולה advena, exul; גלה transmigratio, captivitas. — Κελλω pervenio ad portum; κελευθος viæ, κελευθεια deæ itinerum monstratices in viis positæ, viatorum custodes; κελευθητης viator. Γαλεα, γαλεια galère, galion; γαλεα navis piratorum; angl. galley galère; салазки petit traîneau, галера galère; Galeere; galerie; angl. gallery; gall. galerie, галерея id., галіотъ galiote; gall. agile; angl. agile, lat. agilis; легкій agile; κελης celes, equus dissolutorius, navis minoris genus, celocem vocant, celer. Gelangen arriver, aborder, atteindre; angl. gale vent frais; égaler; galop; angl. gallovay bidet. (אזל abiit, transiit. גור peregrinatus est. רגע commovit, conturbavit.)

מעגל (MOGL) semita, callis, עגלה plaustrum, quadriga, currus; callis chemin battu, frayé, sentier; Kalesche calèche; коляска; angl. calash, etc. (ילך id. הלך abiit.) Locus passage, etc. — Ind. CAL mouvoir, avancer; CALAS agile; LAGH mouvoir, hâter; LAGHUS léger, bref.

גליל (GLIL) Galilea regio quædam in Judæâ; גליל circulus tornalis.

217.

גלילה (GLILE) confinum, terminus. — R. גלח rasit,

pitur pro toto capite, quod sphæricam habet figuram; significat etiam alicujus rei summam; undè orbes cœlestes vocantur גלגלים. — Κυκλος circulus, orbis, corona hominum; calotte galericulus; galea casque; angl. galeated casqué, en casque; глава la tête, la coupole; гловусь sphère; Kugel sphère; sax. Glitwe sphère; angl. clewe; belge kloot oft bol. — Ex.: κεφαλη caput, κεφαλις capitis tegumentum, vasculum in plantis, volumen. Κεφαλαιον caput et summa vertex, galea. R. κελω jubeo, et φαλος conus apex, galea.

218.

אבן גלל lapis marmoreus, it. lapis impolitus. R. גלל rouler. Καλαις nomen lapidis cujusdam; χαλιξ lapillus, silex, calx. Χελυς testudo. Galet; celte kaled; Kalk chaux, tartre. (גיר calx.) Angl. calculy calcul, pierre; esp. galga grande et grosse pierre qu'on fait tomber, ou qui tombe du haut d'une montagne; galga meule d'un moulin. (קלע capitur pro illo qui instrumento ad hoc fabrefacto, ponderosis lapidibus civitatum muros quatit.)

totondit; חגה scissura, rima; חלל vulneratus est; אליה cauda. — Χηλη forfex seu forceps cancrorum; κολος mutilus, truncatus; κολουω amputo, decurto. Angl. gelder châtreur, geld couper, hongrer; kahl chauve, nu, pelé, dépilé; angl. callow sans plumes. (כלה consumpsit, perfecit.) Espagn. cala queue, fin, extrémité. Λεγω cesso, finio. Angl. gelid gelé, glacé; kalt froid; ital. gelo, gelido gelée, glace; холодь le froid; голо ras, nu; kahle; гололь le verglas; головы les avant-pieds des bottes.

געל (GOL) abominatus est, respuit, abjecit; it. abortivit, semen abjecit. גאל inquinare, polluere. גלל stercus. — Лiюсь couler, être fondu; λοιγος pernicies, exitium. Loculus bière, cercueil. (שלח repulit, ejecit; שלל rapuit, spoliavit; שאול sepulcrum, fovea, infernus.) Ex.: voluto, volutatio, volutabrum. גלגל turbo, res quæ turbine agitur. (גלה ablatus est, evanuit.)

RÉSUMÉ.

אבן גלל lapis marmoreus; גלגלת cranium, testa capitis calvaria. גל cumulus, acervus; גול, הגיל exultavit; גחל carbo, pruna, scintilla; גלה aperuit, revelavit, discooperuit; גאל observavit; גלוי manifestus, apertus.

להג enucleatio, meditatio, pronuntiatio, eruditio. מגלה schedula, volumen, charta. גלל scaturigo, fons, irrigatio; seu ostium, janua. אגל gutta, stilla; עגל vitulus. גאל luit, vindicavit, redemit, indè גאלה redemptio. גאל affinitatem assecutus est; גאל affinis, propinquus; גלה vitta, funiculus; גיל par, coævus, similis; עגיל inauris, circulus, vel ornamentum aurium. עגול rotundum, circulare.

גל significat gurgitem, fluctum et procellam; גלה lenticula, vas rotundum; לוג sextarius, genus mensuræ; עגלה vitula, vacca; לעג derisit, subsannavit, it. balbutivit; לעג subsannatio; גלל quidam interpretantur dentem. גול et גל devolvit, amovit, abstulit; גלל gyravit, revolvit, complicuit; מעגל semita, callis; עגלה plaustrum, quadriga, currus; גליל Galilæa regio in Judæâ; גליל circulus tornalis; גלילה confinum, terminus; גלע mixtum, vel confusum est; געל abominatus est, respuit, abjecit, it. abortivit, semen abjecit.

219.

בלג et הבליג (BLG, EBLIG) consolidatus est, iratus est, et activè, fortificavit; hinc מבליגית confortatio. — R. גבה, לב cor exaltavit, vel בל, גלל cor gyravit, revolvit. Βαλβις l'entrée dans la carrière, initium, גבול margo. — Παλλας Minerva; παλλαξ juvenis, adolescens; Παλλαδιον Palladium. Παλιγγενης qui renaît, qui vient d'être baptisé; παλιγγενεσια nouvelle naissance, régénération. Sax. abelgan, abelgian irasci, indignare; belge audax. (פלגה significat excessum, hyperbolim.)

221.

גבעל (GBOL) folliculus lini, vel alterius virgulti, quod jam in duritiem vel robur aliquod evasit; verbaliter folliculum germinavit; καλυπτω, εκαλυβον couvrir, voiler. Fol-

220.

גבל (GBL) limitavit, terminavit, indè גבול limes, terminus, הגביל constituit terminum. — R. גב corpus, בל non, nec, neque. — Βαλβις repagulum, carceres; παλασσω sortior, inquino, fœdo, παλαιος, etc.; angl. bulge couler à fond, pencher en avant; hinc hisp. et gall. gabela gabelle, tributum in finibus regni exigi solitum; ital. gabella. (פלג divisit, partitus est, פלג rivus, ripa; gall. plage, etc.)

222.

גלב tonsor, id. quod ספרים, sunt qui radunt hominum capita et barbas. — R. גלה rasit, גבח calvus. — Λεπω, λεψω peler, écailler, écorcer. Πελεκαω seco. (פלדה fer, acier.) Russe палашь le sabre der Pallasch; палачь le bourreau; γλυφω rado, hinc calvus chauve, etc.

liculus, φυλλις ιδος tenuissimus arboris cortex vel minutum folium; angl. blade, leaf foliage, feuille; Blatt, Folie; esp. follage feuillage. палашка une tente.

גבלים Biblii. Βιβλος liber, papyrus, βιβλις libellus, funiculus è papyro plexus; βιβλιον liber, scheda; вивлия Bible; Bibel.

בגלל vel בעבור propter, ob gratiam; καταλειπω laisser; καταλειβω verser, répandre; καταλειφω oindre, frotter de; libens, libenti animo, Liber, Bacchus, le vin; liberalis, liberi, Cybèle, etc.; ливень une pluie à verse; ливань l'encens; липецъ la meilleure sorte de miel.

גבלים artifices scientes sculpere lapides pro angulis et terminis parietum. — Βαλβις id. quod βαθμος degré, seuil de porte; βαθμις degré, gradin, amphithéâtre; палаты hôtel, palais ein Pallast. Γλυφω scalpo, sculpo, cælo, polio.

CAPUT XXVII.

ל ΥΠΕΡ, ΥΠΟ. — ד ΕΞ, ΕΚ.

Εξυψοω sublimo.

Υπεξειω clam emitto, submoveo me, alteri decedo.

Υπεξεχω clam discedo, me subduco.

223.

דלה, דלל (DLE, DLL) elevavit, extraxit, hausit, it. exaltavit, fecit ascendere; דלו erecti sunt, vel attenuati sunt. (גלי exaltatio.) — R. עלה élever; איד, אד fons. ידה emisit; יד virtus, potentia, manus. — Tollo élever, dresser, lever, hausser. Толикій si grand, tant, tel; толь tellement, tant.

Δαλος et δαυλος lampas, fulgor, titio, torris. Δηλιος Apollo. Angl. daily journellement, tous les jours; Licht lumière, clarté, jour. Λαθοιδας Apollo Latonæ filius, ex Λητω Latona mater Apollinis et Dianæ. (להט inflammavit, succendit; תלע color coccineus seu purpureus; stello, stella.) דל, דלה, דלת ostium. — R. יד gradus portæ; תחלה principium, exordium.

ילד (ILD) peperit, parturiit; indè hiphil הוליד generavit, parere fecit et est propriè matris, sicut ילדה matris. ילד natus est, indè ילד puer, filius, ולד id. — Δηλοω declaro, manifesto, notum facio; δηλος palam; δηλος manifestus, certus, notus, perspicuus; ledig libre, délivré, élargi; gall. délié; θαλλω, θαλλεω vireo, pullulo, floreo; θαλεω, θαλω floreo, vireo, decoror, ornor; θαλος germen, proles, filius, honor, gloria, decus. (תהלה laus.) Angl. lead exciter, pousser, mener, guider, conduire; till layette, till labourer, cultiver; молочу fouler le blé. (תלתלים cumulosi sive crispi, ut sunt crines decori.)

דליות (DLIUT) rami, surculi, frondes et palmites sublimiores; ילדות pueritia. — Ind. DALAS feuille, rameau; LATA infantia; θαλια ramus virens, germen; αταλος tener, juvenilis. (טלה agnus.) All. thalen badiner, folâtrer; angl. dally badiner, folâtrer; esp. deleite délice, plaisir,

224.

דלל (DLL) exhausit, exsiccavit, id. quod חרב vel יבש. דל attenuatus est, depauperatus est, indè דל pauper, et דלה macilenta; דלות et דלת paupertas, inopia; significat דלת (DLT) id. quod קווצות השער comam et capillum retortum, et verbaliter denudare, דלה infirmitas. — R. עלה succidit, חול infirmatus est, איד, אד perditio; ידע fregit, contrivit. — Δουλος captivus, servus; δηλεω deleo, destruo; δηλος exitiosus, nocivus; lædere id. quod delere; gall. doler, doloire; lat. elido; tollo abolir, détruire; толку casser, égruger, concasser; долька une petite partie; Theil parcelle; gall. taillé, coupé; ind. DAL couper, fendre; DALIS portion, fragment; молча de petits morceaux de pain séchés et pilés; ледь la glace; sax. adl, adll morbus, ægrotare; dal tenuis; angl. less moindre, plus petit; gall. délié, mince; angl. slender; toil peine, fatigue, travail; light descendre, tomber. Ind. TALLA trou; луда écueil. (לתע eradicavit, corrupit.)

דחיל (DAIL) timuit, perterruit, indè דחילא terribilis, timendus.

דלח turbavit (aquam), chaldaicè significat timere. — R. חול tremuit, expavit, it. parturiit; דחי lapsus, impulsio. Δολος dolus, fraus; δολων sica, gladius, pugio occul

volupté; angl. delight délices, delight récréer, aimer, plaire, délecter; luſt; сладость délices. Ind. DAL plaire; DUL désir.

דלי (DLI) situla, haustrum, urna. — R. עלה élever, ד ex de; élever de, puiser. — Esp. dala canalis quo aqua effunditur; Teuchel tuyau de fontaine, canal; θηλη pupilla, mamma, uberis apex; θηλωτις nutrix, θαλια epulum solemne, omnium rerum affluentia; Theil portion, partage, lot; angl. dole portion, part, lot; доля lot.

225.

חלד (ALD) duratio, ævum, ætas, tempus vitæ, mundus, orbis. — R. עד tempus multum, על super. הלד pro חלד quod est ומן העולם הזה לאדם tempus quod habet homo in hoc seculo. — Дольме adv. plus long-temps; люди les hommes, les gens; Leute. Θαλιη florens vitæ status, convivium. (טלל habiter.) Angl. toll péage, passage, tole amener graduellement; esp. dula l'assemblage des bestiaux d'une ville ou d'un village qu'on mène en pâture; dulden tolérer, souffrir, endurer, supporter, essuyer, soutenir, durer, endurer. חלד perennavit, duravit.

tus; lat. dolon un bâton qui renferme un estoc; лесть caresses, finesse, die Lockung; δολοω dolis capio, decipio, adultero; esp. dolo dol, fourberie; angl. doleful triste, lugubre, dolour douleur, dolt benêt, sot, buse; lest de peur que; lessus des gémissemens, des cris, des pleurs; Leid deuil, it. doulcur, peine, affliction, tristesse. (חתל fefellit, circumvenit, et derisit, illusit, decepit, תלי gladium.)

226.

חדל (ADL) desiit, cessavit, et החדיל id. quod שבק demisit, deseruit, indè חדל הישים id. quod פחות abjectus vel minimus virorum. — R. עדה abiit, transiit, præteriit חול mansit, cecidit. — Долои ôtez; долу adv. en bas; длю traîner, différer. Ληθω lateo, celo, ληθη oblivio, lethum; angl. lid couvercle. (לוט, לט abscondere, לתע eradicavit, corrupit. Τελος finis.)

חלד (ALD) mustela, vel talpa, animal immundum. — Γαλη et γαλεη mustela, catus; γαλη, ης, mustela, felis.

Φοιβος Phœbus, Apollo; φοιβος purus, castus, splendidus, fatidicus. — Φοβος timor, metus; φοβεω fugo, etc.

RÉSUMÉ.

דלה, דלל elevavit, extraxit, hausit; דל, דלה ostium; ילד peperit, parturiit; הוליד generavit, parere fecit; דליות rami, palmites sublimiores; ילדות pueritia. דלי situla, haustrum, urna. חלד ævum, ætas, tempus vitæ.

דלל exhausit, exsiccavit; דל attenuatus est, depauperatus est; דל pauper, דלה macilenta; דלת, דלות paupertas, inopia; דלה infirmitas; דחיל timuit, perterruit; דחילא terribilis, timendus; דלח turbavit (aquam). חדל desiit, cessavit, החדיל demisit, deseruit, etc.

227.

דבלה (DBLE) massa ficuum siccarum compressa. — R. בד pondus, דלל exsiccavit. — Παλαθη massa ficuum.

בדלח (BDLA) bdellium, gummi arboris Indicæ translucidum et odoratum; alii putant esse margaritam. — Βδελλιον et βδελλα arbor quædam arabica, et lacryma ejus. Βδαλλω, βδελλω sugo, mulgeo. Ex.: ολυνθος grossa ficus immatura; θυλημα farina quæ diis θυεται irrotata vino et oleo. Μαργαρις margaris, sorte de dattes ressemblant à des perles; μαργαριτης margarita, unio; μαργαρον unio. Λιθοκολλητος incrusté de perles; λιθοκολλα ciment.

228.

בדל (BDL) divisus est, indè הבדיל separavit; לבד solum; מלבד præter. מבדלות loca separata; הבדל differentia. — R. בדד solus; דלל attenuatus est. — Λιβαζω stillo, defluo; λιβος stilla. Λεπιζω decortico, λεπτος tenuis, gracilis, rarus; λεπτον minutum quoddam numeri genus; λεπτις hordei species exilis; λεπτυνω attenuo. Angl. bald chauve, pelé; baldness l'absence totale des cheveux, etc. Bald tôt, vite, aussitôt; Baldierzeug trousse, étui de barbier. Палашь le sabre der Pallaſch. (פלדה ferrum, פלג divisit.)

בדיל (BDIL) plumbum. — R. בד pondus; דלי situla, haustrum. — Μολιβδις globus, pila plumbea; μολιβος idem quod μολιβδος plumbum: R. μολις à μολος labor; lat. moles difficulté, fardeau; et λιβος stilla, lacryma; angl. bulbets plomb; Blei.

229.

גדל (GDL) magnus fuit, magnificatus est; et הגדיל magnificecit; significat etiam גדל nutrire, educare; in hithpael

230.

דלג (DLG) saltavit, transiliit, indè דלוג saltus. R. גדע fregit, succidit; גל gurges. — Λακις, λακιδος fissura cum

התגדל magnificatus est; גדול magnus, גדל magnitudo, גדלות magnalia. — R. גד fortuna; דלל elevavit, exaltavit. — Καλος pulcher, καλλιστος optimus, καλλιστευμα pulchritudinis præstantia; celeste, celsus, celsitudo : angl. celestial céleste, divin.

דגל (DGL) erexit vexillum, indè דגול insignis, electus; דגל vexillum, et est id. quod חיל fortis, exercitus; מגדל turris. — Μεγας, μεγαλος, μεγαλοσυνη magnitudo.

crepitu facta; λακκος fossa; lacus; λακη barathrum, præcipitium, vallis, saltus détroit, défilé, passage entre deux montagnes; дламо le ciseau; калечу mutiler.

231.

גלד (GLD) id. quod עור cutis. — Esp. callo cor; callus durillon, gale; Krätze; коросма; angl. callus calus, durillon; καλον lignum; esp. cala cale, abri où les vaisseaux se mettent à couvert.

גדילים (GDILIM) phylacteria, funiculi fimbriarum. — R. גלה vitta, funiculus; גיד nervus. — Γαγγλιον nervi præter naturam contortio, ganglion, petits nœuds ou pelotons formés dans différentes parties du corps, par la réunion de plusieurs nerfs qui se rencontrent; calathus, quasillum.

CAPUT XXVIII.

ל ΥΠΕΡ, ΥΠΟ.

Υπηρεσια opera in aliis adjuvandis præbita, ministerium. Υπερειμι supero, prævaleo.

232.

זלזל (ZLZL) surculus, propago; in pl. זלזלים sunt palmites vinearum teneri. — R. זע motus est vel movit se; זעע commovit; לח viridis, humidum, recens. — Ζαλα, ζαλη agitata aqua et fluctuans. Ζαλος, ζηλος zelus; ζηλοω æmulor, ambio; angl. zeal zèle, ardeur; ζαλαω agito; σαλευω concito. Залетаю voler, s'envoler; залётъ le passage des oiseaux; salix saule, angl. sallow-tree; esp. salce, sauz; ital. salice; salcio. — Salio, salire; esp. salir sortir, naître; зелень la verdure; лугъ le pré, la verdure; злакъ l'herbe. Ιτεα salix, ιτης temerarius, audax; ιτεων salicetum; ιτεον eundum est, ab ειμι vado; זולה outre, ultra. Ex. : surculus, surgo; surgeon, surgir; φρυγανον surculus, φρυγω torreo, areo. הלז ille, ista; ind. JVAL briller, brûler; JVALAS feu, chaleur; LAS, jouir, aimer.

זול (ZUL) id. quod הוציא produxit, עלז gavisus est, exultavit; עלז lætus. R. חזיז coruscatio; זיו mensis zif quod in eo fit germinatio arboribus. (עלץ gavisus est, exultavit.) Σελαω splendeo, luceo, σελας fulgor, lumen; Licht lux; luceo; Lucina, Diane déesse des enfantemens; angl. lucid lucide; lucky heureux; lusty robuste, vigoureux. Лоскъ le lustre, der Glanz; лузгъ le coin de l'œil. Золото l'or, das Gold; злащу dorer; лучь le rayon, der Strahl.

מזלות (MZLUT) constellatio quædam meridionalis, id. quod מזרח ortus solis, oriens, indè אזרח vir qui

ז ΕΣ, ΕΙΣ.

Υπειμι subsum, υπεσειν ab υφιημι submitto.

233.

אזל (AZL) abiit, transiit, vel defecit, fluxit; in piel מאוזל; invenitur cum defectu aleph מה תזלי quam discurris. — R. זעזע dispersit; הלאה ultra. Σαλευω fluctuo; σαλαις lamentatio; залитиё l'action de répandre. Esp. salir sortir, partir; angl. sail voile, vaisseau; sailor matelot, marin. Indien JALAN eau. (גלה transmigravit.)

לוז (LUZ) id. quod סר recessit, declinavit, indè נלוז perversus. — Gall. laisser; лишаю priver, ôter. זול vilipendere, in hiphil הזיל; זלות opprobria, vilitas. Λασθω maledictis incesso, irrideo; λασθος turpis, contumeliosus, λαταξ humor excidens è poculo, et strepitus ille; ζηλος invidia, salacitas; angl. salacity lubricité; залой un endroit inondé. (סלה sprevit, חסל perdidit, exterminavit.) זולל id. quod בזה contemptus, despectio. — Souillé, sali, etc. Russe лашу remplir de taches, лужа bourbier, зола la cendre.

זחל (ZAL) id. quod ירא vel פחד expavit, veritus est et serpsit, repsit in more vermium, indè זחלים reptilia. Significat idem quod נגר fluere, quemadmodum aqua quæ per canales de tectis defluit. (סלה conculcavit, pessumdedit.) R. סחי abjectio, colluvies. — Stuhl selle; zu Stuhl gehen aller à la selle; esp. silleta chaise percée; σαλευω fluito, fluctuo. Σελαχος genus piscium cartilaginosum.

floret et omnibus conspicuus est, indè ortus et genitus; capitur etiam pro lauro quæ semper viridis est. Voy. מזל.

לוז (LUZ) est nomen arboris quæ Onkelos amygdalum vocat, vel arbor quæ subtiles producit nuces, hoc est avellanam. — Ζαλεια, ζαλια laurus alexandrina.

234.

זלל (ZLL) devoravit, indè זלל comessator, epulo, ignominiosus, vilis; Hebræi exponunt edax. — R. סעה evulsit; עסס expressit; לחי mandibula. — Helluo, helluari avaler; saoul, soûler; ital. satollare. Глотаю avaler. (גל gurges, גלל dens.)

לזה (LZE) id. quod לעג derisit, indè לזות perversitas, id. quod לוז. Σελλος sellus qui dives haberi volebat, jactator. Λαζων mendax, vanus, superbus, λαζω nimiâ pabuli ubertate lascivio; angl. lazy fainéant; Lässig paresseux, négligent; ital. lazzi bons mots, scènes des bouffons de théâtre; Lästerer médisant, calomniateur; малость polissonnerie.

לעז (LOZ) barbarus, extraneus hebraïsmo, indè בלעז vulgariter. (Voyez לעג λογος.)

Λοξος obliquè non recto, λοξοτροχις obliquè currens, per ambages obscuras verba fundens. Лютый cruel, féroce; лихо méchanceté. Ind. KHAUL chanceler, boiter; SKHAL dévier, boiter.

RÉSUMÉ.

זלזל surculus, propago; הלז hic, hæc; זול produxit; עלז gavisus est, exultavit, it. lætus; לוז nomen arboris amygdali. — אזל abiit, transiit, defecit, fluxit; לוז recessit, declinavit; זול vilipendere; זולל contemptus, despectio; זחל expavit, veritus est, serpsit, repsit more vermium; זחלים reptilia; זלל devoravit; לעז barbarus; לזה derisit; לזות perversitas.

235.

זבל (ZBL) id. quod דר cohabitavit, hospitiatus est, indè זבול et זבלה id. quod מעון habitaculum, hospitium. — R. עזב extruere, בעל habitare. — Ital. palazzo; esp. palacio. Βασιλικη regia domus, basilica; палаты palais; Pallast; angl. palace.

236.

גוזל (GOZL) id. quod בן יונה pullus columbæ, vel צפור קטן avicula, in pl. גוזלים. — R. זלזל surculus, propago, et גוה eduxit, extraxit. — Συλον pignus. Gall. gazouillis, gazouiller; gazelle espèce de chèvre; Gazelle; саига. Gosier голось; gazette газета; ital. gazzolare cajoler.

237.

גזל (GZL) rapuit, prædatus est; גזל præda, גזלה rapina, גוזל prædator. R. גז totondit, rasit; זלל devoravit. — Συλησις prædatio, spoliatio; συλαω spolio, prædor, diripio; гломь un chicaneur, un avaleur, ein Schlucker; глотаю engloutir.

CAPUT XXIX.

ל ΥΠΕΡ, ΥΠΟ. ט ANTI.

Υπερανθεω præ cæteris floreo.

Υποτεινω subjicio.

238.

טל (TL) ros, in pl. טלים, טללים. — R. לח humiditas,

239.

לט (LT) maledixit, exsecratus est; hinc לטים incanta-

עול lactare; עת tempus. — Θηλη papilla, mamma; ital. latte lait; lac lactis; Theil partie, portion, partage, particule, parcelle; theilen diviser, partir; Thau rosée, it. Tau. Tausend mille, millier. R. Tau senden. Толь adv. tellement, tant. (תלל cumulavit, acervavit. תיר, plus, abundantius.) Ex.: Δροσος ros; δροσοι lacrymæ.

לוט (LUT) species aromatis, gutta, stacte, laudanum. R. חטיה litura; טוח linivit, obduxit, deauravit. — Λωτος lotus cujus fructus adeo dulcis, ut externi eo degustato patriæ suæ obliviscantur; лотонъ lotus; lutum, luto, lut, boue, mastic; angl. lute lut, enduire de lut; lat. lutum le jaune d'œuf. (ארעית fond.)

240.

טלטל (TLTL) projecit, amovit, de loco mutavit; indè מטלטל faciens migrare. טיל in hiphil הטיל projecit, misit, a radice טול quæ non est in usu, in passivo הוטל. חלט festinavit. R. טאה verrit, scopavit; עלה fecit ascendere, eduxit. It. telo; lat. telum trait, d'où atteler; тулъ le carquois; תלי id. Tollo élever, hausser, lever, dresser. Angl. tall grand, haut; tally taille; lat. talea. Ind. LATA branche. Θαλεω, θαλλω floreo, vireo; λιθεια luxus, luxuries, ubertas; τηλεθαω viresco, θηλεταω germino. Ex.: pousser, pousse, jeter, jet; толкаю pousser, donner un coup; толстый, толсть épais, gros; толща l'épaisseur, die Dicke; ital. tallo le jet de l'herbe qui monte à graine; talla bouture, rejeton; esp. tallar pousse, jet des plantes au printemps. (תלל élever. תלתלים rameaux de palmiers. יותרת abundans. רהט festinavit.)

tiones quæ secreto fiunt, et לט absconditè, paulatim. R. אלה maledixit, exsecravit; טעה erravit.

לאט (LAT) et לאטי leniter, suaviter et paulatim, cum silentio, à radice אט. בלט in secreto, לוט abscondere, involvere. — R. עטה indutus est, opertus est. — Τελος mysterium, initiatio, cæremonia, et cætera quæ ad sacras initiationes pertinent; ληθω lateo, celo; ληθιος clandestinus, furtim et tacitè adrepens. (התל fefellit, circumvenit. Sanscrit LOUD couvrir, cacher.) Тулю courber, incliner, тулюсь reculer; angl. latitant caché, secret; esp. latitar se cacher; ital. latitare.

לוט et לט (LUT, LT) abscondere rem seu כרך involvere, et id. quod כסה operuit; לחטים id. quod לחשים incantationes. (אטר clausit, obturavit; רטט tremor.)

241.

טלל (TLL) tegere, adumbrare. R. העטה operuit, amicuit, ל υπερ super. — Tilia tilleul, cujus umbra est plurima et gratissima. Ital. tilio; esp. tilo; angl. linden-tree; Linde, Linden-baum. R. en angl. lid couvercle. לטא chald. occultavit. לטאה genus lacertarum. — Lézard stellio; ящерица. לאט id. quod כסה velavit.

טלוא (TLUA) maculosum, habens latas maculas. — Angl. tale conte, fable, sornette; thalen badiner, folâtrer; esp. talludo vicieux, talludo vieux, suranné; Toll fou, insensé; толстый grossier, épais; esp. tela piége, tromperie; tela petite croûte qui se forme sur la superficie des liqueurs; ледъ glace; κηλις, κηλιδος macula, nævus, ulcus, quasi ustione facta macula. (Ind. JALITAN glace, du verbe JAL couvrir, condenser.)

טלה (TLE) agnus. R. עול parvulus; יעלה hinnulus, capra; אתה venit; θαλος germen; θαλια ramus virens; ταλις virgo nubilis et desponsa; αταλος tener, juvenilis; ιταλος vitulus; телица, телка une génisse; телецъ bouvillon, le taureau. (תור bos; ind. UKSAN bœuf, du verbe UC accroître, grossir.)

Θαλεια primitiæ frugum. Τελλω sum, fio; τελεθω sum, fio, orior; lat. latus porté, établi; latus le flanc, la force; lætus fertile, abondant, gai, joyeux; esp. lato large, étendu, etc. (ילד puer, filius.)

242.

להט (LET) inflammavit, accendit, indè לחט id. quod ברק fulgur, lamina polita. — R. הלל lucere, splendere. חתה accendit, fovit ignem. — Δαλος, δαυλος lampas, fulgor, titio, etc.; ital. latta fer-blanc, lamina ferrea; Latte lame, latte; ital. tolla fer-blanc, tôle; tola fer-blanc ou tôle, fer large et mince; листь tôle; Thaler écu, thaler; Talk talc minéral, pierre luisante. (טהר splendor, puritas.)

243.

טלה (TLE) capitur apud magistros pro signo arietis cœlestis. תלה fractura; תלי gladius. — R. חתת contrivit, fregit; עליל mortarium. — Esp. tala dégât, ruine, destruction; atalaya voleur; lat. tollo enlever; ital. tolleta larcin, pillerie; тлю perdre, ruiner, détruire. חלט id. quod חטף rapuit, usurpavit; לתע arracher. (רחת vannus, ventilabrum. Ind. LAUTAS pillage; RAD rompre, fendre.)

לטש acuit, exacuit, polivit metallum; indè לוטש metallator, depurator. R. טלטל découvrir, mettre au jour. קלקל

polir, épurer. Τέλλω facio, fio; μεταλλευω metalla eruo, scrutor; angl. metal; metled vif, ardent; металль métal, Metall; μεταλλομαι transilio, ex αλλομαι salio.

244.

טלל operuit, texit. R. עלל facere, operari. טוה nevit, filavit. — Esp. tela tissu; angl. toils; ital. tela; холсть toile. Telassio, vox usitatissima Romanis vetustissimis in nuptiarum celebratione, quasi calathus vas lanificis aptum. Ληδος vestis ex panno raro et detrito; θαλαμος thalamus; טלל habitavit. — Lectus lit; ital. letto; λεγω cubare facio; λεκτρον lit; τελεθω sum, fio, orior; λογος rumor; locus lieu, naissance, temps, saison. Ex.: חפה thalamus; חוף labium, littus, margo. (תרע porta, ostium; יתר superfuit, remansit. Ind. LUT énoncer, parler; LAGH mouvoir; gall. lèvre, lever, levant orient.

245.

לעט et הלעיט (LOT, ELOIT) fudit; ingurgitavit. — R. לע le gosier; עטה declinare, divertire. — Τέλεω finio, expleo; τελος finis: τελειοω perficio, consumo. Esp. luto deuil, lethum la mort, etc. Талый, таль dégelé, fondu; литый fondu. Λοιγος pernicies; loculus; ληγω cesso, finio, legs, etc. Λογγευω mergo. (חדל desiit, cessavit; ירט declinavit, perniciosus fuit. Ind. LUT enlever, nuire.)

RÉSUMÉ.

טל ros, לוט species aromatis, gutta, stacte; טלטל projecit, amovit, de loco mutavit; טיל, הטיל projecit; חלט festinavit; להט inflammavit, succendit; להט fulgur, lamina polita; לטש acuit, exacuit, polivit metallum; טלל operuit, texit, vel contignavit. טלל habitavit; טלה agnus.

לט maledixit, exsecratus est. לחטים incantationes quæ secreto fiunt, et לט abscondite, paulatim; לאט et לאטי leniter, suaviter, et paulatim, cum silentio. לוט abscondere, involvere; טלל tegere, adumbrare; לטא occultavit; טלה pro signo arietis cœlestis; חלט rapuit, usurpavit; לעט et הלעיט fudit, ingurgitavit subitò.

246.

טבל tinxit, baptizavit; capitur neutraliter טבול baptizatus. — R. טל rosée; טבע demersit. — Lavatus lavé; angl. water tirer ou puiser de l'eau; Wasser eau; esp. lavado lavé; ital. lavatare; плоть lavoir, rivière, bac où on lave le linge; das Floß, die Floße; fluctus, etc. Βαπτω intingo, mergo, lavo; βαπτιζω baptizo, mergo, lavo; angl. bath bain, etc. (פלט salvavit.)

247.

לבט corruit in pœnam, perversus fuit. R. בל טב non bonus. בטל auferre, amovere. R. טלטל projecit, amovit de loco; טבח occidit. — Λαπιζω insolentius me effero; λαπιστης mendax, voluptuosus. (עטלף vespertilio, reptile alatum.

בטל privavit, prohibuit, cessavit; it. destruere, impedire, cessare, confutare; בלט in abscondito. — Λαπτω, λαπαζω evacuo; λαπαξις evacuatio, inanitio; angl. lapse dévolu, cours; lapsus cours du temps, chute; ital. lapso; esp. lapso laps, grand espace de temps écoulé; Lappig lambeau; Verfluß laps, écoulement; протекаю couler, s'écouler.

בטל otiatus est, vacavit, otiosus fuit. — Βαταλος mulierosus, effeminatus; λαπαζω mollio.

CAPUT XXX.

ל ΥΠΕΡ, ΥΠΟ. כ ΕΝΕΚΑ, ΕΝΕΙΚΑ.

Ὑπερνικαω plusquam victor sum.

248.

כל (CL) omnis, totus, omnia. R. אך certè, etc.; כוח virtus, אל super, propter, a, ab. — Ολος totus, integer; цѣлое

Ὑποκενοω vider, évacuer, épuiser; υποκενος vide, vain.

249.

כיל (CIL) parcus, avarus, qui est tenax manu. (של rapuit, spoliavit, diripuit.) R. יכח redarguit, reprehendit;

tout; солнце soleil; σολος discus; sol, solis; ind. LOK luire; solus, sol-lux; λυκος sol. (קלה adussit, torrefecit.) Κολος magnus, undè κολοσσος colossus, à כול, כלל magnus et perfectus. Χιλιοι mille, ut numerus perfectissimus; αολλης multus, confertus, it. αολλεα simul, omnia. All. alles tout, le tout; angl. all; sax. hal sanus, integer, gehal integer; angl. hold; сила force, vigueur, puissance; כל אחד capitur pro unusquisque, singuli, et כולל universalis, כליל perfectus, כליל totus, totaliter. Ολως omninò, in summâ, sanè. (ראש caput, summa.)

250.

כחל (CAL) coloravit, pinxit; חכלל coloravit, rubricavit; חכליל rubeus; חכלילות coloratio, illustratio, rubricatio. R. כוה combussit; הלל lucere. — Χλοαω, χλοαζω vireo, germino; caleo, calens; calor, color, id. oculus; λευσσω video; Klar clair, transparent; ind. KIL être blanc; angl. colour couleur, coloris; ital. calchi les yeux; лоскъ le lustre; калю faire rougir, rougir le fer.

כלכל tenuit, dispensavit, seu gubernatus est; יכלת vis, potentia. כלכל id. quod החזק tenuit, moderatus est, gubernavit. Russe сила force, puissance; καλως pulchrè, rectè; καλλιστος optimè; καλλιστευειν pulchritudine excellere, fortissimè rem gerere.

252.

כלה (CLA) abundantia. — R. כ חל quasi substantia, divitiæ; τα καλα les biens; γαλα lac.

הלך (ELC) accipitur pro fluxu mellis; caillé-lait. (V. γαλα, 209.) Collecta l'écot, la part de chacun; angl. collect recueillir; ital. calca foule, presse; כלה sponsa. R. עול lactare. (גאל affinis, propinquus.) Sculna sponsa à chald. כלל, כלנא sponsa. Eheleute mari et femme; ehelich conjugal; angl. wedlock mariage; coll accoler, embrasser; клей colle; коллекція collection. Ind. KUL réunir, amasser. (כר agneau, pâturage.)

254.

כלכל (CLCL) significat ספק seu זון nutrire; כליות pro גרגרים granis tritici. R. חלה placenta, libum; חך palatum, faux. Κολον cibus; κολλη gluten; κολλαω glutino; κολια, κοιλια venter, uterus. Sit et αικλον cœna vespertina : undè επαικλον postcœnium. (כרה convivium; לקח sumpsit, cepit.) Esp. colacion collation, léger repas; ital. colafio, sorte de pain au pays de Pouille; ακολος morceau de pain, bouchée; κολον nourriture, le gros boyau; coleus laboureur, fermier; colon, etc.; колонистъ idem. (קליא polenta ex tritico.)

עלה succidit; חלכה pauper, oppressus. — Kahl chauve, nu, pelé, pauvre; лысый chauve; ολος, ολοιος perniciosus. (קל vilis factus est; קרח calvus; קר frigus.)

כלה (CLÉ) prohibuit, vetuit, id. quod נשלם consummatum est. Ληγω cessò, quiesco; celo cacher; λυγη obscuritas, tenebræ; κλειω, κλαζω claudo, κωλυω cohibeo; hinc αχλυς caligo, αχλυζω caligine involvo; слагаю сложить fermer, ôter, diminuer, clos. Ind. KUL, défendre, prohiber; KALA mort. (ראש venenum.)

251.

כחל (CAL) pinxit oculos stibio, seu fucum adhibuit oculis; χλαω palleo; occulo, occulto. (בלע mixtum vel confusum est.) R. כהה obscuratus est, caligavit; עלל illusit.—Coloro déguiser, prétexter, feindre; esp. alcohol antimonium, fucus; angl. colly barbouiller avec du charbon; colly suie, noir; калъ la boue; клочу brouiller. כלאים sunt עירובין permixta, sive שני מינים duæ species simul unitæ, ut si triticum et hordeum, aut lana et linum simul permisceantur. Undè בגד כלאים vestis mixta ex lanâ et lino. Καλυμμα velamen, à καλυπτω; μελας noir, mêlé, mélange. R. μη, λαω, non videre. (שלמה vestis, pallium.) Καλαμος calamus, καλαμω culmus, chaume.

253.

כלה (CLE) consumpsit, perfecit; item attenuavit; תכלה consummatio, finis; כליון exterminatio. (גלילה confinum, terminus.) כלה senectus. R. הכאה contristavit; חלל perfodi, vulnerari. Ληγω finio, etc.; γηρας senectus; ind. LAICAS faible; LIC diminuer, manquer.

כלה (CLE) deficiens, tabescens. — Ital. calca la gueuserie; Kahlarsch gueux, misérable; устарѣлъ vieilli; колю piquer, fendre, tuer.

255.

אכל (ACL) comedit, consumpsit, devoravit; hinc hiphil האכיל cibavit, et אכל victus, esca. — R. לע gosier; חך faux; קח sumpsit. — Λειχω lambo, lingo; angl. lick; belge lacken; all. lecken; ital. leccare lécher; calco, scalco celui qui porte les viandes sur la table; sax. Gicel buccella; ind. LAK, LAG goûter, LIH lécher; голосъ; kehle gosier, gorge; gula gueule; esp. gula gosier, gorge; ital. gulone gourmand, etc. (גלל dens, גל gurges, fluctum; ילק species locustæ, bruchus quod herbam lambat et rodat, à verbo לקק lambit, linxit. Ind. GALAS gosier, mâchoire; GAL manger, avaler. (כרה fovea, cisterna; שאל petiit; שאול orcus, infernus, sepulchrum.)

256.

כלל (CLL) coronavit, sertis ornavit. — Καλυξ corolle, calix; lacer, enlacer. — Ind. KHAL lier. — Σαλασσω modium impleo largiter ut diffluat. — Cil, cilium, ciel. (Voy. מלך, n° 354.)

257.

כהל et כול (CEL, CUL) id. fermè quod יכל potuit, prævaluit; הכיל sustinuit, potuit capere, sicut calix capit vinum. R. קח à verbo לקח tulit, sumpsit, accepit; אל robur, virtus; חלל cavus, vacuus. Calleo s'endurcir; calleo savoir bien une chose, l'entendre parfaitement, être habile; callidus, etc.; cale le fond du navire; caler affermir; сила force, vigueur, puissance.

258.

ילך (ILC) id. quod הלך abiit, ambulavit, ivit, in kal נהלך pertransivit; indè הוליך per viam duxit; לכת ire; מהלך via, transitus; הליכות itinera, ingressus, semitæ; הלך accipitur pro viatore. R. כחה festinare; על, עול venire, ingredi. Calcis chemin frayé; esp. calca chemin; lat. calco pousser, fouler; calcatus, etc.; λαξ calce seu calcibus; λαξις sors, partitio; hæreditas, à λαγχανω. Russe каблукъ talon; калазки un petit traîneau. (Celes קל levis.) Ind. KAL jaillir, atteindre; KHAUL chanceler.

259.

כלי vas, instrumentum, arma. (גלה lenticula vas rotundum. R. גו intus, medium; נוה pharetra, vagina; חלל cavus, vacuus. Καλιξ calix; χηλος arca, cista, à χεω capio; caula ovile, celle, cellier. Ind. KALAÇAS vase; CAL occuper, tenir; келья cellule; Zelle; esp. cala abri où les vaisseaux se mettent à couvert. Calle, calotte, etc. מכלל ornamentum, corona. Apud Plautum, cacula servus militis, quasi ejus armiger et vasa portans bellica.

260.

כלי (CLI) pro בגד veste. Ind. CIL vêtir; CÊLA vêtement. Ital. calce, calzoni; calcetto chausson, caleçon; чулокъ chausse; esp. calzones caleçons; calados garniture de dentelles ou de galons que les femmes portaient sur leurs habits; calceta chaussettes; calce bande de fer qui entoure la roue; canthus.

261.

הכיל, האכיל (ECIL, EACIL) pediculus. R. אליה cauda; киль, кегель quille; Kegel; esp. quilla; angl. keel of a ship quille du vaisseau. Κιλλιβαντες bois appuyé sur trois pieds. R. Κιλλος βασις à βαινω; cellibantes instrument de guerre à trois pieds; cellibantum table de forme ronde; quille morceau de bois tourné plus gros par le bas; esp. cola queue, fin, extrémité.

היכל (EICL) id. quod ארמון templum, palatium, regia, et quando accipitur pro templo hierosolymitano, accipitur pro loco illo in quem populus mundus convenire poterat. R. קוה congregavit; אהל habitaculum. Ind. CALA toit d'une maison; CALUKA petit vase. Καλεω voco, εκκαλεω convoco, εκκλησια cœtus, convocatus, ecclesia; angl. call appeler, convoquer. Ind. KUL réunir, amasser. (קהל congregavit, קריה urbs, civitas.) Russe кличу appeler, crier. Καλια nidus, καλιαι horrea, καλιας tugurium, domuncula, sacellum. Russe клѣть la chambre; Saal; стойло loge ou place cloisonnée; село un village avec une église; селю peupler. Ind. SALA enceinte; CALA chambre; KHSAL rassembler.

262.

כליה (CLIE) in pl. כליות renes, renunculi, à כלה concupiscendo, sic dicti quod libidini inserviant; capitur multotiès pro משכוב id est cogitationibus; nam renes ut dicit Rabbi Kimhi sunt principium cogitationum. R. חקקי cogitationes; חללה polluta. — Λεγω colligo, numero, dico, cubare facio; λεγαι γυναικες mulieres lecti appetentes, libidinosæ; клушa, клушка une poule couveuse.

אכל (ACL) in chald. vociferari, clamare. (Voyez לעג λογος.) — R. חך palatum, faux; חלל psallere; אלה juravit; ילל ululavit. — Calo appeler; angl. cackle gloussement, babil; κολοως criaillerie, bruit; κολοιος geai, pie, corneille; lat. loqui, colloqui colloque. Λησκω parler; ληκω, ληκαζω babiller. Кличъ le cri, le bruit; das Geschrey, das Geräusche. Ind. KAL retentir, résonner; KALAS son, voix. (קרא clamavit; קל chald. vox, sonus.)

RÉSUMÉ.

כל omnis, totus, omnes, omnia ; כחל coloravit, pinxit ; חכליל rubeus ; חכלילות coloratio ; כלכל tenuit, dispensavit, seu gubernatus est ; יכלת vis, potentia ; כלה abundantia ; הלך fluxus mellis ; כלכל nutrire ; כחל et כול id. quod יכל potuit, valuit ; הכיל sustinuit, potuit capere ; כלי vas, instrumentum, arma ; כלי vestis ; היכל templum, palatium ; אכל vociferari.

כילי parcus, avarus, qui est tenax manu ; כלה prohibuit, vetuit ; כחל pinxit oculos stibio ; כלאים permixta.

כלה consumpsit, perfecit ; אכל comedit, devoravit ; כלח senectus ; כלה deficiens ; ילך id. quod הלך abiit, ivit ; הלך viator ; הכיל, האכיל pediculus ; כליה in pl. כליות renes, renunculi, à כלה concupiscendo, quòd libidini inserviant, etc.

263.

כלוב (CLUB) corbis, seu domicilium avium. — R. כלא includere, בול fructus, surculus. Καλυπτω tego, velo ; καλυβη tugurium ; καλπη urna, hydria. (Voy. ילד , דלי.) Hinc κλοβος, κλοββος, κλωβος cavea avium, κυλλοβοι palpebræ. Kolbe couche, alambic, cucurbite, terrine ; постелька couchette ; angl. coppel coupole, Koppel куполъ. Ital. cupile ruche, cupillo trou par lequel entre la mouche à miel. Ex. : καλαθος calathus, καλαις velum, καλιας tugurium, domuncula. (לבש vêtement, épouse.)

כלוב קיץ Kimhi exponit pro cartallo pleno fructibus æstivalibus. — R. כלא renfermer, בול fruit. — Ex. : κανης canistrum, χην, χηνος anser, νεοσσος pullus, avicula, vitellus ; νεοσσια nidus avium, νεος novus, νυος nurus, sponsa. Cunæ langes, le berceau des enfants ; Kalb veau, Kalben véler. Ind. CVAN chien ; CAVAS jeune animal ; du verbe CVI accroître, propager.

265.

כבל (CBL) catena ad ligandum pedes, compes, vinculum, in pl. כבלים. — Câble, copula couple ; accoupler. Voyez כפל duplicare. Лукавый double câble (חבל funis ; חבל pignus). Βαλβις initium, it. repagulum, carceres. Ex. : σειρα funis, linea, σειρευω constringo. R. Σειρ sol, ειρω necto, series nexus ; σειρωσις l'action de lier ; σειριαι bulborum et olerum fasciculi.

Canis chien ; canicule signe céleste ; impudent, insolent, importun ; le côté des dés où il n'y a qu'un point ; lien de fer dont on liait les mains des criminels, menotte ; un critique, un satirique ; canes furies d'enfer ; cano chanter ; cano vieillir ; cani les cheveux blancs.

264.

כלב (CLB) canis, in pl. כלבים. — R. לבב urere ; אכל clamare. — Χαλεπαω succenseo ; χαλεπτω, damno, afficio, everto ; χαλεπος perniciosus. Χαλαβεω tumultuor, terreo ; ut à σκυλαξ catulus fit σκυλαω spolio ; кобелу chien ; angl. whelp jeune chien ; belge Welpe, Wolpe ; saxon Hwelp catulus. Hinc nomen Galbæ imperatori, si annulo ejus credas, ubi ex Suetonio imago erat canis. Ex. : κυων canis, κυνειος caninus difficilis, vehemens, terribilis. ΣειριοςSirius, stella quæ canicula dicitur ; σειρω desicco, σειροω evacuo, inanio. — Canis item piscis marinus, ita dictus quòd cani similis sit ; canis præterea ludi talaris signum, quod unum duntaxat punctum continebat, ideò damnosus canis appellatur. Canes pro furiis (Virgile, Énéide, VI) :

Visæque canes ululare per umbram,
Adventante dea.

Servius canes furias dicit, semideos canes Lucanus (lib. VIII) :

Nos in templa tuam romana accepimus Isin
Semideosque canes ,

videlicet Mercurium, quem Anubium vocant, nam colitur apud Ægyptios in forma canis Anubis. R. נוב protulit, produxit ; נוב fructus linguæ vel arboris, verbum, sermo ; φωνη vox, φανη coruscatio, φανης sol ; copticè NOUB aurum ; φαινω in lucem edo ; nubo ; κυνεω osculor, blandior. — נבח latrare ; φαινω incido, defero ; φανος delator, accusator ; φονη cædes ; νεφος nubes ; νεκυς, etc.

Canis sidus leporem fugientem sequitur, habet in linguâ unam stellam, quæ propriè appellatur Canis magnam quidem et splendidam in capite alteram quam nonnulli Sirion dicunt, etc. Dies caniculares appellamus, eo quod sidus hoc iis diebus in medio cœli centro sit, conjunctumque cum sole duplicet calorem quo dissolvuntur corpora et evaporantur ; dicta canis quod corpora morbo afficiat et animo calore mordere instar canis animalis videatur.

CAPUT XXXI.

מם TACHE, EAU. ־מ

מים aquæ, pluralis numeri tantum.

מום macula, defectus.

MY.

Μυω conniveo oculis.

Μυω claudo, occludo.

م mim, vigesima nona Persarum littera, valet 40, est character diei.

מ μετα, cum, per, inter.

266.

עם (OM) cum, in. אם si. עמה auprès, vis-à-vis.

Αμα unà, cum; am auprès; im dans le, en. Ind. AMA ensemble. Russe мимо, devant, près.

מעה aut potius מעי in pl., id. in duali מעים viscera; David Kimhi dicit quod significet omnia membra interiora, præsertim autem cor : ut, Lex tua est in medio viscerum meorum (Ps. XL); id est, in corde.—Gall. âme; οιμαω impetum do; οιμαι puto. Russe маю faire signe, donner le signal; esp. amo maître de la maison; lat. homo un homme, une femme; une personne; ital. uomo; αιμα sanguis. Ind. MAY aller, mouvoir; Muth courage, cœur, âme; мочь force Macht; id. мощь. עים id. quod חזק et תוקת fortitudo. Ind. MAH prévaloir; MAS, génie, homme.

267.

עם (OM) contra, adversùs.

עמם opertus est, obtenebratus est, obscuratus est. עם caligavit; יועם obscurabitur. — Μυω claudo occludo. Russe умстать couvrir de; mutus muet; ital. muto; mus eine Maus; мышь; lat. amicio couvrir, voiler. Ind. MU comprimer, serrer; MUKAS, MUTAS serré, muet; MUSAS souris.

268.

האם (EAM) verè, profectò. — Μα non nunquam affirmat.

מה quid; מי quis; מי solum dicitur de מדבר עצם חי id est de substantiâ vivâ et rationali, sicut מה solum de inanimatâ. Με pour εμε accus. ab εγω; αμος unus, aliquis. הם, המה isti, ipsi, plur. ab הוא.— Αμας pro ημας nos; מאומה quicquam, aliquid. — Angl. who qui, que, lequel, laquelle; Jemand. Ind. MA moi. Mich.

269.

אם (AM) conj. conditionalis si, sive, an, utrum, aut. האם numquid, num, an-non. — Russe AMO ou; μα jurandi adv. ferè negare solet. Αμος quando; μη adv. prohibendi ne-non, numquid. Αμη quoque modo, quodammodo, ubivis; esp. mas mais, mas utinam; angl. amaze étonnement, surprise. Ind. MA ne pas; MAYA illusion. (מה quid.)

270.

ימא (IMA) chald. et syr. juravit; מומא juramentum, jusjurandum; אמינאית constanter, eminenter. — Ομοω juro; аминь amen. Turcis imam est pius, sanctus, fidelis; esp. iman aimant, attractif, pierre minérale. Ind. AM honorer, respecter; YAM tenir, serrer; MU serrer, comprimer. אמה locus testudinis sub quo postes januæ locabantur. — Αμμα nexus.

אם הדרך bivium, trivium, ad quod multæ viæ respiciunt, sicut filii ad matrem; οιμος, οιμη via, semita; angl. means voie, moyen; ομοω unio, conjungo, in unum coire facio.

אמה (AME) superliminare, postis, frons, in pl. אמות. — Ομμα oculus. Ind. MAHAS lumière. (Voyez איל ιλλος oculus, aspectus, facies.)

271.

מאום (MAUM) macula id. quod חסרון defectus. — Μυμαρ, μυματος probrum, dedecus, opprobrium. Σμαω detergo, purgo, abstergo. Μιασμα inquinamentum, scelus; μιασμος impuritas; αιμας sanies; уметь l'ordure, le fumier; Mist; ital. macchia; esp. moho moisi, chanci.

272.

אם, אמם (AM, AMM) mater; chald. et syr. אמא. Μαμμαω panem peto; hinc manifestè Hesychio, et Suid. αμμα et αμμας et αμαια, quæ sunt omnia deæ Cereris nomina, eadem quæ Δημητηρ; ipsam enim communem omnium matrem et nutricem celebrant poetæ, undè passim apud Homerum et alios vocatur παμμητηρ omnium parens.

Hinc μαμμα, μαμμη, μαμμαια mater; ita enim tenelli infantes pronuntiant, sicut βαβα papa (ab אב). Ind. MA mère. Russe мама, Mama; esp. mama; angl. mamma maman. Hinc etiam mamma, mamilla mamelle; Amme nourrice; esp. mama téton, mamelle; ital. mammolo poupon, poupée; esp. mamola, mamon enfant qui tette. Ab אם mater, humus mater omnium; et homo, qui etiam אדם dictus est ab אדמה terrâ.

274.

אמה (AME) ancilla; quidam exponunt pro servitute. — Μαια matrix; lat. amata, quo enim nomine donabantur Vestales honoris gratiâ; amasia une maîtresse. Ind. VAMA femme; bret. gwamm; irl. fem; ind. VAMIS bru; YAM serrer.

חמה (AME) socer, in pl. חמות nurus; Mutter mater; Motter matrice, mère.

חומה (AUME) mur, in constr. חומת. Стѣна mur; Mauer mur; ital. muro. Ex. : τειχος murus, τεκος fœtus, proles; בנה construire; בן fils. Sax. Ham sedes, domus, locus; angl. ham; gall. hameau, hamel; hamellum.

276.

עם (OM) populus, in pl. עמים et עממים. אום natio, populus, quasi ab unâ matre profectus, pl. אומים; αμα, ομου simul; αμαω colligo; ομας, ομαδος universitas, omnium collectio; angl. amass amas; масъ masse Maffe. מעות secundum Rabbi Kimhi sunt lapilli arenæ; αμμος arena. Ind. AMA cru, MAHI terre. Alii volunt esse viscera et interiora maris, hoc est pisces. — Αμια piscis nomen. Омутъ endroit profond dans un lac ou une rivière. מאה, מאת centum; hinc sax. Ma plures; esp. mas plus, davantage; mies moisson; angl. most le plus, très-fort, la plupart.

273.

חמם (EMM) perdidit, dissipavit; מחה (MAE) delevit, abstersit, emundavit, rasit è libro. — Αμη falx ab αμαω meto; lat. ama bêche à fossoyer. Σμυχω attero, consumo, à σμαω; уметать jeter loin; אמה tributum; angl. amit perdre. Ind. MÎ, dissiper, perdre.

חמה (AME) in const. חמת furor, ira; quemadmodum à ירע fit רעה; sic à יחם fit חמה ira; μαιμαξ furore percitus, turbulentus, à μαιμαζω, μαιμαω être entraîné par un mouvement impétueux, se précipiter avec fureur...; lat. amens; angl. mad insensé, fou, enragé; esp. moho stupidité; mohina bouderie, fâcherie.

מחי aries, tormentum, quo muri concutiuntur. — Ιμαζω loro verbero; μαχη combat; махина bélier; macto, etc. Ex. : Aries, arietare.

275.

חמה (EME) tremuit, conturbavit, tumultum fecit, strepitum fecit; tumultuatus est, vociferatus est. Ind. MUJ crier.

מהומה tumultus, cædes tumultuaria; הום tumultuosè egit, perterruit. — אים pavendus, horribilis; אימה in pl. אימות terrores; hinc אימים populi terribiles; exponitur pro formidabilibus Babyloniorum idolis. Αιμα sanguis, cædes; αιματοω sanguine inficio, interficio; timeo, etc.

277.

מהמה (MEME) id. quod עקב tardavit, distulit, in hithpael התמהמה. — Μειω minus, μειωσις imminutio, extenuatio; Ameise fourmi, murmex; esp. momio maigre, qui n'a point de chair; momie; Mumie; angl. mummy; мумія; ital. mumia; умаленіе la diminution, l'amoindrissement. Ex. : ερως amour, passion, ερωη impétuosité, violence; ερωη suspension, cessation, repos, retraite, fuite. Amor amour, mora retard; amare aimer, amarus amer. — איים insulæ; μειωμα diminutio.

מחא plausit, seq. כף, יד complosit manus; égypt. MAÏ aimé; ami, aimé, amo; amicè amoureusement. Ind. MAH adorer; MA embrasser. Ex. : complexus compliment; complexus qui tient embrassé; plexus plié, entrelacé. אמה cubitus, mensura cubitalis, capitur pro brachio. Ind. MA étendre, embrasser; MA mesurer. — מחא feriit, percussit.

278.

חם (AM) calor, æstus, fervor; חמה calor; חמם incaluit, ferbuit; חמם calefecit; התחמם calefactus est, חמה sol.

יחם id. quod חמם calefecit; יחם calefacere, et concipere. Μαω vehementer cupio; ανχμαω arco, æstuo; μαιμαζω cupio, salio, strepo; μαιομαι cupio, quæro; lat. amo, amor; ital. inamorzabile qui ne se peut éteindre. Ex. : ματηρ et μητηρ mater; μητρα matrix; Θερμη calor, æstus; Θερμασις caldarium, fornax, caminus. אם mère; חם calor, æstus. Ind. MAHILA femme; MAH croître; ULVAN sein, alvus, vulva; UL darder, chauffer; ULKA flamme.

279.

ים, ימים (IM, IMIM) aquæ calidæ; ים mare. Aquam Ægyptii vocabant mô vel môu, et indè dictus Moyses, ex aquâ emersus. Russe мою laver; мыть id.; hinc et Latinis meio, meiere faire de l'eau. Ομιχεω mingo, quasi ex מים et χεω; αμαρα, aquæ ductus, cloaca. Ind. AM souffrir, vomir. Angl. immit faire une injection; lat. humeo être humide, mouillé, moite; angl. moist moite, humide. Ιμαω haurio; ιμας laurum, funis quo hauritur aqua; lat. imus le plus bas, le fond, le plus profond; ital. ima profondé; ama amula, vas ad fundendam aquam. Russe мочу, чимь mouiller, humecter, tremper; мочусь devenir mouillé, pisser; мою, мыть laver; моча l'urine. Ind. MIH verser, écouler, it. mouvoir.

אמה quidam accipiunt pro loco in quo forte fuit rivus aquæ; εμεω vomo; amnis rivière; αμνις agnicula. (יובל rivus; יבול palus, truncus, ramus, surculus. ילד puer, filius; ילד peperit, parturiit; דלי situla, haustrum; חמת hydria, uter.)

280.

ים, ימים (IM, IMIM) muli nati ex equo et asinâ.

Ημιονος mulet. R. ημισυς semi vel semis; mi moitié, part; ital. mita; Mitte; angl. mid, d'où mie, la partie du pain qui est enfermée entre les deux croûtes, le milieu; mi-été, etc.; мулъ mulet; lat. hinnus pro mulo, ab ημιονος.

Ex.: mula mule; esp. mula; mulato mulâtre, né de l'union d'un noir maure ou nègre avec une femme blanche; mêlé, mistim; mit avec. Μυλλω appropinquo, μιμησις imitatio; mime, etc.

Equa jument, cavale; æquo, égaler, unir. Κυμα fluctus, κυμα fœtus; esp. yegua jument, agua eau; lat. equa, aqua; jument, jumeau, etc. Ουρευς mulus, jumentum, ουρεω urinam reddo; ορος, ορρος serum lactis. (Voyez מר stella, gutta, mère-goutte; il primo vino che si cada della uve. רחם vulva, matrix; mer, mère, etc.)

281.

חמאה (AMAE) butyrum, lac coagulatum, caseus; Salom. sic describit; הוא שומן החלב pinguedo lactis; חמא coagulatus est. — Αμης placentæ genus lacteæ; масло beurre. מוח (MUE) medulla, pinguedo, Hebræi exponunt לחות humor pinguis, indè מחים pingues, medullati. Ind. MANTHARA batte à beurre.

Gall. mou; мусть moût; Most; ital. mosto; lat. mustus. Υμην membrana pellicula, ab υω, quia ex humore nascitur. Mousse, мохъ, Moos, angl. moss. Moussu muscosus; ital. moscoso; mosicht; мохомь. Mousseau; ital. mucchio, cumulus, strues.

282.

ים, ימה (IM, IME) accipitur pro meridie. — Ημι medium; ημισια dimidia; midi medius dies, meridies; Mittag midi; angl. midday; esp. medio dia; ital. mezzo di; μεσημβρια le sud; пол день midi; поль moitié, день le jour. Dies le jour; esp. dia; ital. di; angl. day. Ind. DYU; Tag; δεισις division. Ex.: ημερα le jour. R. μειρω vel potius μειρομαι divido, partior. Ind. MA lumière; MA étendre, mesurer.

יום (IUM) dies masc. gener. in pl. ימים; יממ id. quod ביום per diem, interdiù; et ימיות duplicatum, significat per singulos dies, quotidiè; et יומים biduum, et etiam ימים pro anno integro, מיות hodiè. — Ind. MA lumière. Dium l'air, le serein; Jupiter, יום, פטר aperuit diem, emisit diem, Dies-piter (Plaute), Jupiter, le père du jour. Ind. DIVA jour; DAIVAS divin; DIV briller; DHIV venir. Juno eadem quæ Diana et Lucina, undè Terentius:

Juno Lucina..... fer opem.

Usurpatur Jupiter pro aere:

Manet sub Jove frigido
Venator, teneræ conjugis immemor. (HORACE.)

Jupiter omnipotens, regum rerumque deûmque
Progenitor, genitrixque dium, deus unus, et omnes. (VALERIUS SORANUS.)

יום dies. — Μυω conniveo oculis; diecula le petit jour; ημι pour ειμι sum (est, orient); ημι loquor, pour φημι, à φαω luceo, splendeo, loquor; ιημι mitto, produire, lancer. Ιηιος Apollo.

283.

ים, ימה (IM, IME) occidens plaga. — Μυω claudo, occludo; ιημι mitto finir, abandonner. Αμαυρος obscurus, αμαυροω obscuro, offusco; μαυροω id.

Ἡματιος quotidianus ; αμαρ pro ημαρ dies, ημερα dies, lux. חמר rubescere ut manè rubescit.

ימין meridies, ימין dextra, hinc תימן Auster ventus Africus, nonnunquam usurpatur pro כח virtute. — Angl. main principal, grand, force, violence ; amain vigoureusement ; lat. manus pouvoir, disposition ; gall. mener, conduire, numen, מני stella. (Voy. יד manus, Δια Jovem, etc.) Auster ventus Africus ; αυστηρος austerus, severus, ab αυω sicco ; στερεοω confirmo, solidum reddo.

Μειρω, μειρομαι priver ; grec αηρ, αηρος aer ; αηρ, αερος caligo. חום (AUM) id. quod. שחור nigrum.

Ex. : מערב occidens, plaga occidentalis, ערב tempus post occasum solis, vespera, crepusculum, quod lux et tenebræ eo tempore permiscuntur ; ערב devastari, mœrore tenebrescere, indè ערבה desertum, vastitas, solitudo.

284.

Ημμι pour ειμι sum. (Est, orient.)	Ιημι mitto jeter, darder, lancer.	Ιημι mitto congédier, licencier, quitter.
Ημι loquor, pour φημι luceo, splendeo, dico.		
Ιημι eo, vado, ut ειμι ex εω.		
Ιημι mitto envoyer, pousser, produire.		Ιη pour ια, fém. d'εις unus (solus, solare, rendre désert).
Εις, εισα, εν qui misit.	Ια , ιαω nomen Dei apud Hebræos.	
Ιη vox, ια idem. חי vivus.	Ια vis, ex ις robur ; יה Deus.	Ια heu, hei ; αι pro ει si, utinam.
		Ιαζω lugeo, lamentor. חיה vixit, היה fuit.
ים solum dicitur de naturâ vivâ, ים, ימים muli.	ים, ימה accipitur pro meridie.	ים, ימה occidens.
חד clamor, echo ; חדה misit, porrexit ; הודה projecit.	חד acuit, חדה acutus ; חדודי חרש radii solis.	חד unus ; דחה pepulit, repulit, detrusit, exclusit ; דחה expellens, דחי lapsus.
Εις in, εισειμι intro, ingredior ; σειω moveo.	יחד univit, strinxit.	
חדה lætificavit, gavisus est.		

ΙΗΙΟΣ Apollo.

נגב meridies. R. גבה superbivit, elevatus est, et נגה splenduit, fulsit, etc.

ΣΕΙΡ Sol.

Ρησις dictio, mandatum ; ρηξις ipsa actio rumpendi, ruptura. — Σειριαω æstuo ; σειρα funis, linea, catena ; σειροω desicco ; σειριος nomen stellæ quæ canicula dicitur. — Σειροω, evacuo, inanio.

RÉSUMÉ.

עם cum, in ; מעה aut מעי in pl. מעים viscera, cor, membra interiora ; עים fortitudo ; האם verè, profectò ; מי solum dicitur de substantiâ vivâ et rationali ; הם isti, ipsi ; ימא juro ; אמה locus testudinis sub quo postes januæ locabantur ; אמה superliminare, postis, frons ; אם הדרך bivium, trivium, ad quod multæ viæ respiciunt, sicut filii ad matrem ; אם, אמם mater ; אמה ancilla ; חמה socer, חמות nurus ; חומה murus ; מחא plausit manibus ; אמה cubitus, mensura cubitalis ; עם populus ; אום natio, populus, quasi ab unâ matre profectus. מעות lapilli, arenæ ; מעות viscera et interiora maris, pisces ; מאה, מאת centum. — חם calor, æstus, fervor ; חמה sol. יחם calefacere et concipere ; ים, ימים aquæ calidæ. ים mare ; ים, ימים muli nati ex equo et asinâ ; חמאה butyrum, pinguedo lactis ; ים, ימה accipitur pro meridie ; יום dies ; ימין meridies, dextra.

עם contra, adversus ; עמם opertus est, obscuratus est ; עם caligavit ; אם si, sive, an, utrum, aut ; האם numquid, num, an-non ; מום macula, defectus ; המם perdidit, dissipavit ; מחה delevit, emundavit, rasit è libro.

ים, ימה occidens plaga ; חמה furor, ira ; מחי aries, tormentum ; המה tremuit, tumultuatus est ; מהומה tumultus, cædes tumultuaria ; הום tumultuosè egit, perterruit ; אים horribilis ; אימים populi terribiles, exponitur pro formidabilibus Babyloniorum idolis ; מהמה tardavit, distulit.

CAPUT XXXII.

מ META. ב AHO.

Αποτμηξ escarpé.

Αποτμος malheureux, infortuné. Αποτμηξ coupé, retranché.

285.

במה (BME) excelsum, emineus, in pl. במות excelsa, et capitur pro celsitudine montium, vel pro cumulis lapidum, super quibus idolis sacrificia fiebant; item במתי עב excelsa nubium; Job, IX, במתי ים fluctus, sive elationes maris. R. והב moles. יחם calefacere et concipere. Βωμος ara, altare, hauteur, autel, temple. Βημα tribunal, quemadmodum in concione, in ecclesiâ et in foro judiciali, quale erat areopagus. Ιερον βημα sacrum altare; hinc αμβη, αμβων locus eminentior; lat. umbo; AMBONb ambon. Apud Hesychium αμβος, αμβωνιον terra aggesta; αμβωνες proeminentiæ; montium cacumina utpote protuberantia. Ambos enclume, tasseau; angl. beam poutre, solive; Josephus Scaliger addit, Græcia αμβωνας vocat quicquid extumidum est, et proeminet ut venter in poculis, ollis et ampulis, etc.

286.

בהמה (BEME) pecus, jumentum, bestia; in pl. בהמות generale vocabulum omnium jumentorum est, sicut et Leviathan est commune nomen ingentium piscium. Βηματεω pedibus calco, βηματιζω pedibus aut per passus metior intervalla.

Ex. : bestia, bête; beto aller, marcher. — R. Βω, βεω; item et Hesychio βημα προβατα jumenta, oves et boves. — R. בא, בוא venit; חם calor, æstus. Ind. AJAS bouc, bélier; AJ mouvoir, bondir. Gr. αιξ, αισσω.

287.

במו (BMU) cum, in. יבם (IBM) affinitatem contraxit, connubium cum uxore fratris aut alterius propinqui fecit; יבם frater mariti, יבמה uxor fratris, cognata, idem יבמת. — All. Hebamme sage-femme, accoucheuse, matrone; angl. woman femina; фамилія parens, famille; gall. femme; lat. nubo; בן fils, בנה bâtir.

מבוא (MBUA) introitus; מבוא fons, origo. (Voyez בא, בוא venit, ingressus est.) — Φυμα id. quod enatum est, propago; φυμι, φυω gigno, produco. Πυθμην propago, radix. פום os, oris.

עבים (OBIM) significat loca excelsa; angl. beam rayon. Φαινω luceo, splendeo, præluceo.

288.

מבוא (MBUA) occidens, occasus. — R. בא, בוא occidit. — Πυματος extremus, ultimus, πυθμην fundum, ima pars.

Ex. : ανατολη le levant, le lever du soleil; ανατελλω paraître, se montrer; τελλω faire naître, lever; τηλεθω ex θαλλω undè τελεθω et τηλεθω et τηλεθαω germino, floreo. Τελεω finio ad finem perduco; ληθω, etc. Coucher du soleil; chute du jour, εις δυσιν κλινει ο ηλιος.

עבים nubes obscuræ, עב nubes, caligo; עוב id. quod האפיל obscuravit, caligine obduxit, Kimhi ponit עיב pro radice. עוף tenebrescere; מעוף obscuritas; עפעפים palpebræ. — Φημοω obturo, fumo; fumée; ital. fumo. Νεφος nubes; φονος à φαινω incido, defero.

CAPUT XXXIII.

מ META. נ ΣΥΝ.

Συνθημα concordia, ascensus.

Συντεμω decurto, in angustum cogo.

Τεμενος portio agri à cæteris desecti.

289.

אגם (AGM) stagnum, lacus, collectio aquarum, in plur. אגמים. — R. גאה crevit, auctum est; it. intumuit. מים aquæ. — Κυμα fluctus, unda; κυμα fœtus. Γεμω plenus

290.

גמא (GMA) Kimhi exponit lignum tenuissimum undè fiunt naves. — R. חנה rima, scissura; מחה abstersit, emundavit. — Μαγας tabulatum testudinis; μαγγανα, vas vinarium

sum, vel onustus; γεμος plenitudo, onus; γεμιζω impleo; γομος onus navis, merces. Ital. macca quantité, abondance; angl. mace masse. Комь, мась, Maſſe. Lat. magis; μασσον; много beaucoup: могу pouvoir, être en état.

גם (GM) etiam, quoque. — R. עם avec, ג συν avec. — Καμμωμεν utique; cum avec. Quam, ad augendum et affirmandum aliquid. Angl. gamut gamme; ital. gama; esp. gamma. Geminatio redoublement, répétition; gemmatio le bourgeonnement, etc. — Ind. SAM avec; CAM unir.

291.

גמא (GMA) id. quod בלע devoravit, insorpsit, ingurgitavit; indè תגמיא potavit. — Γαμος solemne convivium; lat. guma, gumia vorace, gourmand; apud Festum gumæ, gumia, degumiare, punicæ sunt voces pro devorare, absorbere; sax. Gemild absumptus; esp. gamella gamelle, gomia vorax, helluo; angl. game gibier; gammon jambon; lat. comedere, comessator. Ind. GIM et CHAM manger.

293.

גמא (GMA) scirpus, juncus, arundo, papyrus. — R. חוג חג circuivit, gyravit, circumdedit; עם cum, in; камышь le roseau. — Γαμω, γαμεω nubo, uxorem duco; γαμος nuptiæ, conjugium; замужь marier; gemmo bourgeonner, boutonner; καμαξ vitis pedamentum; angl. gammer commère, bonne femme; esp. gama daine, la femelle du daim; Gemahl époux, épouse; Gemenge mélange, mixtion; angl. commix mêler; lat. comes, commeo hanter. — Ex.: σχοινος jonc, corde de jonc; σχειν lier. Jonc bague sans chaton; joncler folâtrer; angl. joining jonction. Lat. juncus à jungendo, quoniam usus ejus ad juncturam utilis est; γαγγαμη sagena rete piscatorium, à גמא juncus, ex quo fiunt hæc retia.

lignenm; lat. magis id. quod μαγις scultella, à chald. מסינא, מסין scultella in quâ ponitur aliquid, ut liquescat. Gall. magis plat grand et creux. Миска écuelle, terrine, мисочка id. Macies maigreur, macio rendre maigre; Mager; ital. magro; esp. magro; μαδος lævis, glaber; ital. maggiere jachère; maiese terre en friche; angl. meagreness maigreur. — Ind. MAS couper, rompre.

מג (MG) magus, præstigiator. — R. ענה subsannatio, מהמה dissimulavit. — Μαγεια ars magica, incantatrix; angl. mage; ital. mago, magia; esp. mago, magia. Magiſch magique; ein magiſches Buch un livre noir, grimoire. Ind. MAYICAS magique; MAIGHAS nuage.

292.

עגם (OGM) id. quod יגה vel דאב doluit, mœstus fuit. — R. גוה gemuit; המה tremuit. — Gemo gémir, pleurer; мука tourment, douleur; ογκαομαι rudo (de asinis). Καμω, καμνω lacesco, fatigor, deficio, ægroto. Ital. gemere; esp. gemir.

294.

גמה (GME) adversum, מנמת id. quod מקבל et נכח ex adverso. — Χαμαι in terrâ, humi; μαγευς pistor, detersor, abstersor, ex μασσω. Pinso, subigo, abstergo.

מוג (MUG) id. quod נמס et מסס dissolutum est, tabuit, defluxit; התמגג, indè activum מוגג dissolvit, liquefecit, exponitur per אבד disperdidit, elisit. (מוק, מקק tabescere.) Moisi; angl. mould, mouldy; ital. mucido; lat. mucidus Milch; angl. milck; belg. et dan. Melc; sax. Meoloc, Meoluc lac quasi mulsum.

RÉSUMÉ.

גם etiam, quoque; גמא scirpus, juncus, arundo, papyrus; אגם stagnum, lacus; גמא devoravit, insorpsit, ingurgitavit. — גמה adversum, מנמת ex adverso; עגם doluit, mœstus fuit; גמא lignum tenuissimum undè fiunt naves; מג magus, præstigiator.

CAPUT XXXIV.

ם META.

Μεθηκω supervenio.

295.

דם (DM) excessum, מאד vehementia, robur. מאד valdè, nimis, et duplicatur sæpè ad majorem rei expressionem.

ד EΞ, EK.

Εκτομη excisio, εκτομος exsectus, castratus.

296.

דמי (DMI) dimidium. — R. דאח separavit, ימים muli nati ex equo et asinâ. — Angl. demi; δαιομαι divido; sax.

עד מאוד omnino est latinè, admodùm. — R. מאה centum. עם cum. יחד unà, simul. עים fortitudo. Damm digue, chaussée, levée de terre; angl. dam digue; θαμα crebrò, frequenter; tam tant; tama enflure; tum et non seulement, mais aussi, tumeo, etc. Voyez מאה, מאת centum.

297.

חמד (AMD) concupivit, desideravit; מחמד desiderium; חמד cupido; חמודה desiderium, cupiditas. — R. אוד titio, torris; דודים amores. חם calor, æstus, fervor. Θυμα odoramentum sacrificium; θυμιαω suffio, odores incendo; επιθυμια cupido, cupiditas; жадный cupide. — Ind. MAÏDHAS; all. Muth; angl. mood, moody capricieux; all. muthen avoir envie.

299.

דם (DM) sanguis, it. pœna sanguinis, masc. gener., in pl. דמים; capitur quoque דם pro vino rubeo habente speciem sanguinis. — R. אד fons, חם calor, æstus, fervor. — Αιμα, αιματος sanguis, consanguinitas, cædes; undè apud Festum æmidus, tumidus; sax. Dema judex sanguinis; Moyses dicit sanguinem uvæ meracissimum. דמע lacrymavit, דמעה lacryma, largus fletus. Ind. MOUD humide; lat. madeo, madidus; esp. humidad humidité.

אדם (ADM) rubuit, rutilavit; indè האדים rubicundus fuit, in hithpael התאדם rubricatus est, et in participio præterito מאדם rubricatus. Αιμασσω, ξω cruento; αιματοω sanguine inficio; αιματη ensis.

אדמדם subrufus; אדמה terra, humus subrufa, in pl. אדמות; עבד אדמה agricola, cultor terræ, hinc Esau dictus Edom, quia rufus erat, et ab eo mare Idumæum; אדמתא chald. terra, propriè rubra; אדם sardius lapis, et secundum Hebræos rubin, à rubidine sic dictus. Αδαμας le diamant; адамантъ Diamant. Δεμω bâtir, édifier, construire.

301.

דום (DUM) tacuit, siluit; דומה silentium, quies; דומם siluit vel compescuit; דם, דמם quievit, siluit, indè hiphil הדם compescuit. — R. מוח pinguedo. — Δημος pinguedo. Ind. MAIDAS medulla; all. dumm stupide; смазать graisser. Δομος, δωμα domus ubi quies et silentium, extra urbis strepitum; θαλαμος cubiculum, cella, domus, nidus, nuptiarum dies et locus. הדום scabellum.

עמדי (OMDI) mecum, vel in loco stationis meæ. Ital. domo, duomo; angl. dome; Dom et Thurm cathédrale, dôme, maison; russe дома chez soi; домъ, домикъ maison, maisonnette; домище grande maison.

et belge Midde; all. Mittel. Μεσος medius, τεμω, τεμνω divido; lat. metiri; sax. ameten mensurare; Mitta, Mitten mensura; esp. almud genus mensuræ; angl. amid; amidst au milieu de; ital. media moyenne. Ind. MADHYAN medium; דמי midi. מדי natio Medorum, Médie; מדינה provincia, regio, et insignis quæque urbs, Médine.

298.

דם (DM) capitur apud magistros pro כופר pretio et æstimatione. מד, מדד mensus est, mensuravit; it. מודד; התמודד mensuravit se, indè מדה mensura, modius, in pl. מדות mensuræ; id. מדון. — Μοδιος modius, mensura aridorum; μεδιμνος mensuræ genus, medimnus, μηδος dimensio; all. et angl. mode; мода mode; ital. modo; lat. modus moyen; esp. modo, moda mode; modio mesure; модель modèle. Ind. MAD mesurer.

300.

מד (MD) indumentum, vestis specialis, sicut לבוש generale vestium vocabulum est; vocatur autem מד propter commensurationem vestis, ut sit à radice מדד. — מדוה, pl. מדים et מדוים. Μανδυη, μανδυας vestimenti militaris genus apud Persas; lat. mantile mante, мантія (מעטה vêtement); ιματιζω vestio, ιματιον vestimentum. — R. Ιμας lorum, funiculus, et μιτος licium, filum, quod stamini implicitur, μιτοω licia tendo. Significat quoque מד staturam, personam, ut איש מדה homo personatus, id est magnæ staturæ, מדות personæ. אדם homo scilicet plebeius. Adam, Δημος populus, Δεμας corpus; gall. démagogue; мужъ homme. — Ind. DHAMAN corps.

דמה (DME) adsimilatus est, similis fuit, adsimilavit; indè דמות et דמין similitudo, exemplar, imago, conformitas. — Ind. MAIDH observer, concevoir.

Ειδομαι assimilor; δεμας sicut, instar; ομοιοτης similitudo; esp. ademan geste, contenance, semblant.

302.

דממה (DMME) lenis auræ sibilus. — Μυζω musso, sonum clausis labris è naribus emitto; μυθιζω mussito, dico; μηδω, suadeo, consilium do. Дмю enfler. Ind. DHMA souffler; DHMA joueur de trompette; MAD enivrer, troubler, charmer.

303.

דמה (DME) exspectavit, speravit; וידם השמש et tardavit, vel exspectavit sol; indè דמיה exspectatio. — R. מהמה tardavit; עד donec, usque, ad. — Μεδω tempero, curam gero; μεδεω, μεδενω curo, gero; μηδος cura, consilium; медлю être lent, tarder. Μητιαω consulto, delibero; μητις consilium, prudentia.

304.

דמם (DMM) arab. est subjici. — Δαμαω subigo; lat. domo, domare dompter; hinc δαμαλις juvenca edomita ad jugum ferendum; δαμαρ uxor quod viro subjiciatur; αδαμας quasi indomitus; δμως δμωος, servus; δμωαι ancillæ, quasi edomitæ ad servitutem, à δμαω, δαμαω domo. Ital. doma pour domata domptée, domita; sax. atameb edomitus; tam, tame mansuetus; angl. tame; belg. tôm, tam. Sax. tamian mansuefacere, domare; belge tammen; all. zam, dan, dam. Dicitur et ital. dama; esp. dama dame; gal., esp., ital. don, dom; nec aliter ipsi reges appellabantur. Ind. DAM femme, épouse; du verbe DAM calmer, dompter; DAMATHAS répression, puissance. דומם fecit silere; דומם tranquillus, tacens; דומה silentium; דומיה quies; דומה sepulcrum in quo corpus sicut lapis silet. Μυδος mutus; ital. muto; esp. mudo; angl. mute; ſtumm muet; δυμι subeo, occido.

דמה (DME) id. quod חשב cogitavit, æstimavit. — Μεδομαι delibero, meditor, machinor, excogito, provideo, prospicio; angl. meditate méditer; esp. meditar; medir mesurer; ital. meditare; дума le conseil privé; думаю penser, réfléchir; benken penser, méditer. מדע science, esprit, pensée. — R. דע, דעה ιδως sciens. Ind. MAD concilier, adapter. Angl. doom, juger, décréter.

305.

מועד (MUOD) tempus solemne in quo congregantur homines; hinc בית מועדים capitur pro sanctuario, ubi conveniebat tota ecclesia Israel; capitur etiam pro quolibet certo præscripto tempore, in pl. מועדים solemnitates, accipitur pro loco in quo convenit populus ad certum tempus; usurpatur etiam pro loco ubi reges convenire solent. — R. עדה cœtus, collectio; עם avec; עד, עת tempus; עדה dies festus. Modus mode; module quantité, mesure; angl. time temps, terme, fois, mesure. (Ημερα, μετρομαι.) מועד capitur pro parte diei, ut dies habet tres partes; manè, meridiem, et vesperam.

מדוע (MDUO) cur, quare, ob quid, id. quod מה juxta; Kimhi exponit למה. — Μητι num, μητι ne quid; μηδαμος quoi que ce soit; μηδε neque, nequidem. Russe думно d'une manière douteuse. Capitur בית מועד pro sepulcro; μωδυνω hebeto et desipio, evanesco; demo ôter, enlever, arracher; demeo descendre; démence; angl. madness.

306.

עמד (OMD) stetit, cessavit, it. sustinuit, mansit, firmavit; in hiphil העמיד statuit, collocavit; indè מעמד status, consistentia; עמוד columna, statua, in pl. עמודים. — R. עד tempus multum, in æternum; חומה murus. אמה locus testudinis sub quo postes januæ locabantur. — Θεμα id. quod ponitur; Θημα id. quod reponitur; τιθημι pono, colloco, constituo, facio ita esse; Θεος ex Θω, Θεω pono, colloco, et Θεω curro, cursu contendo. Θема thème; angl. theme; esp. thema.

307.

מעד (MOD) nutavit, lapsus est, motus est, vacillavit; hinc מועד nutatio. — R. עדה præteriit; דחי lapsus; מחה perdidit, dissipavit. — Muto changer, muto chanceler. Τεμω, τεμνω; mutatio, mutilatio; μειωτως decrescens; μειωσις imminutio, extenuatio; μιδας mite; Mpte; angl. mite; Mabe ver; meta borne; esp. meta; ital. meta; межа, id. демонъ. Δαιμων daimon, diable; damnosus, pernicieux, nuisible. (Voyez מעט minoratus est.)

308.

מדי (MDI) significat continuationem sine cessatione, exponitur pro omni tempore; et למדי ad sufficientiam. — R. מדד mesurer; די assez; μηδος dimensio; δαιμων Deus, genius, numen. (שדי omnipotens qui sufficientiam habet, vel cui satis est.) Damnosus prodigue, magnifique. — דמה extensio, magnitudo, amplitudo.

309.

דמה (DME) excidit, exterminavit, devastavit, id. quod כרת; דמי exterminatio; דום excidit. — ידע fregit, contrivit; חמה furor. — Μαδαω depilem reddo. — Δαμαω affligo, occido, domo, subigo; hinc et demo, adimo, damnum; angl. demit démettre; demise décès (מות); gall. dam perte, dommage; dam peine des damnés; δαμνημι domo, excido, succido. Ind. DAM dompter, etc.; MANDA mauvais, vil. Ver=damm=t condamné, maudit; mabh fauché.

מדה, מנדה (MDE, MNDE) tributum, seu census. — Ind. MAD mesurer; MADA quantité. — Δασμος division;

δασμοις τον δημον εκτραχηλιζω accabler un peuple de tributs ; τους πολιτας δασμολογεω exiger un tribut des citoyens. Russe дань tribut, dîme.

RÉSUMÉ.

דם excessum ; מאד vehementia, robur ; מאד valdè, nimis ; et duplicatur sæpe ad majorem rei expressionem ; חמד concupivit, desideravit ; חמד cupido ; חמודה desiderium ; דם sanguis, et pœna sanguinis ; דמע lacrymavit ; אדם rubuit, rutilavit ; אדמדם subrufus ; עבד אדמה agricola, cultor terræ ; אדמתא chald. terra, propriè rubra ; דום tacuit, siluit ; דוממה silentium, quies ; דם, דמם quievit, siluit ; חדם compescuit ; דומם fecit silere ; דומם tranquillus, tacens ; דממה silentium ; דמיה quies ; דמם subjicit ; דומה sepulcrum in quo corpus sicut lapis silet ; עמד stetit, cessavit, it. sustinuit, mansit ; מעמד status, consistentia ; עמוד columna, statua ; מדי significat continuationem sine cessatione, exponitur pro omni tempore.

דמי dimidium ; דם capitur pro כופר pretio et æstimatione. מד, מדד mensus est, mensuravit ; indè מדה mensura, modius ; מד indumentum, vestis ; מד statura, persona, ut איש מדה homo personatus, id est magnæ staturæ ; אדם homo scilicet plebeius ; דמה adsimilatus est, adsimilavit ; indè דמות et דמיון similitudo, imago ; דממה lenis auræ sibilus ; דמה exspectavit, speravit ; וידם חשמש et tardavit vel exspectavit sol, indè דמיה exspectatio ; דמה cogitavit, æstimavit ; מועד tempus solemne in quo congregantur homines ; מדוע cur, quare, ob quid. מעד nutavit, lapsus est, vacillavit ; דמה excidit, exterminavit ; דום excidit ; מדה, מנדה tributum.

310.

מגד (MGD) dulce, delicatum, dulce pomum, indè מגדנות fructus terræ. Kimhi dicit significare nobilitatem et dignitatem cujuslibet rei, sive sit fructus terræ, sive aurum, sive gemma, aut vestis pretiosa, vocatur et ros מגד שמים, id est nobile donum cœleste, quia inter pluvias salutares tenet primas. — R. מאד valdè, nimis ; דגה crevit, multiplicatus est. (Voyez גד fœtus tener capræ.) — Μεγεθος, μεγαθος magnitudo, μεγας magnus, γεμος plenitudo ; γεμω plenus sum vel onustus ; γεννημα progenies, fructus ; mögen produire ; αμυγδαλη amygdala amande, indè Genes. XLIII, 11, amygdala recensentur inter optimos illos fructus quos Pharaoni Jacob præmisit, ad illum sibi, suisque conciliendum. (Voyez דגן.)

311.

גמד (GMD) mensura cubitus, indè גמדים pigmæi, nanni, viri parvæ staturæ, et cubitalis mensuræ. — R. מד mensura ; דמי dimidium ; גו corpus. — Μαδος lævis, glaber ; μοδιος modus mesure.

CAPUT XXXV.

מ META. ז ΕΣ, ΕΙΣ.

Ειστιθημι impono, intus condo.

312.

זם, זמם (ZM, ZMM) cogitavit, avertit, et statuit ; זמם cogitatio ; זומה consilium ad discernendum pulchrum à vili ; יזם cogitavit, consideravit. — R. חזה vidit, speculatus est ; עם unà, cum. — Σημα imago et signum. Ind. SAMA semblable. Σημαινω signum do, significo, impero, obsigno ; angl. same même, sameness identité, répétition ; summon sommer, citer, assigner ; sammt, conjointement, en corps ; sammeln recueillir, assembler ; angl.

Μεθιημι cesso, dimitto.

313.

מזא (MZA) chald. succendit ; מזה consumatus, indè מזה adustio, apostema, tumor ; מזי רעב adusti fame. — R. חם incaluit, ferbuit ; אזה accendit. — Ζυμη fermentum, ζυμιζω acesco ut fermentum. Russe киснуть fermenter. — זעם pro כעס indignatus est, et מאס detestatus est ; זעם id. quod מאיסה indignatio, comminatio. — Ital. commoto, commosso ; esp. commocion ; angl. commotion tumulte, sédition. — R. זעז movit ; זעוה tumultus.

summ nombrer, somme, récapituler. Russe сумма somme; Summe. Ind. SAM avec, SAM réunir, MAS mesurer.

מזח (MZA) cingulum, zona, id. quod חגורה cinctorium fortiter constringens lumbos. — R. אחז apprehendit, tenuit. — Ζωμα lorica, vestimentum quo cingimur; замокъ une serrure; замыкаю fermer à clef, renfermer, contenir; замужство le mariage. (מצחה ocrea indumentum pedum ferreum seu æneum.

זמה id. quod תועבה nefas, vel מנונה et טינוף immunditia atque turpitudo. זמה inquinavit, fœtuit, id. quod מאס vel תעב abominatus est. — Ζημια damnum, pœna, mulcta; ζημιοω damnum affero; mulcto; מזמה astutia, turpiter factum; מזח pavor. (Voyez מוג et מסס tabuit, dissolutum est.

מחוז (MAUZ) portus, regio, id. quod גבול terminus. — Ζωνη, ζωνα zone, cercle, ceinture. Russe земля la terre, le monde; земенъ terrestre; Maaß mesure, borne, fin. Région vient de régir, port de porter, contenir; ces mots rappellent l'entourage, la ceinture, le cercle.

מזיח (MZIA) id. quod חזק fortis. — R. עז fortis; עיז fortitudo. Lat. mas, mâle, courageux, vigoureux; ital. maschio; esp. macho, maco; мочный fort; μασσω subigo. Ind. SIMA entier, tout. Mazuca, maxuca massue, masse d'armes, undè mazærium massacre.

RÉSUMÉ.

זם, זמם cogitavit, avertit, statuit; זמם cogitatio; מזח cingulum, zona; מחוז portus, regio, terminus; מזיח fortis. — מזא succendit; מזה consumatus; מזח adustio, apostema, tumor; זמה inquinavit, fœtuit.

314.

מזג (MZG) id. quod מסך miscuit, temperavit, indè מזג id. quod משקה poculum mixtum, temperies, complexio. (Voyez מסך miscuit.) — R. גם etiam, quoque אגם collectio aquarum; מחץ confregit; מצה, מץ suxit, mulsit, expressit. — Μιγμα mixtura, mixtum, farrago. Sax. mengan, mengea, gemengean miscere, à μιγνυμι; hinc et migma, de quo Papias, hebræum est, id est mixtura palea minuta, vel tritura frumento permixta. All. Vermischung mixtion; намѣшанный mêlé. Ind. MAKS confondre, mêler. Ex. : φυραω misceo, commisceo, inquino. Φυραμα massa luti aquâ subacta; φυραω macero, subigo, pinso; φυρασις maceratio, commixtio.

315.

גזם (GZM) est מין ארבה eruca, bruchus, à גזז quòd detondat et depascatur fructus terræ. — R. גזז totondit, rasit; מזה suxit. — Μασταξ, mandibula, os, esca; id. locusta. Μασσω pinso, subigo; μασσαομαι mando, manduco; esp. mascar mâcher, broyer les aliments avec les dents; kauen; кузнечикъ sauterelle. (צמא sitivit, siti aruit; מחץ perfodit, vulneravit.)

CAPUT XXXVI.

מ META. ט ANTI.

Ανατιθημι élever.

316.

מוט, מט (MUT, MT) motus est; מטא pervenit, accessit. — R. אט vestigavit, lentè incessit; חמה sol. חם calor, æstus. — Motus, motio; Θερμοω appropinquare facio, accedere cogo, mitto. Angl. mount monter, faire monter; tum produire, être fertile; מטע plante. (Voyez נטע.) Matte pré, prairie, verdure; ital. moto émotion, mouvement; motore; esp. motor; angl. motor moteur; мотаю secouer; мужаю atteindre l'âge viril. Ind. AMASA temps; MATH mouvoir, agiter; MASK aller.

Ανατιθημι différer, rétracter, renvoyer.

317.

מוט et מט (MUT, MT) id. quod מעד nutavit, lapsus est; id. התמוטט, in hiphil המיט inclinavit et fecit labi. מט, מטט id. quod מוט nutavit, lapsus est. — R. עטה declinare; מחי aries; חמם perdidit; ind. MATTAS trouble. — Muto, mutatio; angl. mutation; esp. mutacion, mudanza; lat. muta; μουτα; Munta; ital. muda; esp. muda mue, changement de plumes; мотаю dissiper, branler; mühsam fâcheusement, péniblement; Mühe peine, travail, sueur, fatigue. Μοθος labor, bellum; τυμμα ictus, vulnus, plaga; מתות capitur pro loculo defunctorum, et derivatur à verbo נטה declinavit. (Voyez מות, מת mors; מתה, מתום homo; מתים homines, quemadmodum latinè dicuntur mortales.)

318.

מוט (MUT) vectis, pertica, virga, palus, in pl. מוטות. מטה baculus, virga, sustentaculum. — Temo le timon; esp. timon; ital. timone; angl. mast mât; Tanne sapin; мачта mât.

מוטה (MUTE) est עול מוסרה aut רצועה vinculum et ligamen jugi, in pl. מוטות catenæ; Kimhi exponit גידים nervos quibus juga ligantur ad colla jumentorum; invenitur etiam מטות in plurali, et exponitur à quibusdam pro מוסרות vinculis, ab aliis בדי עץ ligneis vectibus. Ind. MITH adapter, réunir. (Voy. מתן lumbus.) — R. טוה nevit, filavit; טוה filum, funiculus, vitta. — Angl. team attelage; grec μιτος licium, filum quod stamini implicatur, fides lyræ: αμμα, αμματος nexus; esp. mota petit nœud qui se forme en tissant le drap; angl. mat natter, tresser; Matte natte, paillasse, paillasson; шина la bande d'une roue.

319.

מעט (MOT) minoratus est, modicus fuit; המעיט minuit, minoravit, מעט parum, modicum, paululum, et activè modicus, in pl. מעטים; indè כמעט paulò minus, penè. — R. עטה declinare, divertere; ים occidens plaga. — Μειωσις imminutio, extenuatio; ind. MAS couper, rompre; αμυττω, αμυσσω lacero, pungo, amitto; amissus; τεμω, τεμνω scindo, divido. Томъ tomus, un tome, partie de quelque chose, atome; angl. atom; ital. et esp. atomo; matt las, faible. (Voyez מעד nutavit, תם, תמם defecit, consumptum est.)

חמט (AMT) lézard, lacertus, R. lacer mutilé, tronqué.

320.

מטה (MTE) lectus, stratum, reclinatorium; מטה tribus, familia; ταμειον conclave, promptuarium; ταμειον cella panaria; μοθων verna. Αιμα, αιματος sanguis, consanguinitas. Θαλαμος cubiculum, cella, domus. Сѣмья famille. (מתח extendit. Στημα stamen. Stamm tronc, tige, souche.)

322.

טעם (TOM) gustavit, טעם gustus, sapor; מטעמה cibus desiderabilis, id. quod תבשיל. Idem מטעם in pl. מטעמים sermo, ratio, consilium, eloquium, et apud magistros accipitur pro ratione et argumento. R. טח טוח linivit, obduxit, deauravit. טוחות capitur pro puris cogitationibus et affectibus, עטה consilium, מוח medulla. חמאה butyrum. — Θυμα odoramentum, μυθος verbum, sermo; μυθεω loquor. Gall. mot; esp. mote mot, sentence, apophthegme. (תמים perfectio, veritas.)

טעם editum, decretum.

Θεμα id. quod ponitur, quæstio quæ pro fundamento dissertationis ponitur, thema. Θεσμος strues lignorum, lex; Θεμις jus, lex, institutum; θема thème; Thema, etc. (חתם signavit, sigillavit, obfirmavit.)

321.

טמא (TMA) pollutus fuit; טמא polluit, profanavit, contaminavit; טמא immundus, in pl. טמאים sordidi; טמאה immunda; טמאה sordes. — R. חטא peccavit, deliquit; מום macula, defectus. — Μοττις dissolutus, mollis; μισητος odiosus, libidinosus; contaminatus; ital. contaminato; angl. to contaminate; Metze femme de mauvaise vie; esp. mustio lâche, mou, nonchalant; angl. miss perte, faute, méprise; misty moisi; мѣшкотный lent, nonchalant, tardif.

אטם (ATM) id. quod סתם obturavit, clausit, occultavit. חסם obturavit, Hebræi tamen exponunt ארך האף continuit iram, טמא pro טמן abscondere, סתם obturavit, obstruxit. — R. עמם obscuratus est; עם caligavit. עטה indutus est, העטה operuit, amicuit, vel חמה furor, ira, יעט induit, involvit, etc. — Ind. TAMA obscurité. Angl. mistis épais, obscur; mist brouillard, nuage; grec μητις nemo; angl. mute muet. (Voy. דומם fecit silere.) Μυθευω fabulosa narro, μυθος fabula. Темно obscurément, темнью obscurcir, brunir. אטים præstigiatores; μαντις ariolus; lat. mantice l'art de deviner; mantica sac, malle, valise. Мантїя le manteau.

RÉSUMÉ.

מוט, מט motus est; מטא pervenit, accessit; מוט vectis, pertica, virga, palus; מטה baculus, virga, sustentaculum;

מוטה vinculum, ligamen jugi; מוטות catenæ, nervi quibus juga ligantur ad colla jumentorum; טוה nevit, filavit; טוה filum, funiculus, vitta; מטה lectus, stratum, reclinatorium; מטה tribus, familia; טעם gustavit, טעם gustus, sapor; מטעמה cibus desiderabilis; מטעם sermo, ratio, consilium; טעם editum, decretum.

מט,מוט nutavit, lapsus est; חמיט inclinavit et fecit labi; מעט minoratus est, modicus fuit; חמעיט minuit, minoravit; מעט parum, paululum, מעטים; כמעט paulo minùs, penè; טמא pollutus fuit; טמא polluit, contaminavit; טמא immundus; טמאה sordes; טמאים sordidi; אטם obturavit, occultavit; חטם continuit iram; אטים præstigiatores.

CAPUT XXXVII.

מ META. כ ENEKA.

Μετηνεγκα ab ενεγκω transfero.

323.

כמה (CME) id. quod אבה desideravit, concupivit. — R. חכה speravit, exspectavit; חמם incaluit. — כמה quot, quoties, quæsitivum quantitatis; hinc apud magistros vocatur הכמות prædicamentum quantitatis. — Ind. CAMA désir; καμμυω pour καταμυω conniveo; quum, cum lorsque, quand, adv. temporis. Камо ou каминъ une cheminée; der Kamin; kommen venir, arriver; angl. come venir, arriver, aborder; ital. caminare. — Ind. KAM aimer, KAMAS amour, κωμος.

כמו (CMU) quasi, sicut, ad instar, tanquam, cum, sive, quum. — R. כה sic, ità; עם cum. — Esp. como; ital. como comme, de même que; самый même, le même, самъ même, en personne; angl. common commun, vulgaire; Kommunität communauté; какимъ comme; lat. mos manière, façon, coutume, κομεω, κομη coma, etc.; κωμικος comique, etc. (שם ibi, illic; משם indè; שם nomen, שמע audivit, obedivit.)

325.

מעך (MOC) idem quod תקע fixit, id. fixum est. — R. אך certè, כה sic, ita. כוח vis, robur. עים fortitudo. — Ind. CAM unir, YAM tenir, serrer; Macht force, pouvoir, puissance; angl. mace masse; MACCA. Κνημοω terrâ aggestâ circumvallo. (שם posuit, collocavit.)

חכם sapiens fuit, sapuit; indè חכם prudentem fecit, prudentiam docuit; hinc חכם sapiens, חכמה sapientia. — R. יכה probavit, approbavit. עים fortitudo. מעה viscera, cor; ακμη, αιχμη acumen, acies, solertia. Ex.: σοφος sage. R. Σοω-φος servo lumen.

327.

כימה (CIME) stella septentrionalis causans calorem et producens fructus. — R. כי adustio; ים meridies; חמה sol. — Russe комета comète Komet; κυμανσις æstuatio; κυμαινω ferveo, turgeo; κυμα fœtus; caminus foyer,

Κενωμα, κενωματος evacuatio, inanitio.

324.

מך,מכך (MC, MCC) id. quod ענה vel שפל humiliavit, attenuavit, oppressit. (Voyez כמס). — R. כהה obscurus, tristis; כהה contrahi, arctari, in rugas contrahi; מחה delevit, emundavit. — Mica miette; hinc macies maigreur. (מוק tabescere.) Μυκης fungus, stupide, sot. Russe камень la pierre, камышъ le roseau. Χαμαι humi, in terrâ; καμω, καμνω lassesco, fatigor, deficio, ægroto; Kummer chagrin, affliction, angoisse, misère; angl. camoys camus, recourbé; russe кому camus; angl. mock se moquer, abuser.

מוך; מך (MUC, MC) depressus est, attenuatus est, depauperatus est; מך inops, tenuis. Μικκος pro μικρος parvus; angl. mice (pl. de mouse) des souris; Maus; lat. mus; мышь souris. (שממית stellio.) — Ind. MUS broyer, rompre.

326.

מעך (MOC) id. quod כתש contudit, contrivit; vel סחט compressit; it. confractum seu contritum est. — R. עוק premere; עם contrà, adversus; מחי aries, tormentum quo muri concutiuntur. — Μακκα cujus compressæ sunt mammæ, ut loquitur Scriptura Ezech. XXXIII: שם מעכו, ibi compressa sunt ubera tua; hinc μοιχος mœchus, adulter. Κνημοω perdo, destruo; κνημι scindo, rado. Russe межю mettre des bornes; межа borne, lisière. (שמם desolatus est, disperiit.)

328.

כימה (CIME) Kimhi dicit esse stellam frigus causantem, et existentem in זנב טלה cauda arietis; Rabbi Abrah. dicit quod sit septentrionalis, etc. Aben Ezra putat esse עין השור השמאלי id est oculum tauri sinistrum, et est stella

feu; ital. camino; камииь cheminée. Ind. GAM mouvoir, marcher. Κομεω, κομιζω; kommen; angl. come; ital. camino chemin; esp. caminar aller, marcher, cheminer; il se dit aussi des choses qui se meuvent, comme les rivières, le soleil, le temps. Hiema bouton, bourgeon que poussent les arbres, les plantes, les fleurs; lat. gemma; esp. id. hiema le jaune d'un œuf. (שמש sol.)

magna primæ magnitudinis; alii Pleiades volunt esse, septem scilicet stellas in fine arietis. (מיק interiit, deletus est, dissolutus est.) — R. יקע recessit; ים occidens. הכאה mœreri fecit, contristavit; כהה obscuratus est, caligavit. — Χειμα hiems, tempestas, à χεω seu χεεω, quòd fundat pluvias et nives; κυμα fluctus, unda, magna lues; χιμαιρα chimæra, monstruosa quædam bestia vel capra hieme nata. Hiems hiver; зима hiver; ital. iemale, etc. (מוש, מש recessit, declinavit.)

RÉSUMÉ.

כמה desideravit, concupivit; כמה quot, quoties quæsitivum quantitatis; כמו quasi, sicut, ad instar, tanquam, cum, sive, quum. מעך fixit, fixum est; חכם sapiens fuit, sapuit; indè חכם prudentem fecit, prudentiam docuit; החכים sapientiam præstitit; כימה stella septentrionalis causans calorem et producens fructus.

מכך et מך humiliavit, attenuavit, oppressit; מוך, מך depressus est, attenuatus est, depauperatus est; מך inops, tenuis; מעך contudit, quassavit, contrivit; vel סחט compressit; it. confractum seu contritum est; כימה stella frigus causans, et existens in cauda arietis, stella septentrionalis.

329.

כומז (CUMZ) murenula, instrumentum, vel jocale aureum pro mulieribus; quidam putant esse ornamentum brachiorum. — R. כמו quasi, sicut, מזח cingulum, zona; καμακις capitis ornamentum muliebre; κοσμος ornatus, mundus, mundus muliebris; κομμος ornatus exquisitior. Cosmus ornement, le monde; Kummet collier. Ind. MANDAS ornement.

CAPUT XXXVIII.

מ ΜΕΤΑ. ל ΥΠΕΡ, ΥΠΟ.

Υπερμεστος super modum plenus.

330.

מעל (MOL) et ממעל desuper; מעלה supra, ultra. R. על super. מעל elevatio, aut secundum alios operatio. R. עלל facere, operari. (Voy. nº 169.)— Μολεω venio, vado; μωλος, μολος labor; molior travailler, bâtir. Ital. molo, môle, rempart; esp. et angl. mole; мола. Ind. MALA montagne. Maul tertre.

עלם (OLM) significat נער juvenem, adolescentem; עלמה puellam juvenculam sive sit virgo, sive sit maritata, in pl. עלמות. R. על venire, ingredi; עולם crescere, roborare. (Voyez עול); молодецъ jeune homme, jeune garçon; молодка, молодица une jeune femme; молодой le nouveau marié; малой un garçon, le domestique.

עלמות adolescentia, licet alii in duas dividant syllabas, et tunc significat super mortem. — Lamm agneau; Moli herbe; gall. mole fleur blanche ou jaune qui fleurit en mai.

אהלים (AELIM) aloës, αλοη aloe, arbor et gummi ejus arboris, etc. алой; μηλεα malus arbor. R. אלה quercus, arbor. — מוח humor pinguis, מחים pingues, medullati.

Υπομοσσω subigo, agito.

331.

מעלה (MOL) chaldaicè significat egredi. — R. על adversum; עם contra, adversùs.— Μολουσα profecta, à μολεω curro. Μολος pugna, fremitus; μωλος strages in bello. עמל laboravit, fatigatus est, indè מעל labor, afflictio, fatigatio. Capitur מעל pro עול iniquitate seu perversitate, מעל prævaricatus est, transgressus est, deliquit; indè מעל prævaricatio. — Mollior machiner, tramer; μολυνω inquino; μυλλος tortuosus; lahm boiteux; μυλλας meretrix; μαυλις, μαυλιζω quæ mercede se prostituit; mollio énerver, efféminer; mollis souple, ployant; ital. molle; esp. molicie; Mahl tache, marque. Ind. MALAN tache; MLÊV servir. Моль la teigne; молотило le fléau; малакія la masturbation.

332.

עולם (OULM) est tempus quod non habet finem, sæculum, perpetuitas, æternum ; capitur pro tempore longo, et pro tempore determinato ; עולמים sæcula. — Olim autrefois, maintenant, un jour. אלם certè, profectò, utiquè. R. אל Deus. האם verè, profectò. Μαλα certainement, assurément ; μαλιστα oui, certes ; lat. malo aimer mieux ; ital. meglio melius, mieux, meilleur ; Mahl signe, caractère, convention ; умысель vouloir ; μυλλω aliquod significo et quasi innuo.

למה (LME) quare, ob quid, alioquin. R. אלו ecce, מה quid. הלום huc, hic, in hoc loco.

333.

אלם, אולם (ALM, AULM) attamen, verumtamen, sed, quamobrem.— R. אלא tamen, nisi, tantum, אם si, sive, an, utrum.— Мало peu, presque, peu s'en faut ; allein mais ; esp. mal signifie peu, très-peu ; mal défaut, imperfection.

עלם (OLM) abscondit, occultavit, et negligenter agere, errare. מעיל vestis operiens hominem, ut pallium vel chlamys ; indè תעלמות abscondita, secreta. נעלמים absconditè peccantes. עלמים delicta ignorata. — R. עול inique agere ; חלל profanare ; אהל tentorium, tabernaculum ; עם caligavit. — Μελας niger, ater, malus ; μελανοω denigro ; ital. male ; esp. mal mauvais, méchant ; lat. melania noirceur ; αλημα error, vagatio ; λυμη lues, noxa, exitium. Ind. MAL couvrir, ternir ; MALAS souillé, méchant. Esp. melena se dit des cheveux qui tombent sur le visage et couvrent le front. Almaizaldo, almaizal velum turcicum variegatum ; angl. mantle ; lat. mantile ; малахай grand bonnet fourré. Mahlen peindre.

מחל (MEL) id. quod מזג miscuit. Μισγω mêler, mélange, μελας obscur ; angl. medley mélange ; ital. mescolare, miscellanea.

334.

מלל (MLL) locutus est, indè מלה verbum, sermo. — R. חל, הלל psallere ; הלל laudavit ; ילל clamavit ; חלה orare. — Λαλημα sermo, μελος carmen ; μελισσω cano, modulor ; ομιλεω colloquor. Молю supplier, наемлю louer ; mahlen exprimer, peindre ; hallen résonner, retentir. מלה capitur pro strepitu seu sonitu multitudinis ; המלה et המולה id. ; מולל id. quod מדבר loquens ; venit quoque à מול verbo. מולה loquela, tametsi Kimhi exponit pro מחנה castro. Maul langue, bec, caquet, babil ; melden dire, parler, publier ; lallen bégayer, jargonner, gazouiller ; lalisco onagre, pullus sive infans, ab αλαλος, αλαλαζω.

עלם (OLM) capitur pro instrumento musico. — Μελος modulation, mesure ; angl. melody ; ital. et esp. melodia ; Melodie ; lat. melos mélodie, harmonie ; мелодія.

335.

אלם (ALM) obmutuit, tacuit. אלם mutus, חלם somniavit, in hiphil החלים, indè חלום somnium, in pl. חלומות ; significat etiam חלם id. quod בריא pinguescere. R. ליל nox. עמם opertus est, obtenebratus est. Lama un lieu plein de boue, où l'eau s'amasse et croupit ; μελλω cunctor, cesso ; μελλημα dilatatio, mora, negligentia, tarditas ; молчу se taire, молча tacitement ; maulen bouder, faire la moue ; μωλυς indoctus, hebes ; μωλυνω marcesco, decipio. Indien MLED, MLET être fou. Irl. meille fou, idiot ; angl. maudlin gris, ivre. אחלמה amethystus, beryllus, secundum Hebræos crystallus. R. חלם songe. Ex. : αμεθυστος améthyste, que l'on dit faire rêver quand on le porte ; μεθυσος ivre, μεθυστικος qui enivre.

מולה castra. — R. מול circumcidit. — Μυλλος curvus, tortuosus ; улусъ un camp ; улита, улитка escargot, coquille, conque de l'oreille ; улиткою en tournant, en coquille. Ex. : παρεμβολη castra, castrametatio, ordinatio ; περιβολη ambitus, spira amplexus.

336.

אולם, אלם (AULM, ALM) porticus ; אולם, אלם domus portæ ; אולם, אלם vestibulum. — R. חלל incœpit, תחלה principium, אמה superliminare, איל frontispitium, limen superius. — Angl. halle porticus ; gall. halle. Αυλη galerie, αυλη aula cour d'une maison, basse-cour ; αυλη place, salle ; lat. aula la salle ; esp. aula salle, salon ; Holm

אולם, אלם (AULM, ALM) fornix, arcus. — R. אמה locus testudinis ; לול cochlea, columna vacua. — Μυλλος curvus ; αυλος flûte, tuyau ; lat. aula clairon ; ital. auleta joueur de flûte. (Fistula. R. fustis latus ; συριγγοω in fistula excavo.)

chantier, place où l'on construit les vaisseaux. עליה camera, cœnaculum.

אולם, אלם pavimentum in quo statuitur tribunal judicis; αυλη cour, palais; aula la cour d'un roi; angl. aulick aulique, souverain; esp. aula cour, palais royal; ital. aula.

337.

מלא (MLA) implevit, replevit, ad executionem perduxit; it. initiavit, consecravit; hoc est, ut Kimhi exponit, applicavit; nam munus applicabatur manui illius qui in sacerdotem erat consecrandus; undè communiter dicitur in hebræo, implevit manum sacerdotis. — R. עלל facere, operari; חולל formavit, creavit, החל cœpit, incœpit. — Ομαλος plenus, æqualis; plana sunt enim, ubi plena sunt omnia; planus, plenus. Λημμα, ατος res quæ accipitur, munus quo aliquis corrumpitur, lucrum, assumptio, augmentum. Multa adv. pro multum; ital. molto; gall. moult beaucoup. Ind. ALAN beaucoup; MUL fixer, planter; MAULI fondement.

מלא (MLA) capitur pro applicare manum ad arcum, quamvis Kimhi exponat tendere arcum. Λημα propositum animi, virilis fortisque animus, voluntas, decretum; esp. lemma titre d'une pièce de poésie; lat. lemma, titulus; lemma, lemme, proposition préparatoire qu'on démontre; ital. lemma raison, argument. Russe лемма.

338.

מלח (MLA) id. quod שמם devastavit, corrupit. אמלל devastatus est, it. infirmus, debilis; התמולל fractus est, abscissus est; אמלה desolata; מחולל vulneratus. — R. חלה ægrotavit, doluit; עלה succidit, exterminavit; חול defecit, etc. חמם perdidit, dissipavit. — Mal, malaise; αμαλος mollis, tener; αμαλοω effacer, détruire; μαλις morbus, μαλιαω validè laboro; מחלה infirmité, maladie. Λοιμος pestis, contagium; λοιμη pestilens morbus, pernicies; μαλακια mollesse, calme de la mer, maladie de l'estomac; malacia mollesse, lâcheté, dégoût et envie des femmes enceintes. Ind. MALLA femme, μυλλας, mulier; MLANA languissant, exténué, MLAI déchoir, se flétrir.

מלוח (MLUA) herba quædam amara in solitudine crescens, quam putant esse urticam. — All. Neſſel ortie; Malʒ blé germé, orge germée; Malt brassin, drèche; angl. malt drèche. Gall. maladie ægritudo; aigreurs aliments mal digérés, aigreur disposition à piquer; asperitas, acerbitas.

339.

חלים (EALIM) confortavit, auxilium tulit. חמל pepercit, misertus est, indè מחמל et חמלה indulgentia, propitiatio. — R. הלוה dedit mutuum; מחא plausit, complosit manus. — Μαλη ala, axilla. Ind. MALLAS robuste. Esp. alma âme, esprit qui donne la vie au corps; alma soin, attention.

אלם (ALM) manipulos collegit, indè אלמה manipulus, fasciculus; מלילה spica, arista, manipulus spicarum. — R. עולל vindemiare, racemos remanentes colligere. Αμαλλα manipulus; αλημι, αλημεναι se rassembler. Almus fertile, qui nourrit; aliment; alumno. Ex.: τρεφω nourrir, élever, fortifier; τρεφομαι assembler, épaissir, coaguler. Ind. MAL comprimer.

340.

מול et מל (MUL, ML) circumcidit, abscidit; המיל succidit, exterminavit; малю diminuer, faire trop petit. Ind. MALL comprimer, éteindre. מולל interiit, indè מול circumcisus; in pl. מלים; מילה circumcisio; מול adversùs, contra; ממול è regione, ex adverso. — R. עלה succidit; עלי mortarium. Μυλοι dentes molares; μυλλω molo, et subagito. Molo moudre, briser, mollio, amollir; angl. mullar molette; esp. moler moudre, briser avec la meule; moler moudre, fatiguer, briser; ital. molare, molari denti. All. mahlen moudre; моломие l'action de moudre. Ind. MALANAN mouture.

לחם (LAM) comedere, manducare. — R. לחי gena, mandibula; לחם panis et omnis cibus, sive sit caro, sive fructus, undè לחום capitur pro בשר carne, sicut לחם pro convivio. — Λαμια lamie, monstre fabuleux, loup garou. sorciers qu'on prétend se nourrir de chair humaine; Mahl repas, festin; αλημα farine cuite; алчность l'avidité.

לחם pugnare, belligerari, indè מלחמה bellum, prælium. — Αμιλλα certamen; αμιλλαττω pugno; esp. amilanar effrayer, épouvanter, intimider. Ind. MALLAS lutteur.

341.

מלח (MLA) salire; idem המליח; מלח sal; מלחה sal-

342.

הלם (ELM) concussus est, percussit, quassavit; indè

sugo. — R. ים mare; עלה ascendit, elevatus est. Αλμη salsugo; αλς, αλος sal; αλς mare; αλμα saltus, ab αλλομαι salio; Salz sel.

מלחים (MLAIM) sunt marini, nautæ. Αλιμος marinus, salsus; αλμη, αλμυρις, indè gall. saumure. Russe соленïе salaison; Ex. : θαλασσα mare; תלאה travail, lassitude; αλς mare; αλλομαι salire, bondir; Salacia Salacie, déesse de la mer; le reflux de l'Ebe, le jussant, le descendant de la marée. Russe мололь l'écume sur la bière récente ou fraiche. ממלח contritum, comminutum, aut secundum Rabbi Salom. מעורב commixtum.

הלמות id. quod מקבת malleus; הולם percussor. — Αλεω, αλεομαι molo; malleoli brûlots, faisceaux de jonc liés ensemble en forme de marteau, qu'on enduisait de soufre et de poix pour mettre le feu aux machines et aux vaisseaux; malleus maillet, marteau; malleatus martelé, battu; mollitus amolli; Hammer; esp. mallo; angl. mail maillet, mall battre, marteler; молотъ marteau; молочу battre le blé; молю supplier, mollir, amollir; lame, полоса; lahn; laminé, etc. מהלמות plagæ. Κλιμα, ατος regio, plaga, tractus; κλιμαζω distorqueo, luctor. Ex. plaga région, contrée, côte, rivage, plage. Plage plaie, blessure, incision. מכות plagæ. R. מכך oppressit, attenuavit; αγη ab αγω frango. Rive, river, etc.

יהלום (IELUM) jaspis, secundum alios diamant, id est adamas; יהלם significat lapidem quemdam pretiosum qui veluti malleus est omnium aliorum lapidum, quos frangit et domat. Russe алмазъ le diamant; μυλιας molaris lapis.

RÉSUMÉ.

מעל et ממעל desuper, מעלה suprà, ultrà; מעל elevatio, aut operatio; עלם juvenis, adolescens; עלמה puella; עלם crescere, roborare; עלמות adolescentia; אהלים aloë, arbor; עלם est tempus quod non habet finem, sæculum, perpetuitas, æternum; capitur pro tempore longo et pro tempore determinato; עולמים sæcula. אלם certè, profectò; למה quare, ob quid, alioquin; הלום huc, hic, in hoc loco. מלל locutus est, indè מלה verbum, dictio; מלה strepitus seu sonitus multitudinis; מחלה, מחול chorus; עלם capitur pro instrumento musico; אולם, אלם porticus, it. domûs porta; אולם, אלם pavimentum in quo statuitur tribunal judicis. מלא implevit, replevit, ad executionem perduxit; it. initiavit, consecravit; מלא applicare manum ad arcum, tendere arcum; החלים confortavit, auxilium tulit; אלם manipulos collegit, indè אלמה manipulus; מלילה spica, arista, manipulus spicarum; מלח sal; מלחה salsugo; מלח salire; מלחים sunt marini, nautæ.

מעלה egredi; עמל fatigatus est, indè עמל labor, afflictio; מעל iniquitas seu perversitas; מעל prævaricatus est, deliquit, peccavit; אלם at, tamen, verumtamen, sed; עלם abscondit, et negligenter agere, errare; מעיל vestis operiens hominem, ut pallium, vel chlamys; עלמים delicta ignorata; מהל miscuit; חלם pinguescere; אלם mutus; חלם somniavit; indè חולם somnium; אחלמה amethystus, beryllus; מולה castra; אולם, אלם fornix, arcus; מחולל afflictus; אמלל infirmus, debilis; מלח devastavit, corrupit; מלוח herba quædam amara in solitudine crescens, urtica; מול, מל circumcidit, abscidit; המיל succidit, exterminavit; מילה circumcisio; לחם comedere, manducare; לחם panis et omnis cibus, sive sit panis, sive sit caro, sive fructus, indè לחם carnis, sicut להם convivium. לחם pugnare, præliari; indè מלחמה bellum, prælium; הלם concussus est, quassavit; indè הלמות malleus, הולם percussor; יהלום jaspis, diamant, adamas.

343.

מבול diluvium. (Voyez בול).

בלימה (BLIME) accipitur pro meditullio et centro terræ, cujus mirabilis suspensio obturat os cavillentium. — R. בל medium, cor; ימה accipitur pro meridie. Παλαμη ars ratio quâ aliquid efficitur, palma manus; παλμα, παλημα vibratio, agitatio; id. παλμος palpitatio. Ex. : μεταιχμιον vel μεσαιχμιον meditullium. — R. αιχμαζω vibro, αιχμη jaculum. (Voyez nº 282; ימין meridies, ימין dextra.) Ind. KARAS main, du verbe KRI faire, effectuer; χειρ, etc.

344.

בלימה (BLIME), dictio composita, non quicquam, nihilum. — R. בלי non, מה quid. בלם obturavit, refrenavit, clausit. — R. בלל confundi et misceri; עם caligavit. Παλιν retrò, retrorsum, viâ versâ; παμμελας omnino niger, ater; παλαιωμα vetustas.

545.

גלם (GLM) glomeravit, involvit, compegit. — R. גל cumulus; מלא implevit, replevit. — Glomus cumulus; sax. gelome sæpe; angl. glomerate assembler, arrondir; ital. glomo, glomero peloton; Klump peloton, monceau, tas, amas. Russe соломама pâte de seigle ou d'orge durcie au feu. גלם corpus informe et fetus uterinus; sic vocatur priusquam in membra distinguitur.

546.

מגל (MGL) falx, instrumentum quo demetuntur fruges terræ et purgantur vites. — R. גלח rasit, totondit; מחה emundavit, rasit. Κολουσμα id. quod decurtatum est, à κολουω amputo, decurto. Russe соломина un brin, tuyau de paille.

גלם (GLM) induit, גלום genus vestimenti. — R. גלל gyravit; עלם abscondit, occultavit. (שלמה pallium.) Καλαμος calamus, culmus chaume, paille; χλαμυς chlamys, manteau, cotte d'armes; χλεμμις testudo, quia se sub testâ occulit. Russe солома la paille; соломина un brin, tuyau de paille; gall. chalumeau; angl. gloom obscurité; gloomy sombre, obscur; lat. clam en secret.

גמל retribuit bonum vel malum, persolvit, item ablactavit; item protulit seu crevit, veluti Kimhi exponit, ablactavit ad maturitatem. (שלם retributio.) — R. גל fons, scaturigo; מלא implevit; הלם percussit, quassavit; אמלה excisa, desolata. Γαμηλιων october aut januarius, dictus à celebratione nuptiarum. גמולה retributio, vicissitudo. Χαλασμα habens vim laxandi, seu remittendi. Μαλκιω, μαλκειω frigore contrahor; μαλακιω mollio, diffluo, langueo.

גלמוד id. quod יחיד solitarius orbis. — R. גלגלים orbes cœlestes; דומם tranquillus, silens. Indè אשה גלמודה mulier sterilis sive solitaria. R. מדוה morbus, lues; גלם quasi totus in se convolutus.

גמל camelus, animal notum, in pl. גמלים. — R. גל cumulus; מעל elevatio. Καμηλος, lat. camelus, ital. camelo, ein Kameel; angl. camel. Ind. KRAMAILAS, du verbe KRAM mouvoir, et MALA montagne. Camelus cum suo nomine in Latium venit, ait Varro, scilicet ex Syriâ, indè etiam καμηλαυκιον; gall. camail, camelot; lat. camelaucium; Camelot; камлотъ, tanquam ex pilis cameli factum; angl. camelet; ital. ciambelloto.

547.

למד didicit, studuit, et fit in piel activum ut למד docuit, instruxit, indè מלמד docens, doctor, præceptor; et תלמיד docilis, discipulus; hinc תלמוד eruditio, doctrina; למוד et מלמד doctus. — R. מד mesure, מד vêtement; מלא implevit, דלה extraxit, hausit. Μαλθα, μαλθη cera emollita; μαλθοω emollio, subigo, propriè ut ceram; μαθη dicendi actio, doctrinæ cognitio; gall. méthode; метода; angl. method. Αμαλθεια capra cœlestis quæ Jovem lactasse fertur; Αμαλθευω dito, nutrio. Ex. : cera cire, image, portrait; κηροω cerâ obduco; κηρυσσω promulgo, edico, prædico.

548.

מלמד id. fermè quod דרבן instrumentum in cujus capite est stimulus quo boves erudiuntur, dicit Kimhi virga aculeata, chaldæus exponit calcar boum. — R. דלה calcando turbavit; דמה excidit, oppressit; הלם percussit. — Stimulus; ital. stimolo; Stachel; angl. to stimulate stimuler, exciter. Θαλαμιος remex, un rameur, un galérien; ramex un rameau, branche d'arbre coupée.

549.

מזל constellatio, sidus; item fatum, fortuna. Vocant etiam Hebræi duodecim signa cœli י"ב מזלות. (Voyez זול produxit, et מזלות constellatio.) — Σημαλεος qui significat, qui signa demonstrat; Σεμελη mater Liberi et Cadmi filia; Σεληνη luna.

550.

מזלג fuscinula tridens, instrumentum ferreum habens tres dentes, quo extrahuntur carnes de ollâ, in pl. מזלגות. — R. מס שלישי tripliciter frangit, vel מחץ perfodit; Gabelmast mât fourchu; Mistgabel fourche d'écurie. Ex. : δικρανος furca. R. δις duo, κρανος asper, piquant. Biceps, bifidus, bicornis. Τριαινα tridens, fuscina, ex τρια ob tres cuspides; τρις αινα ter infeliciter; τριαινοω, tridente moveo, occo. Angl. pitchfork fourche; R. pick pique, forky fourche; esp. arrexaque trident, fourche de fer à trois pointes (terme arabe.) R. ρησσω, αρησσω; חרש scie; ακη acutus, חד aigu.

351.

מטיל (MTIL) virga, baculus. R. טיל projecit, misit; מטה baculus, virga. — Telum un dard, une flèche.

מלט (MLT) salvavit, liberavit; capitur etiam מלט pro gignere ova, quo actu scilicet species salvatur in esse; התמלט id. quod הושלך. — R. טלטל projecit, מעל elevatio; מט, מוט motus est; מטא pervenit, accessit. — Μεταλλομαι transilio; angl. mettled vif, ardent; mettle bravoure, fougue.

352.

מטיל ponderosus malleus quo petræ conteruntur. — R. הלם concussus est, הלמות malleus; טלה capitur pro signo arietis; המעיט minuit, minoravit. Maillet, malleatus, μαλαττω, μαλθοω, μετυλος et μυτιλος mutilus. (Voyez n° 342.) Ex.: σφυρα malleus quo occantur glebæ. Φυραω perfundo, macero, subigo.

מטיל lamina. R. לטש polivit metallum. הלם concussus est, quassavit. Μεταλλον métal (n° 242.)

353.

מלט evasit, fugit; מלט id. quod חור crypta, refugium, locus absconditus ad quem confugitur. R. לט caché. — Λατομια lapidicina, locus undè exciduntur lapides, id. hypogeum in saxo incisum, carcer.

Alii exponunt מלט pro cæmento ex calce et arenâ facto. — R. לוט mastix, lut, boue, mastic. Lat. malta, cæmentum; μαλθα cera emollita; hinc μιλτος minium; σμιλτος miniarium, metallicum. Ital. malta mortier, bourbe, fange; maltare bâtir de mortier; run. mold humus; angl. melt fondre, liquéfier, attendrir.

354.

מלך regnavit, imperavit; המליך fecit regnare, constituit regem; מלך rex, in pl. מלכים; מלכה regina, imperatrix; pl. מלכות. ממלכה et ממלכות regnum, imperium; מלכת secundum Rabbi Kimki מלאכת machina et opus scilicet cœli; quæ sunt stellæ, et dicit deficere litteram aleph; alii autem intelligunt magnam cœli stellam quæ est cæterarum regina, et hæc est sol. — R. כלל coronavit; כימה stella. מעל elevatio. (Voyez אבל — Αβελιος, n° 187.) — Cœlum; Himmel; culmen, le faîte, le sommet, la cime.

Significat etiam מלך id. quod יעץ consuluit, vel consilium iniit, indè מלכא consilium. — R. חכם prudentem fecit, prudentiam docuit, החלים confortavit, auxilium tulit. — Calme, calmer; ital. et esp. calma; angl. calm.

מלאך (MLAC) id. quod שליח angelus, nuntius, missus; in pl. מלאכים nuntii, angeli; מלאכות missio, legatio. — R. לקח tulit; קול vox; מלה verbum. — Αγγελμα nuntium; αγγελος angelus; ангелъ.

מלאכה et מלאכות opus, substantia, opulentia. — R. כליל perfectus, כלה abundantia; מלא implevit, replevit. Χαλασμα resolutio; χηλευμα instrumentum ejus qui suit vel nectit; cœlum le ciel; cælum, burin instrument de graveur. (רקיע firmament, רקע étendre, frapper au marteau.)

355.

כלם erubuit, confusus est; indè נכלם confusus; הכלים confudit, ignominiâ affecit, indè כלמה ignominia, confusio, verecundia; capitur pro confusione et ignominiâ quæ fit propter rem turpem. — R. מכך et מך humiliavit, אלם mutus. חכלל rubricavit. Μαλακος mollis, effeminatus, remissus; molli et remisso animo agens; μαλασσω mollio. Καλαμη corpus senectute confectum; κλαυμα ploratus, ejulatus; χαλασμα laxatio. Мылкій, мылокъ qui se délaie facilement.

מלך (MLC) Moloch, dæmon, idolum in cujus honorem pueri vivi comburebantur, et traducebantur per ignem. — R. כימה stella septentrionalis frigus causans. כלה prohibuit, vetuit; מלח devastavit, corrupit.

CAPUT XXXIX.

נון POISSON, RACE, LIGNÉE. נ.

נון se propager.

ענן nubes, vapor; עון iniquitas, peccatum.

NY.

Nυ expletiva particula; υν acc. ab υς truie; νυος nurus, sponsa; νυνη capra, it. vomer.

Nυξ nox; νυσσω pungo, vulnero.

ن nun vigesima nona Persarum littera, in numeris valet 50; est in Ephemeridibus character aspectus conjunctionis.

נ EN, IN, CUM, INTER.

356.

הן (EN) si; אין si, quod si; חין voluit, paratus fuit. — Aν si conjunct. potentialis; αινη laus, honor; αινεω approbo; αιων ævum, vitæ spatium; αιωνιζω perduro. Ind. AN vivre; ANAS vie; νη adv. affirmans, νη Δια per Jovem; ενος annus an, année; εις, ενος; angl. un, une. Ind. UNAS unus; ein; an præp. à, en; russe на sur, à; нанимаю louer.

הן, הנה (EN, ENE) en, ecce; chald. si; הנה hùc; ηνι ecce; ενι pro εν ibi; ην si; latin, en voici. A primitivement AN vers; NI sous, dans.

נא (NA) id. quod עתה nunc. — Ind. NU or; νυν, νυνι nunc; νυν igitur; nun, nu à présent; nun ainsi; russe на eh bien, donc.

יען (ION) ideo, propterea, ob id, eo quod. — Iνα propter, enim; ινα ut conj. causalis; ινατι vel, ut quid, quare; νυ, νη, ναι; lat. næ certè; ναι profectò, imo, etiam; hin là; lat. in en, dans; angl. in; inne.

357.

אין (AIN) non, נוא renuit. — Ind. NA, NAU non. ανευ sine; νη et ανη; gall. non, nenni; russe не, ни ni, non, point; nein; ohn, ohne sans, hormis; ital. non; esp. no non, pas; non nombre impair qui signifie seul, dépareillé; angl. none nul, aucun; nay refus; nonage bas âge; αινος fable; αινειν refuser; инакїи autre.

הן, הנה (EN, ENE) an-num. — Russe но mais; אן ubi, quo. Ind. UNA moins; lat. an est-ce que.

אין (AIN) pro איים insulis. Iνεω vacuo, inanio; νηστεια jejunium; νησος insula; Insel île; angl. insular insulaire; Einsam seul, solitaire. Ex.: isle, isolé. Ind. UN, AUN retrancher, ôter.

נא (NA) signif. id. quod בלתי אפוי non coctum, crudum. — Nηις inscius, rudis; αινος scævus, gravis, horribilis, sans fibre, sans filament. Ex.: ωμος cru, vert; ωμος dur, cruel, impitoyable.

358.

עין (OIN) fons et scaturigo aquæ; עין oculus, aspectus, visio. — Iνοω exhaurio; Nonne biberon, bout du sein; Nu clin d'œil; esp. nina la prunelle de l'œil. Ind. INA le soleil. Ων étant; ο ων celui qui est. AKSI œil, ACCHAS clair; οκκος oculus. Ex.: ימים, ים aquæ; ימים, ים dies.

אני (ANI) ego; chald. אנא, אנה. — Ind. AYAN εγω, ego. (גו corpus, גוי genus, populus.) AYAN is, celui-ci; IAN ea; JANAN homme; ANJIS chef. Aγω ago; ηγητωρ. Ων, ουσα, ον ab ειμι sum. הנה illæ; ενιοι aliqui, non nulli; ιν ipsum vel ipsam; alii νιν sumunt pro αυτου; онъ, она, оно il, lui, elle; אנו, נחנו, אנחנו nos. Ind. NAS νωι. Russe NAS.

נין (NIN) filius posterus: יון columbus, יונה columba. — Iνις, ιννος filius, juvenis, infans; ιννη filia; ιον viola; ital. ino; russe сынъ; all. Sohn; angl. son fils; ind. JAN naître; נון se propager; נאה virere. Γαω genero,

359.

ענן, ענגה (ONN, ONNE) nubès, vapor. — Eνα vespere, sero; gall. nue, nuée, nuit; Dunne la nue; ital. ninna le dormir; ночь la nuit.

עונן (OUNN) ariolatus est, indè מעונן ariolus, augur, horarum observator, pl. עוננים, in fæm. עוננה auguratrix. — Eνεος mutus, surdus, stultus; Hohn affront, injure, mépris, raillerie; angl. nim escamoter; nimmer filou, escamoteur; honni, plein de confusion; ital. onire. Ex.: μαντις mantis, manticè; gall. mentir. Γοη præstigia. (עגה subsannatio.)

יון (IUN) lutum, cœnum, stercus; יון fermentescere. — Гной la boue, le pus.

Ab יון Ionia minoris Asiæ regio littoralis, undè mare Ionium, quòd eam alludit: hinc posteà tota Græcia Iωνις, Iωνια dicta est; ab hoc gallicè jaune, quasi luteus color.

γεγως natus; ιννος pullus ex equo et mulâ, hinnus un faon; hinnus pro mulo, ab ημιονος; esp. nino, nina petit garçon, petite fille, enano, etc.; hinc in Ægypto monachi vocabantur nonni, monales nonnæ; νаννη est patris matrisque soror; νεννος est patruus; ναννος frater, in hisp. infans, infante; νινιον puppa, pumilio; juniores priores suos nonnos vocant quòd intelligitur paterna reverentia; Nonne; angl. nun nonne; инокъ religieux, fém. инокиня.

360.

חין , חן (AN, AIN) gratia, deprecatio; חנן deprecatus est. נא est ענין תחינה vox obsecrativa, et בשקה eia, obsecro. אנה , אנא vox precativa, obsecro, aliquando vox confessionis; hinc הושיעה נא salva quæso; in chaldaico vertitur הושענא hosanna. — Ναι, να utique, quæso, adv. assentientis et obsecrantis, αναθημα don, offrande. Αγος res pura, piaculum, religio. (חג solemnitas.)

ענו et עני (ONU) mansuetus, mitis, humilis; ענוה mansuetudo, humanitas. — Αγω, αγαω admiror, veneror; αγνος agnus, castus, purus, expers. (חג agnus.) Ind. VAN servir, chérir; AC honorer, respecter; Acht soin, attention, vénération. Ευηθεια benignitas, mansuetudo; ευηθης benignus, placidus, mitis.

חנן , חן (AN, ANN) misertus est, donavit, gratificavit, id. חונן. In pass. נחנת pro נחננת gratiosa facta es; in hithpael התחנן oravit; id. חן; hinc חין , חן gratia, et חנון misericors, clemens; תחנה deprecatio; id. חנינה; תחנון pl. תחנונים preces; ניחוח placatio, suavitas; ניחוחים sacrificia; ענוה mansuetudo, clementia. Ανυω impleo, impetro; annuo, innuo; hinc venia; ital. annona provision de vivres. Annahen approcher; anahme action par laquelle on reçoit volontairement; нанесенiе l'action de porter dessus; нанощу entasser, accumuler. — Αγω nutrio, educo; Gast hôte, convive; γευω gusto. (ענה et מעון cibus.) — Ind. GHAS manger.

ענה (ONE) respondere, it. exaudire, asserere, testificari; עונה responsio. 2° in kal id. quod שבח laudavit, resonavit, cantavit, indè עני clamor. — Νευω νυω, innuo, promitto; angl. noun nom; hannen crier. Ind. VAN résonner, crier; NU énoncer, répondre, célébrer, louer; ANANA bouche; KAN retentir, résonner. Ago discourir, parler. (הגה sonuit, intonuit.) Gaken crier; cano, etc.

361.

חנה (ANE) castra posuit, obsidione cinxit; ינה violenter egit, vim fecit; ינה projecit, conjecit; נהה minavit; נוא removit, absterruit; תנואה discessus, hostilitas. — Ανα, ανασα, ανιστημι faire lever, mettre en mouvement, susciter; αναντιαω adversus, contrarius sum, obsito, repugno; gall. haine; ненависть id.; חנית lancea, hasta, cuspis; τιναστω quatio, vibro; ind. HAN frapper, broyer; αγειν και φερειν diripere et populari; αγω, αγαω invideo; ago poursuivre, vexer; αγων agon combat. הנה fremitus, fragor. Ind. AGH frapper, nuire; achten proscrire.

עון , עוון (OUN, OUUN) iniquitas, peccatum, perversitas, crimen, culpa, pœna peccati. — Ονaω vitupero; αναθημα anathème, ανατιθημι; αγος res impura, nefas; αγνοεω ignoro; αγνοημα peccatum. Ind. AGAS reptile, serpent; anguis; AGAS péché, AGHAN mal; Gau avisé, rusé.

ינה (INE) delevit, perdidit; ינה deseruit. — Αγω frango, pello; ago chasser; ινοω, ιναω consumo, absorbeo; ινεω vacuo, expurgo, inanio; esp. inane vide, vanesco; ital. svanire s'évanouir; wannen vanner; lat. vannus; ital. vanno; ночвы van; angl. to winnow vanner.

ענה (ONE) humiliatus est, oppressus, afflictus est; ענה afflixit, humiliavit, oppressit; עני afflictus, pauper, humilis; תענית afflictio, jejunium, maceratio. — Ανια pro ανιως infeliciter, ανια tristitia, mœror; אניה id.; gall. ennui; ital. noia; наскучить ennuyer. Anus vieille; esp. anejo, ja; ital. anilita; angl. anility vieillesse de femme; уничтоженiе annulation. Ind. INA rompre, fléchir. Γοος luctus. (ינא afflixit, humiliavit.)

אנה (ANA) suspiravit, ingemuit, vel anxius fuit; אנן gemuit; אנחה gemitus; אנה mœruit, luxit; און dolor seu mœror; נהה planxit, ululavit, levavit lamentum; בי , נהי planctus, lamentum. — Ανιαω, ανιαζω mœrore afficio, ною sentir une douleur sourde, un mal cuisant. Αγω, αγαω queror; γοαω gemo, lugeo. (נעה clamor bovis.)

362.

אנה appropinquavit; נוע moveri, הניע movit, agitavit, נעה motus, motio. — Ind. AN mouvoir, pénétrer; NI,

363.

נוע , נע (NUO, NO) vagatus est, dispersus est. — Ind. NU et NIV couler; AN passer. Ναω, νασω, ναιω fluo; novo

NAY mouvoir, diriger; NAH approcher. Ενάω, ναεω, ναιω vado, ineo, venio; novo renouveler; wanne mouvoir; nahen approcher, coudre; нанесенïе l'action de charrier; наномy charrier, causer. Ind. GA mouvoir, marcher. — Αγω eo, vado, duco; ago mener, conduire; Gang allure, gehen marcher. (חג. חוג circuivit, gyravit.)

אני, אניה (ANI, ANIE) navis. — Ναυς vaisseau, navis; ital., esp. et angl. nave; ind. NAU.

און (AUN) labor, fortitudo; ענה occupare; ענין occupatio, labor, negotium, id. מענה et capitur pro cogitatione vel imaginatione. — Αγω ago, agir, faire, travailler; Act actus; чиню faire, agir; יגע laboravit; ονάω, ονημι juvo, prorsum; lat. navo, navus; ανυω exécuter; νοεω cogito, intelligo; יעץ consilium, propositum; inne savoir, posséder; ahnen pressentir. Ind. INA savoir, connaître, NIS méditer; יגה sivit. (חגה meditatus est.)

נא (NA) possessio; און substantia et pro habente mammonam; הון ubertas; it. divitiæ, copia. Id. quod די sufficientia. Νηεω congrego; νεω coacervo, glomero; ανω, ανυω impleo; gagner; annua loyers, gages; ωνη emptio, mercatio; ωνος pretium; чиню remplir, farcir; ind. VAN négocier, acquérir. (נאה crevit, auctum est.)

יין (IIN) vinum, in pl. יינות. — Οινος vinum; οινη vitis; Wein; ital. et esp. vino; angl. wine; belge Wiin; russe вино.

changer, être changé; ανω, ανυω consumo, destruo; ανεω compello, dimitto; ינה delevit, perdidit; יען avidus, vorax fuit; ach ah! hélas! Αγω proficiscor, insequor; ago passer, presser, pousser. (חנה abstulit.)

נח, ניחה (NA, NIAA) quies; נחת incubuit, demissus est. — Ind. NAS courber; NIC, NICA nuit. Nex la mort; ανον mort. Кончина, кнеџь la mort; νυξ nox; all. et belge Nacht; angl. night.

און (AUN) vanitas; התאונן afflictus est vel vanus factus est. — Αυον, αυος sec, aride; vanus vide, vain, menteur; ital. et esp. vano vain.

נחה (NAE) duxit, deduxit. — Ηνια habena; ηνιαζω freno; nau serré, Genau économe, étroit. (ענה detinuit, retardavit.)

364.

נוה (NUE) habitavit; נוה habitaculum, usurpatur pro מקום loco; invenitur ביות. ינה, הניה id. quod נח posuit, sedavit; נוח residere, quiescere. — Αγυια vicus; ναω, ναεω, ναιω habito, incolo; ναος, νεως ædes; all. wohnen; belge woonen habiter. Ab עין, מעון μενω, μιμνω maneo, mœnia; ωον pars superior domûs; αναγεον et ισγη cœnaculum, diversorium; arabe et esp. hens castellum; copte MEN rester. Esp. manida séjour, demeure; mansio maison; gall. manant; syr. אונה mansio. (גג solarium, tectum.)

365.

ינה dimisit, reposuit; הנח dimissus est, מנח locus dimissus. — Ανεω, ανιεω, ανιημι dimitto, cesso; никну s'incliner, baisser.

אנה (ANE) fortuito accedit, fortuna traditus est; תאנה occasio, eventus, fatum; תאנה luctus. — Agere animam agoniser, rendre l'âme. (גוע expiravit.) Tenitæ les Parques; Θνησις la mort; angl. thiness ténuité. Ind. HAN frapper, tuer.

נאות (NAUT) arva sive loca amœna et pascuosa. — Lat. noa, noë sunt loca pascua.

נאוה decet, passiv. à verbo אוה; נוה pulchra, נאוה decora est; נאו pulchra seu desiderabilia sunt. — Νεος novus; νεοω novo, innovo; ενη novilunium; all. neu; ital. novo, nuovo; esp. nuevo; angl. new neuf. Russe новый; Wonne joie, délices, plaisirs; Vénus, γανος, etc.

נוה (NUE) exponitur pro muliere habitante in quiete. — Ago habiter, vivre; Gatte époux, épouse; νυος nurus, sponsa; жена épouse. Ind. JANÎ femme, femelle. עונה coitus, concubitus, vel certum tempus concubitus. — Ενωσις unio; υμην hymen; מעון habitaculum, mansio; Nest nid; gall. niche. יענה est avis quæ ponit ova sua in terrâ, struthio, in pl. יענים. (נוח eduxit, extraxit, gemuit.)

RÉSUMÉ.

הן si; אין si, quod si; חין voluit, paratus fuit; הנה, הן en, ecce; נא nunc; יען ideo, propterea; עין fons et scaturigo aquæ; עין oculus, aspectus, visio; אני ego; נין filius, posterus; יון columbus, יונה columba; חן, חין gratia, deprecatio;

חנן deprecatus est; נא, אנה, אנא vox precativa, obsecro, aliquando vox confessionis; ענו mansuetus, humilis; ענוה modestia, humanitas; חנן misertus est, gratificavit; התחנן oravit, id. חן; hinc חן, חין gratia, et חנון misericors, clemens, indè תחנה deprecatio, oratio; תחנונים preces; indè ניחוח placatio, suavitas; ניחוחים sacrificia; ענה respondere, id. exaudire, testificari; עונה et מענה responsio; in kal laudavit, cantavit; עני clamor. נוע moveri; הניע movit, agitavit; נעה motus, motio; אנה appropinquavit; אני, אניה navis, classis navium; און labor, fortitudo; ענין labor, negotium, sollicitudo; id. מענה, et capitur pro cogitatione vel imaginatione; און substantia, et pro habente mammonam; הון ubertas, divitiæ; יין vinum. נוה habitavit; נוה habitaculum, habitatio; נאות arva sive loca amœna et pascuosa; נוית pascua. נאוה decet; נוה pulchra; נאוה decora est; נאוו pulchra, seu desiderabilia sunt; נוה exponitur pro muliere habitante in quiete; עונה coitus, concubitus, vel certum tempus concubitus; יענה est avis quæ ponit ova sua in terrâ, et vocatur vulgariter struthio.

אין non, haud, nequaquam; הן, הנה an, num; אן ubi, quo. אין capitur pro insulis; נא non coctum, crudum; ענן nubes, vapor; עונן ariolatus est, auguratus est; indè מעונן ariolus, augur, horarum observator; עון et עון iniquitas, peccatum, it. pœna. יון lutum, cœnum, stercus; חנה castra posuit, obsidione cinxit; נחה minavit; ינה violenter egit, vim fecit; חנית hasta, lancea; נוא removit, absterruit; נוע, נע vagatus est, dispersus est; ינה delevit, perdidit; ינה deseruit; ענה humiliatus est, oppressus est, afflictus est; עני pauper, humilis; תענית jejunium, maceratio; אנה mœruit, luxit; אניה tristitia, dolor, mœror; און dolor, luctus; אנח suspiravit, ingemuit, vel anxius fuit, accipitur pro deficere; אנחה gemitus; און pro vanitate; התאונן afflictus est, vel vanus factus est; נח et ניחח requies; אנה fortuito accidit, sorte, fortunâ traditus est; תאנה occasio, eventus; fatum; תאנה luctus.

CAPUT XL.

נ EN. ב ΑΠΟ.

Απονηω accumulo, in acervum compono.

366.

בין (BIN) inter, intra. — R. ב dans, par; עונה coitus, concubitus; נ εν, in. — Sax. binnan intus; grec βινεω ineo, coeo; βινητιαω coire cupio; lat. bino accoupler, joindre; ital. binare copulare; lat. nubo; вѣнчаю couronner, marier deux personnes; вѣнчанїе copulation. Nab=el nombril; nab=eln lier le cordon ombilical; binden lier, nouer, joindre; Binden liaison, bande; ital. banda, binda; банды, etc. Esp. binar biner; angl. bind lier, relier, obliger, resserrer. Ind. BAND serrer, lier.

בן, בון (BN, BUN) intellexit, Kimhi exponit בין radicem; indè הבין fecit intelligere, intellectum dedit; בינה intellectus, prudentia; תבונה prudentia, intelligentia; נבון intelligens, sagax, ingeniosus. Πινυω, πινυσσω sapio. Wissen savoir, connaissance; novi, nosco. Понести, concevoir, porter; понимаю concevoir, entendre, comprendre.

בינות (BINUT) absolutè; hinc בינוני participium præsens, sive tempus medium inter præteritum et futurum. — Φιν pro σφιν sibi; bene, bien; esp. bien certainement; ital. bene; весьма id.; bin (ich) je suis. Ex.: παρων præsens; παρουσια présence. — R. παρα juxta, contrà; ουσια essentia, natura, substantia; ουσα ab ειμι sum; pareo paraître; par eo marcher l'égal; partus l'enfant

Ενεπω dicô, cano, calumnior, insequor.

367.

נבוב (NBUB) id. quod חלול cavus, et id. quod רק vanus, inanis; איש נבוב vir vanus. R. בוב vain, creux. בחן vide. — Ναπος seu ναπη saltus, clivus montis, locus cavernosus; navia auge de bois, pièce creusée pour servir de vase, canot; navis, etc.

מבוע puteus, fons, à verbo נבע derivatum, capitur metaphoricè pro כבד hepate, sicut et כד amphora accipitur pro מרה felle. — R. בעה intumuit. עב crassus, densus. ביב concavum, vacuum. נ εν, in. (Mêmes rapports dans כבד hepar, jecur, et כדב mendax, falsus.) — Πιννα et πινα genus conchæ; gall. nef; all. Nab=el=ig bosse convexe; saxon Binne cista panaria; angl. binn; belge Benne, id. quod apud Festum benna; gall. panier, bane espèce de grande manne de branchage; benna cista.

בין (BIN) sive. — R. ב απο, הן an, num; הן si. — Φιν sive; penè presque; поне adv., du moins, si.

אביון (ABIUN) egenus, pauper, pl. אביונים pauperes, ut qui aliquid semper desiderant. R. עני oppressus, pauper; עוני afflictio, חוב culpa, debitum; hinc αβιος inops, pauper; πενης, πενια egenus, egestas; πεινα, πειναω fames, fame afficior; ποινη, ποινα pœna; ital. et esp. pena; Pein;

d'une femme, son fruit; esp. bienes biens, richesses; ital. penne de l'argent. (פנה respicere, faciem vertere; φανη.)

angl. pain, penalty peine; пень un homme maladroit; понось outrage, opprobre; бѣдныи pauvre; angl. wan blême, pâle, défait; wane décroître, diminuer; want besoin, faute; vanus, etc.; напасть l'adversité, l'affliction.

368.

נב, נוב, ניב (NB, NUB, NIB) idem quod צמח vel פרח germinavit, fructificavit. (נפח flavit, spiravit.) — R. הון ubertas; בא, בוא venit, ingressus est; אבה flos, pomum, virgultum, etc. Φων contr. à φαων, part. præs. à φαω luceo; φυω nascor, orior; φυτος fructus, germen, stirps. Angl. bind sarment, tige, wind vent, haleine; Wind ventus, le souffle; ventio venue; venter le fruit, l'enfant qui est dans le ventre; пень la souche; пенькй les tuyaux naissants des plumes.

נובב (NUBB) produxit, vel fecit prorumpere in laudem; תנובה proventus, fructus. — Hinc ex Cangio apud Ægyptios ανουφη gramen; nubes foule, multitude, foison; foin; ital. fieno; lat. fenum; esp. heno. Russe напасенный fourni en abondance; напасаю faire une grande provision.

369.

נבע (NBO) in hiphil הביע emanavit, ebullivit, it. eructavit, elocutus est, indè מבוע fons, scaturigo, in pl. מבועים. — R. בעה intumuit; effecit ut ebulliret; עין fons et scaturigo aquæ. — Run. bunas scaturigo, aqua ebulliens. (נוף stillare, perstillare.) Πηγη fons, scatebra; lat. vena; ital. vena; angl. vein; esp. vena veine, source des fontaines; veine, verve, fons.

370.

נביא (NBIA) propheta; fem. נביאה prophetissa. נבא prophetavit; נבואה prophetia, vaticinium. — R. אוב python, pythonissa, magus, ענה respondere, exaudire. עני clamor. — Φωνος magnâ voce præditus, magnum inclamans. נבח latrare. R. יבב clamavit; angl. vaunt vanterie. Чвань vantard; набать le tocsin. Ind. BAN et VAN retentir, crier.

נב, נוב idem quod דבר locutus est, indè ניב idem quod פרי fructus linguæ vel arboris, verbum, sermo. — Φωνη vox, sonus, lingua, rumor; Wahn avis, opinion, sentiment; gall. ban, ordonnance, édit; ital. bando ban de mariage; esp. bando; angl. ban, annonce.

371.

אנבה (ANBE) fructus. — R. אבה pomum, virgultum; הון ubertas; ענב uva, botrus, in regimine ענבי, pl. ענבים. — Ind. BANH croître, grossir. Esp. pomo fruit, pomo bouquet de fleurs; поносить porter; понесть porter (en parlant des femmes); πινον vinum hordaceum, ex πινω. (Vin, Wein, etc.; n° 362.) Οινος vinum, οινη vitis; οις, οιν ovis, aries; ινις filius, juvenis, infans. Ex.: Σταφυλη uva, botrus, vitis alba sylvestris, R. σταφις uva passa; φυλη tribus; φυλον folium, frons, à φυω gigno, pario; βοτρυπαις vitis quæ botros ut liberos fert; vinum uvæ filius. (נוף frondificare.)

בן (BN) filius. (ענף ramus, surculus.) — R. נין filius; בא, בוא venit; יבב ejulavit, ululavit. Φαν, εφασαν, à φημι parler; φανιον petit fallot, petite lampe, étincelle; infans qui nondum fari cœpit. Fanfan enfant; faon, fan le petit d'une biche ou d'une chèvre; angl. infant; ital. fanciullo, bambino bambin; βαμβαινω inarticulatè loquor. Νηπιος infans; νηπεια infantia, stultitia, levitas; benêt, sot, ridicule; nepos neveu, débauché, libertin, prodigue. Ex.: υιος filius; υιζω crier; βρεφος infans, R. βρεμω murmuro, strepo; βρεχω madefacio, irrigo, bibo; et φως lux, à φαω luceo, loquor, etc.

372.

אבן (ABN) sedes magna super quâ mulier parturit. — R. אנח suspiravit, ingemuit. Banc; esp. banco; angl. banck; ital. banca banc, banque; eine Bank; αβαξ abacus, tabula, mensa; ванкъ banque; βασανος tourment, vexation; βασανισμος cruciatus; βασις fulcimentum, fundamentum; passus qui a souffert; gall. passion, passé, petit tabouret, pas, passage.

אביונה (ABIUNE) appetitus, concupiscentia, inclinatio animæ ad corpus. — R. אבה affectus, desiderium; עונה coitus, concubitus. — Βιον acc. à βιος, ου, vie; βιωην aor. 2 opt. de βιωμι vivre. Ex.: vie union de l'âme avec le corps; vie débauche, vie bruit, tempête, sabbat; βιοω vivre; βιαω violer, forcer; חיים vie, joie, félicité. Буйный insolent, furieux. (נאף mœchus, adulter.)

373.

בנה (BNE) ædificavit, construxit, it. filios genuit, indè בונה ædificator, בנין ædificium, structura, תבנית id, quod

374.

אבן (ABN) rota, seu instrumentum quo figulus ex luto parat ollas. — R. תנואה recessus; בא, בוא occidit. Αβα

דמות similitudo, descriptio, seu figura. R. יהב posuit; אב pater; נוה habitatio, domus; בין filius. (מניף levans; תנופה elevatio.) Βαινω ascendere facio, fundatus sum; φαινω in lucem edo. **Bauen** bâtir, construire, édifier, élever, cultiver, labourer la terre, la vigne; belge **bauwen**; панъ le seigneur, le maître. Ind. PAN agir, négocier; PANAS affaire, gage; ποιεω, πονεω.

rota; βαινω s'en aller. **Nabe** moyeu de la roue; **bannen** bannir; angl. ban interdiction; gall. ban exil; ital. bando; esp. bando proscription.

(אופן rota ut est rota plaustri; פנה evacuare, expurgare.) Angl. bane peste, mort, poison; banish bannir, exiler.

אבן (ABN) lapis, accipitur etiam pro pondere stateræ. R. והב moles. Βασις fulcimentum, fundamentum, à βαινω. אבן pondus stateræ, בחן probavit, tentavit, scrutatus est, consideravit; בחן probator, discretor. R. יהב pondus, onus. ענין occupatio, labor, negotium, cura, sollicitudo. Βασάνος lapis quo probatur aurum, lapis Lydicus, probatio, inquisitio; lat. basanites pierre de touche.

375.

בחן, בחון (BAN, BAUN) idem quod מבצר munitio, arx, propugnaculum, in pl. בחונים id. quod מגדלים mœnia, arx; βασιμος stabilis, firmus, constans. R. βαινω. — Saxon **Beacen** pharus.

חבן (EBN) in pl. חובנים quidam exponunt pro elephante; возномy élever, hausser; возвышеніе élévation; βαινω ascendo, ascendere facio. Ελεφας. R. ελη ab ελω, αιρεω vaincre, subjuguer; αιρω lever, élever, exagérer, augmenter; עלה élever, et λεπας rupes, promontorium. (פנה angle, créneau, prince, chef.) Éléphant, élévation; ελεφας; angl. elephant, etc.

חבן (EBN) alii exponunt pro arbore ebeninâ. — Εβενος l'ébène, le bois de l'ébénier; эбеновое d'ébène; **Ebenholz**, etc.

376.

בהן (BEN) pollex, in pl. בהונות summitates manuum, pedicæ magnæ; exponitur pro digitis et talis. — Βαιον paulisper, parum; βαιον ramulus palmeus; βαις ramus, propriè palmæ; βασις planta pedis. Παιων pæon, pes quidam metricus; παιων clamor, hymnus in fine pugnæ, habitâ victoriâ; παιω frapper, pousser, chasser; παις enfant, jeune fils. Ex.: angl. thumb pouce; thump coup de poing, bourrer, frapper. — Le pouce, pouce mesure, pousses, pousser. verdir. Pollex pouce; paulus petit, un peu; pullus, pullulus, pello. Esp. pulgar pouce; pulsar pousser; pulgada un pouce, la douzième partie du pied; pulga puce insecte; ital. police pouce; pulce puce; lat. pulex; gall. puce, puceau, pucelle.

RÉSUMÉ.

בין inter, intra; בן, בון intellexit; הבין fecit intelligere; בינה intellectus, prudentia; תבונה intelligentia, נבון sagax, ingeniosus. בינות absolutè, hinc בינוני participium præsens, sive tempus medium inter præteritum et futurum. נב, נוב, ניב germinavit, fructificavit; נובב produxit, vel fecit prorumpere in laudem; תנובה proventus, fructus; נבע emanavit, ebullivit, it. eructavit, elocutus est. נב, נוב locutus est, indè ניב fructus linguæ vel arboris, verbum, sermo; אנבא fructus, ענב uva, botrus; בן filius; אבן sedes magna super quâ mulier parturit; אביונה appetitus, concupiscentia; inclinatio animæ ad corpus; בנה ædificavit, construxit, item filios genuit; indè בנין ædificium, structura; תבנית similitudo seu figura; אבן lapis, accipitur etiam pro pondere stateræ; בחן probavit, scrutatus est, consideravit; בחן probator, discretor; בחן, בחון munitio, arx, propugnaculum; בחונים mœnia, arx; חבן elephas, alii exponunt pro arbore ebeninâ.

מבוע capitur metaphorice pro hepate; נבוב cavus, vanus, inanis; איש נבוב vir vanus; בין sive; אביון egenus, pauper; אביונים pauperes, ut qui aliquid semper desiderant. נביא propheta; נביאה prophetissa; נבא prophetavit; נבואה prophetia, vaticinium; נבח latrare. אבן rota, seu instrumentum quo figulus ex luto parat ollas; בהן pollex, in pl. בהונות summitates manuum, pedicæ magnæ; exponitur pro digitis et talis.

CAPUT XLI.

נ EN.

Συννεω, συννηω, συννηεω in acervum compono, congero.

377.

בנה , בן (GN, GNE) hortus. — R. נאה virere, crescere; נרע movit. — Γενος genus, progenies, familia; γενησις nativitas, generatio; γεννημα progenies, fructus. Lat. genitus, genitura; angl. generate engendrer, produire; esp. genero genre, nature; gentio gens; ital. gente; Gesinde; hinc genius quasi cujusque protector; angl., esp. et ital. genio; геній; Genius.— גנן protexit; מגן scutum, clypeus.

נגע (NGO) accessit, pervenit; נהג duxit, direxit; מנהג incessus, impetuosus curruum cursus. Γινω, γινομαι; νικαω vinco, supero. Ind. GAM marcher. (נצח prævaluit; נרץ , נץ floruit, germinavit.) Sax. gegan ire, ambulare; Gang gressus; all. gehen aller, marcher; angl. gang aller, marcher; нагнаніе l'action d'atteindre; насадка la plantation. Ex.: hortus jardin; ortus ab oriri, orior; sax. in-gan intrare; ital. vangata terre bêchée; vengo venir; κηπος hortus, pubes muliebris; πηγη fons, scatebra. All. Garten jardin, gatten assemblage, accouplement; angl. garden jardin, gather s'assembler; садъ jardin; садокъ vivier, volière; кадка l'action de planter; гнѣздо un nid. Ind. JAN naître, produire, JANUS naissance, race; lat. genus; γενος; ital. giardino; esp. jardin; jardin se dit figurément d'un lieu abondant en beaux esprits, en belles personnes, spécialement en belles femmes; πηγνυω, πηγω.

נ ΣΥΝ.

Νησος insula, νηστις jejunus.

378.

נגה (NGA) impegit, cornu percussit; נגע tetigit, percussit; indè נגוע flagellatus; נגע flagellavit; נגע plaga, percussio, flagellum, scabiosa plaga, in pl. נגעים. (שן , שנן acuit; שן dens.) נגח cornupeta, petulcus. — R. הגה fremitus, fragor; יגה afflixit, humiliavit; ענה afflixit, humiliavit, oppressit; ינה vim fecit. — Ονυξ, ονυχος unguis; unx unguis ongle; ноготь ongle; all. Nagel; dan. Negel ongle; ital. unghia; sax. genegl̄ian clavis configere; geniclede obuncus; гіена la hyène; Hyäne. Ind. NAKK percer, dépouiller; NAKHAS ongle; Gagner adversaire; гнаніе l'action de chasser; нагайка un fouet; нагнетаю presser, pressurer; гнету presser, persécuter; гоню chasser, poursuivre.

נהג (NEG) abigere. (שנא migravit.) R. גוע expiravit, defecit; ינה dimisit; neigen pencher, incliner; Neige le bas, le fond; νεκυς. Lat. nego. neco; κνεω, κναω perdo; κενος vacuus, inanis; esp. negar nier; necio ignorant; etc.; гину périr; гнію pourrir. Ind. NAC périr, détruire. (ענן retardatio.)

בחון (GAUN) venter, pectus, id. quod מעים vel בטן. — R. גו dorsum, tergum, et intus, medium. — Κενεων, ωνος venter; venter le ventre, le fruit qui est dans le sein de la mère, la ventrée, la portée; venio, veni, ventum venir, arriver; животъ la vie, le ventre; Leib corps, ventre.

379.

נגה (NGE) fulsit, splenduit; נגה splendor, lumen; in hiphil הגיה illuminavit. R. גאה elevatus est, superbivit; גאות decor, gloria, majestas; γανααω luceo, splendeo, niteo, gaudeo; γανος lætitia, splendor, fulgor. Sax. scinan fulgere, coruscare; all. scheinen.

380.

גנן (GNN) texit, protexit. — R. נוה vagina; ענן nubes. Geheim secret, caché, mystérieux.

נוגי (NUGI) mendacia, Kimhi dicit radicem ejus esse יגה ideo significat tristes et mœrentes; гаданіе énigme; nugæ mensonge; esp. necio ignorant; lat. nescio, etc.

381.

אגן (AGN) crater, pelvis, vas ex quo lavatur quidpiam; in pl. אגנות sunt vasa rotunda habentia figuram lunæ. — R. נוה pharetra, vagina, גיא vallis; אני navis; αγγειον vas, crater, vasculum, receptaculum; apud Hesych. γανα vas, ηγκιον vas in quo aliquod reponitur, pharetra; legitur et ογκαιον. Gall. gaine; ножны, id.; angl. gawn barrique; lat. ganea maison de plaisirs, de débauches.

382.

ענג (ONG) in hithpael התענג oblectavit se, delectatus est, voluptuosus fuit; indè ענג voluptas, deliciæ; ענוגה tenera, delicata. — R. חג solemnitas. ניחוח suavitas. חן gratia. — Γανος lætitia, voluptas, joie, plaisir, l'éclat, le brillant d'une chose.

נגן (NGN) psallit, cecinit, lusit in instrumentis musicis; indè נוגן et מנגן psaltes, citharœdus; נגינה canticum, carmen, musicum instrumentum, in pl. נגינות. — R. הגה sonuit, intonuit; הגיג oratio, sonus, canticum; עני clamor; ענה respondere. — Χαινω et χαννω vociferor magno hiatu oris; lat. cano chanter; angl. canto; esp. et ital. canto; all. Gesang chant, singen chanter; gahn-en bâiller.

הגן (EGN) congruum fuit, indè הגון conveniens, congruum, decus, idem quod נאה et נכון. R. נגה splendor. Γενναιος ingenuus, validus; γενναιως generosè, etc. Ex.: convenire; cum venire; πρεπω convenir, περι επω convenir, demeurer d'accord, συμφωνεω, etc.

RÉSUMÉ.

גן, גנה hortus; נגע accessit, pervenit; נהג duxit, adduxit, direxit, induxit; מנהגה incessus, impetuosus curruum cursus; נגה fulsit, splenduit; נגה splendor, lumen, in hiphil הגיה illuminavit; אגן crater, pelvis, vas ex quo lavatur quidpiam, in pl. אגנות sunt vasa rotunda habentia figuram lunæ; גחון venter, pectus; ענג in hithpael התענג oblectavit se, voluptuosus fuit; ענג voluptas, deliciæ; ענוגה tenera, delicata. נגן psallit, lusit instrumentis musicis; נוגן et מנגן psaltes, citharœdus; נגינה canticum, carmen.

נגח impegit, cornu percussit; נגע tetigit, percussit, flagellavit; נגע plaga, flagellum; נגח cornupeta, petulcus; נהג abigere; גנן texit, protexit; נוגי nugæ, mendacia; Kimhi dicit radicem ejus esse יגה, ideo significat tristes et mœrentes.

383.

גבן gibbus, gibbosus. R. גבה tumuit, elevatus est; горбунъ bossu; γαββατα gabbota; sax. gabote; hinc dicti montes Cemmeni, Gebennæ les Cévennes. Angl. gibbous, etc. (Voy. גב, גבות, n° 50.)

גבינה (GBINE) caseus, coagulum. Πηγνυω compingo, cogo, concrescere facio, figo. Ex.: οπος succus, humor, coagulum; οπιας τυρος caseus qui coagulatur; τυρευω in caseum cogo, molior, struo.

נגב (NGB) meridies, auster. R. גבה superbivit, elevatus est; נגה splenduit, fulsit; φανης sol; φανος clarus, splendidus; Fahne enseigne, étendard, oriflamme, labarum.

384.

גבן secundum Seb. Munsterum lupanar. R. גב, גוב κυπη cupa; אגן crater. Gall. cabane; ital. gabinetto cabinet; angl. cabin; esp. gabinete; кабинетъ cabinet. Κυφων locus testudinatus, baculus incurvus, stiva instrumentum quo vinciebantur nocentes aut torquebantur, catasta, numella, ex κυφος. Ex.: קבה lupanar, prostibulum, קבה tabernaculum; קב cabus mensura; קבה ventriculus; יקב torcular.

גנב (GNB) furatus est, subripuit; גנבה furtum. — R. נגע percussit; גבחת depilatio. — Κναφευς fullo; κναφος carduus fullonicus quo raduntur panni; κναψις expolitio pannorum.

CAPUT XLII.

נ EN. ד EZ, EK.

Εκνευω nutu emisso jubeo.

385.

ניד, נוד et נד (ND, NUD, NID) id. quod נדד, movit caput ex compassione, indè hiphil הניד movit, מנוד commotio. Id. נדה. — R. נוע movit; ידה projecit, misit, jecit, it. emisit. (הנה conduxit.) — Nutus signe de la tête, des yeux. Δινεω moveo, circumago. Δεινος saltationis genus; gal. dandiner; all. tand-el-n id.; thun faire, agir; намоченіе l'action de tourner; angl. din tapage, bruit; all. Ding être; angl. ding froisser, heurter, faire

Εκνευω p. εκνεω, clam evado, subduco, diverto.

386.

נד et נוד, hithp. התנודד amovit se, item recessit, translatus est. — R. דחה pepulit, ejecit, נח, הניח dimisit. — Ind. NID disputer, outrager. Neid envie, jalousie; νεικος rixa; Neige pente, déclin, baisse. Nuto branler, douter, choir; νυσταζω præ somno capite nuto; δινοω volvo, verso, torno; δινη vortex, gurges; δινος turbo, gyrus, vertigo. Angl. dingy obscur, sombre; dim obscur, trouble; dun obscur, brun; думно, adv., d'une manière douteuse.

tapage; ting tintement; гуденіе id. Ind. TAN retentir, résonner; TANAS ton; Thon; тонъ; תנה capitur pro דבר loqui vel בכה flere. (Note de musique, Note.) דחון sunt כלי הזמר musica instrumenta. Τονος tonus; τονιζω tonum do, tono, exprimo; toni les cordages des balistes.

דנה (DNE) iste, istud. — R. הנה illæ, istæ; הן en, ecce; חד unus. — Δεινα quidam; den le, celui-ci; dein, deine ton, ta pron. poss. Angl. thine id.; нашь notre; angl. thing chose, affaire; Ding; дуновеніе l'action de souffler, de respirer; день le jour.

387.

נד (ND) id. quod תל cumulus, collectio. R. יחד adunare; הון copia; νηθω glomero; gall. dune; esp. duna; angl. down; all. Dunen élévation de terre; δεινοω exaggero; θιν dunes, tas, monceau; θην, θηνος; esp. tinada monceau; наддаю ajouter. Ind. NAD prospérer; Nuß profit.

נד, נדד id. quod רחק elongavit se, recessit, migravit, fugit; ינד recedet. Indè nomen מדד cum defectu nun; ibidem נדודים exponitur pro commotionibus infirmi in lecto; נודד vagus, profugus; מנדים amoventes; אדדה movebo, vel vagabor; נדה amovit, transtulit, separavit, id. quod הרחיק elongavit; significat etiam separationem, vel sterquilinium. נדה immunditia. דן id. quod רתק dissolvit; נדה id. quod פזר dispersit. — R. הדיח ejecit, pepulit; דוה fluxit, מדוחים ejectiones, et יון lutum, cœnum, stercus. — Δυνω subeo, occido; δεινως terribiliter; δεινος dirus, vehemens, gravis; θνησις mors; Dung fumier; Dunst fumée, vapeur; Tand bagatelle, fadaise; clair; τυννος, τεναος. Ind. TANUS. Dünne ténuité, fluidité; tenuis; angl. thin. (טחן comminuit.) Dung fumier, fiente; dungy boueux, bas. (טינא limon.) Angl. down, adv. à terre, en bas; донный de fond; Noth misère, extrémité; nota, nothus, etc. (נטה declinavit.)

נדה pretium. R. חנן donavit; דוד patruus; אד fons. (נתן dedit, obtulit.) — Δανειζω mutuum do, δανος donum, δαινυμι præbeo convivium; даяніе donation, дань le tribut, esp. don; ital. dono; angl. donation. Θοινη epulum, cibus; angl. to dine dîner; dienen servir, rendre service; ѣдунъ dîneur, mangeur. דחון cibus et cœna. דחן milium, genus frumenti, aut potius leguminis, τενθω seu τενθω comedo. (חנטה triticum.) ענד alligavit, innodavit. Εδνοω despondeo, εδνα munera quæ sponsæ sponsus dat.

388.

אדן (ADN) basis, columna auxiliaris. R. איד, אד fons. עין id. Δαν, Δις, Διος Jupiter; ital. donno seigneur; esp. don titre honorifique, n° 304. Adonai unum ex Domini Dei nominibus; vocabulum hebraicum, ortum a Phœnicibus, quorum linguâ Adon. Αδωνις est Dominus, κυριος, δεσποτης. Ab אדן εδος sedes. Hinc et Suidæ εδναια cathedra. Ind. NAD asseoir; NIDAS nid.

עדן et עדין et עדנה (ODN, ODIN) adhuc, usque adhuc; עד tempus multum, in æternum, in sæculum; עדן chald. temps, année, pl. עדנין. — Δαν, δην depuis longtemps; δαον même signification que πολυχρονιον qui est de longue durée; angl. dean; decanus, ital. decano; esp. dean, decano; деканъ doyen, le plus ancien d'âge ou de réception. Давно depuis longtemps.

אדן, אדון (ADN, ADUN) Dominus, in pl. אדני et אדנים accipiendo pro singulari. R. אני, אד source de nous, ou אד, דן juger. Δυναμαι possum, valeo, æstimor; δυναμις force, pouvoir, puissance, Dominus. Dein, Din le Mars des Germains; dannen de là.

דן, דון (DN, DUN) judicavit, indè דין אלמנות judex viduarum, arbiter, defensor; דין judicium, causa. — R. דעה sententia; ידע cognovit. Russe десный droit, dextre; десница la main droite, la dextre, la puissance de Dieu; судный judiciaire, сужденіе jugement. Saxon Dema judex; Constantinopoli divan, quasi domus judicis. Hinc מדינה provincia ob potestatem judicandi, et מדין pro certo loco, vel itinere, alii pro nomine civitatis. R. מדי Media regio (n° 296). Apud Turcas et alios Orientales Maidanam; gall. Maidan locus ubi judicia exercentur.

390.

עדן, התעדן (ODN, ETODN) deliciavit, voluptuosè vixit,

389.

דן, דון (DN, DUN) litigavit, disceptavit, certavit, contendit; מדון contentio, rixa, discordia, in pl. מדנים et מדינים. — R. העיד contestatus est; יד percussio, plaga; נחה minavit. Δεινοτης solertia, atrocitas, dicendi facultas; angl. ding froisser, heurter, faire tapage, etc.

ידעון (IDOUN) magus, ariolus, in pl. ידעונים; sic vocatur qui conatur scire ventura. — R. ידע cognovit; עונן ariolatus est. — Devin; ital. indevino; esp. adivino; angl. to divine deviner; угадать, idem.

391.

נוד (NUD) lamentatus est, contristatus est; נדה infirmi-

indè עדן et עדנה voluptas, deliciæ. — חדה gavisus est, lætificavit. Ἡδονη voluptas; ηδυνω suavè reddo; ανδανω placeo. Ind. NAD briller. Saxon Inesse delectatio. Russe удобный aisé, facile, commode, opportun.

tas muliebris; נדה aqua aspersionis quâ immundi aspergebantur. — R. דוה fluxit; דוה mœstitia, dolor; נהיה lamentatio. Ναυτια nausea; ναυω, ναυσω supplico, fluo, scaturio; ναυτιαω nauseo, respuo; nausea, sanies. Russe надожденіе l'arrosement; bauen tremper. נדה id. quod זבה fluxus, et מאוסה abominatio, et טמאה immunditia menstruum; δεννος probrum, contumelia.

392.

נדן (NDN) id. quod תער vagina, et metaphoricè de corpore humano; נדנה corpus, vagina. — R. נוה habitatio, domus; עדה capitur pro cœtu membrorum in corpore, id. artus; דוד caldarium, magna olla. Capitur pro כל cophino et calatho. — Ναιδιον sacellum, sacellus, idem sacculus; νηδυς venter, uterinus.

נאד (NAD) uter, lagena, in pl. נאדות. — Νηδυς uterus, venter, quasi uter. — Tonne, tonneau; teneo tenir, concevoir, comprendre. (עטין vas mulctrale, vel id. quod שד vel דד mamilla; capitur pro pingui homine qui quasi mamilla lacti tumens distenditur.) Russe надоить recevoir beaucoup de lait, donner beaucoup de lait.

RÉSUMÉ.

נוד et נד id. quod נדד motus est, movit caput ex compassione; מנוד commotio; דנה iste, istud; נד cumulus, collectio; נדה pretium; ענד alligavit, innodavit; דהן cibus et cœna; דחן milium genus frumenti aut potius leguminis. אדן basis, columna auxiliaris; עדן, עדין et עדנה adhuc, usque adhuc; עדן tempus, annus; אדון, אדן dominus; דון, דן judicavit; indè דין אלמנות judex viduarum, arbiter, defensor; דין judicium, causa; מדינה provincia ob potestatem judicandi, et מדין pro certo loco vel itinere, alii pro nomine civitatis; ידעון magus, ariolus; עדן, התעדן deliciavit, voluptuosè vixit; indè עדן et עדנה voluptas, deliciæ.

נוד et נדה, התנודה amovit se, item recessit, translatus est; נדד migravit, fugit; ibidem נדודים exponitur pro commotionibus infirmi in lecto; נודד vagus, profugus; מנדים amoventes; אדדה movebo, vel vagabor. דן dissolvit; נדה dispersit; נדה amovit, transtulit; דון, דן litigavit, disceptavit; מדון contentio, rixa; נדה significat separationem; נדה immunditia; נוד lamentatus est, vel contristatus est; נדה infirmitas muliebris; נדה aqua aspersionis quâ immundi aspergebantur; נדה, נדן donum meretricis; נדה fluxus, abominatio et immunditia menstruum; נדן vagina; נדנה corpus; נאד uter, lagena.

393.

נדב (NDB) libuit, voluntarius fuit, sponte dedit, vel obtulit; indè נדבה munificentia, liberalitas, spontanea voluntas; נדיב princeps, munificus. — R. נדה pretium; אנבא fructus; דהב aurum. Δαπανη sumptus, δαπαναω impendo, sumptus facio; δαπανηρος sumptuosus. Russe иждивеніе dépens, dépense; ital. dispensa dépense, garde-manger; esp. despensa idem; angl. to spend dépenser, expense dépens, dépense; σπενδω libo, σπονδαι voluntariæ oblationes; lat. sponte; angl. spontaneity; ital. spontaneamente; esp. espontaneidad spontanéité; spenden distribuer, spendiren faire des présents, donner par libéralité, dépenser: подаяніе l'aumône, la distribution d'aumônes.

394.

דביונים (DBIUNIM) stercus columbarum; sunt qui putant דביונים idem esse quod שביונים in columbis, quod scilicet ex strumâ illarum tulerint grana, et illa comederint in famis necessitate. — R. דבה outrage, infamie; יונה columba.

395.

נגד (NGD) in hiphil הגיד nuntiavit, indicavit, ostendit; retulit; in passivo הגד nuntiatum est, indè מגיד nuntius, relator; נגד coram, antè, ex adverso. — R. נגה briller, éclairer. Γανδαω et γανοω luceo, splendeo, niteo, gaudeo; γανωδης lætus, fertilis; cantus; angl. cantacion; gesang, etc. Ex.: αγγελος nuntius, angelus. R. αγω, γελως fero risus; γελα splendor solis. Gall. guidon, enseigne, guide, etc.; значекъ guidon.

נגיד (NGID) princeps, dux, capitaneus, idem quod שר. — Γενειητης barbatus; γεννητης generator; angl. generator; Zeugung generation; ηγεμων, ηγουμενος dux, ductor, guide.

נגד (NGD) coram, antè, ex adverso, significans קירוב propinquitatem. — Angl. nighest le plus proche, nighness proximité; Nichte nièce.

396.

Quando נגד recipit præpositionem mem, importat ריחוק elongationem; מנגד a conspectu, procul, et non in præsentia. — R. נדע exterminavit, succidit; נדד elongavit, recessit; מג magus. Μαγγανεια veneficium; incanto enchanter, incantamentum charme, sortilége; zaubersegen; esp. encanto, encantacion; ital. incanto; колдунь enchanteur.

397.

דונג (DNG) cera. — גנן texit, protexit; דן dissolvit; נוד lamentatus est. — Ex.: κηρα cera; κηρ mors, fatum; κηρεια fascia propriè sepulcralis; κηριοομαι percellor, consternor propriè pallore cereo.

398.

דגן (DGN) frumentum, triticum. — R. דגה crevit, multiplicatus est; דחן milium genus frumenti. Κιννα, κιννης genus graminis in Ciliciâ; Getreide blé. מגדנות res pretiosæ; פרי מגדין fructus præstantissimi seu dulcia poma. R. גד coriandrum, manna, bdellium; גד cumulus, collectio. (Voyez מגד, n° 84.) Γαμετη uxor. R. γεα μεστη terra plena, referta, μητηρ mater.

CAPUT XLIII.

נ EN. ז ΕΣ, ΕΙΣ.

Ενεις qui misit.

399.

זן, זון (ZN, ZUN) cibavit, aluit; מזון nutrimentum, cibus, esca, alimonia, et hinc quidam putant venire זונה præparatrix escarum, id est hospitatrix. — R. העז roboravit, munivit; הון ubertas; חנן donavit. — Μαζα libum, maza; μαζος mamilla. — Sano guérir; angl. sanation guérison, sane sain, en bonne santé; ital. et esp. sano; all. gesund; чинка réparation; вылѣченіе guérison.

401.

זן (ZN) pro מין species, genus. — R. זיוא forma, figura. עין aspectus. — Γενος genus; angl. genus; ital. genere; Ζαν, Ζανος pro Ζευς Jupiter. — Ind. JANUS naissance; Schein jour, clarté, lumière; день jour, journée.

Ναιω, ναιοω fluo, vado.

400.

זנח (ZNA) dimisit, dereliquit; magistri Hebræorum exponunt hoc verbum per רחק elongavit. (שנה mutatus est.) — R. זחח separavit, abrupit, abstulit; נח dimisit. — Κενοω exinanio; κενος vacuus, inanis; νειατος infimus, ultimus; νειοθι in imo, in fundo; ital. neciæ cérémonies des funérailles. Ind. JNA rompre, fléchir.

402.

זנה (ZNE) scortatus est, fem. gen. זנתה fornicata est; זונה scortator, et זונה meretrix. — R. עון iniquitas; יון stercus, cœnum; יזע sudor. — Sanies; angl. sanies pus, sanie; ital. sania; angl. nasty sale, obscène; гной sanie; νοσος morbus, vitium, pestis; σαννιον cauda, ναυσιαω nauseo, respuo.

נזה (NZE) aspersus est, in neutro genere fit activum הזה aspersit. Naß humide, mouillé, humecté; Naß liqueur, boisson; ναιω, ναιεσκω fluo; nage, nager; esp. a nado à la nage; наяда naïade.

403.

אזן (AZN) ponderare, investigare; מאזנים statera, libra, trutina. — R. חזה vidit, speculatus est; ענה exaudire. — Αξιοω estimer, priser la valeur; αξων, axis essieu; axon essieu, la troisième vertèbre du cou; axis l'essieu, le Chariot, le pôle; ago parler, agir; Achse; angl. axis; ital. asse; esp. eje; ось axe, essieu. (Voyez זוית angulus.) Ex.: auris oreille; aurigo conduire, régir, gouverner.

אזן (AZN) auris; האזין aurizavit, exaudivit. — Αξιοω juger digne. — Ind. INA savoir, connaître. Audio ouïr, écouter.

אזין, מאזין (AZIN, MAZIN) obediens. — Αζοι valets, domestiques; chald. et syr. אודנא, אודן, אדן auris, idem omnino quod hebr. אזן commutatis zain et daleth. Angl. handle oreille; anse bras; lat. ansa; ital. ansa grande étendue; ansare haleter, désirer avec passion; auris dici volunt aliqui quasi ausis ab aosen; auses et audes dicebant antiqui pro aures et auriculas; asinus à prælongis auribus. Saxon adeafian obsurdescere; all. zuhören auscultare.

405.

אזן ('AZN) baltheus, aut juxta Hebræos arma. — R. עז fortitudo; העז roboravit, munivit; און labor, fortitudo. — Ζωνη, ζωννυω ceindre; ζωννυμαι se ceindre, s'armer; angl. zone; esp. et ital. zona; zone ceinture.

נועז (NUOZ) barbarus, alterius linguæ. (Voy. יעז et נועז id. quod לועז.) Barbarus, brutus, ineloquens.

404.

עזניה (OZNIE) avis quædam quam gryphum vocant. Alias aquilam. — R. חזות visio et ענן ariolatus est. — Ex.: γριπος, γριφος ænigma. Γρυψ gryphon. Otis, bubone minor avis, ab eminentibus plumeis auribus, asio vocabatur.

406.

זינים (ZINIM) arma, instrumenta; יזן armavit, phaleravit. — R. זעזע dispersit, item commotio; חנה obsidere; חנית lancea, hasta, cuspis. — Σαννιον virga, hasta, telum. Ital. sanna, zanna défense de sanglier; die Zähne les dents; зазубрина dent.

RÉSUMÉ.

זון, זן cibavit, aluit; מזון nutrimentum, cibus; זן species, genus; אזן ponderare, investigare; מאזנים statera, trutina; אזן auris; האזין aurizavit, exaudivit; מאזין obediens; אזן baltheus, aut juxta Hebræos, arma.

זנח dimisit, dereliquit; זנה scortatus est; זנתה fornicata est; זונה scortator; זונה meretrix, scortum; נזה aspersus est; הזה aspersit; נועז barbarus, alterius linguæ; יזן armavit, phaleravit; עזניה avis quædam quam gryphum vocant.

407.

זבן (ZBN) emit, acquisivit, id. quod קנה. — אזן זהב aurum ponderare, investigare; עזבון mercantia seu nundinatio. — Kaufen acheter; lat. pensio; ital. pensione payement; жалованье paye. נבזבה chald. donum, præmium. — עזב זהב aurum sublevare, exonerare, adjuvare. — Ex.: αναφορα offrande; αναφερω porter, soulever, offrir, consacrer à Dieu.

408.

זנב (ZNB) cauda; זנב decaudavit; caudam seu extremitatem abscidit. — R. זנה scortatus est; בזה despexit, contempsit; בזז contemptus, opprobrium. — Penis, peniculus la queue; бунчукъ; esp. pezon de fruta queue du fruit; πεζα, ης extrema pars; πεζος humilis; pes, pedis la queue des fruits; סוף finis, terminus.

409.

נזד (NZD) id. quod. בשל coxit, indè בזיד id. quod הבשיל coctio, pulmentum. — R. זן cibavit, aluit; הזהיד providit; דחון cibus et cœna; דחן milium, genus frumenti. — Δαινυμι præbeo convivium; ναστος placenta e melle uvis passis aliisque condimentis densior, constipatior.

410.

זדון (ZDUN) temeritas, superbia, arrogantia, præsumptio, זדונה insolentes. — R. זד superbivit, præsumptuosè egit; זנח dimisit, dereliquit. — שטן adversarius, hostis. Σαταν malorum angelorum princeps; Сатана Satan; Satan; נטש extendere se ad cædem.

CAPUT XLIV.

נ EN. ט ANTI.

Αντιον liciatorium ensuble.

411.

טנא (TNA) id. quod סל sporta, corbis, canistrum. —

Αντιον malus, ab αντιος adversus.

412.

טחן (TAN) moluit, comminuit; טוחן molitor. (נחת di-

R. יעט induit, involvit; אני navis. — Esp. tina grand vaisseau en forme de chaudière; ital. tina tine, tinette, cuve; tinero tonnelier; κανα canistra; lat. tina vaisseau à mettre du vin; чань tine; монна; Tonne tonneau.

עטין (OTIN) vas mulctrale, vel id. quod דד שד et uber, mamilla; Job, XXI, capitur pro pingui homine qui quasi mamilla lacte tumens distenditur. — R. הטיח litura onction; יין vinum. Θηνιον lac, ex Θαω nutrio.

טינא (TINA) lutum, cœnum, stercus. — R. טיט lutum, cœnum. (תטחן scortum.) — Thon argile, glaise, terre glaise; τιτανος calx, gypsum; priùs homines luto, posteà expertiores gypso et calce ædificaverunt. Τεναγος locus humidus, maris illuvies, limus, à τεγγω humecto, mollio, νοτις humor, humiditas; гной boue; глина l'argile, la terre; мина limon.

membravit, frustravit, divisit in partes.) חתת plaga, fractura; חתת, חתח contrivit, fregit. (דן dissolvit, chald.) — Θενω, Θεινω cædo; tenuo atténuer, amoindrir, diminuer. Ind. TANUS effilé, mince; tenuis; esp. tenue ténuité, ténu, mince; die dunne id.; Tang bagatelle, vanité; angl. thin mince, léger; tiny petit, mince; нищий pauvre, mendiant; нить fil, filet; esp. tiña mesquinerie.

טחנה (TANE) id. quod רחים mola; טוחנות sunt שנים הגסות dentes grossiores cibum molentes. — Τενθω seu τενθω comedo, rodo, qui à τεινω et εδω; Θοινη epulum, cibus; angl. tine la dent d'une herse. (תנה pro acuere exponitur.) Ex.: γομφιος molaire, dent molaire; γαμφαι malæ, maxillæ. — R. καπτω comedo avidè. Goinfre, Gefraßig.

413.

נטה (NTE) tetendit, extendit. — R. טוה nevit, filavit. — Τεινω tendo, intendo, extensus sum; ital. tendere; lat. id.; esp. tender; angl. tend; thun faire, agir, opérer; Athem haleine, respiration; athmen respirer. Ind. TAN allonger, étendre; dehnen étendre; натяжа l'action d'étendre, de tendre.

414.

נטה (NTE) inclinatus est, divertit, declinavit. (נחת descendit.) — R. עטה declinare, divertere. — Θενω, Θεινω ferio, occido; Θνητος mortalis; Θνησις mors. Ind. TUNNAS frappé; NASTAS détruit. Hinc מטה perversio, declinatio scilicet judicii, et מטה subtus, inferior. R. חטה peccavit; matt las, faible, languissant, abattu. (מת.)

אטון (ATUN) instita, tapetia picta, exponitur etiam pro funiculis, ut sit idem quod מיתר funiculus lineus. — R. חוט filum. Οθονη linge, drap, serviette, broderie, toile peinte; ιθανα funiculi; lat. tæna, tænia, fascia, fasciola, vitta, capitis ornamentum ex filis aut lanâ contextum; sax. Thian vincere, ligare; менéты toiles. Indè Αθηνη, Αθηνα, Αθηναια, quæ prima artem texendi reperit Minerva; hæc enim credita est prima lineum texere, telam ordiri, omnemque artem lanificam reperisse, undè et pro arte ipsâ sumitur, etc.

415.

טען (TON) idem quod עמס oneravit, deindè idem quod דקר transfixit, et apud magistros capitur pro incitare jumentum cum aculeo. — R. ענה resonavit; תותח telum, jaculum. — Τονοω intendo, firmo, roboro; τονος tonus, tensio, tenor, rigiditas; gall. ton; donner du ton, de la force; tonner tonare; ital. tuono ton, intonation; tuono le tonnerre, tonitru; esp. ton, trueno tonnerre; Thon et Donner; angl. tune et thunder. Russe тонь ton, son; ital. tinnito.

416.

חנטה (ANTE) triticum, pro quo per syncopam dicimus חטה. Ανθος flos; ανθεω fleurir; ανθιζω parsemer, émailler de fleurs; αθηρ arista, aristæ cuspis. — R. חטה triticum; נוע moveri; חנט grossos produxit, gemmam protulit, id. quod הוציא פירות טרם גמר בישולם Cant. II. Item balsamavit, condivit aromatibus.

נטע (NTO) plantavit, indè מטע plantatio; idem נטע, pl. נטעים plantulæ, id. נטיעות, נטיעים. — נוט et נט id. quod מוט motus est. — R. את vestigavit, lentè incessit; התה id. quod אתה venit; Ast branche, rameau, etc.) Planter; latin plantæ plantes; plantaria plants, arbrisseaux qu'on transplante, pépinière; plantago plantin, herbe; Pflanze plante, plant, scion; esp. plantarse se venir mettre en diligence en quelque lieu, arriver. Planter délaisser, laisser, abandonner.

נטע (NTO) fixit radicem. — Esp. plantar mettre, poser, établir, dresser; plantar fonder, établir. Russe плесна la plante du pied, planta; pflanzen planter, dresser.

RÉSUMÉ.

טנא sporta, corbis, canistrum; עטין vas mulctrale, uber, mamilla; טינא lutum, cœnum; טען oneravit; נטה tetendit, extendit; אטון instita, tapetia picta, funiculi; חנטה triticum; חנט grossos produxit, gemmam protulit; item balsamavit, condivit aromatibus; נטע plantavit, מטע plantatio, נטעים plantulæ.

טחן molluit, comminuit; טחנה mola; טוחנות dentes grossiores cibum molentes; טען transfixit; et apud magistros capitur pro incitare jumentum cum aculeo; נטה inclinatus est, declinavit; מטה perversio, declinatio scilicet judicii, et מטה subtus, inferior.

417.

נבט (NBt) idem quod ראה vel השגיח vidit, aspexit, advertit; in hiphil הביט; hinc מבט aspectus; תבנית similitudo, imago, et תבונה intelligentia, venit à בן, בון intellexit, et תנה acuere. — Patens ouvert, découvert, visible; οπτομαι video; οψανον visus, facies, vox. Esp. patente; ital. patente, manifeste, visible; намениъ patente Patent.

418.

בטן (BTN) venter, uterus; capitur pro grossitie seu crassitudine columnæ. — R. טנא sporta, corbis; תבה arca. Panse; ital. pancia; Wanst; esp. panza ventre; bandullo le ventre ou la panse, bedaine; βατινα urna quia ventricosa; βατιον parvus cadus; πατανη patina. (Voy. באון le ventre; אגן coupe.)

אבנט (ABNt) cinctorium, baltheus, lumbare, cingulum renum, in pl. אבנטים. φατνια ossa dentes continentia; φατνιαι, φατναι loculamenta, casula; φατνοω ad præsepis modum fabricor; опоясанïе ceinture; angl. fatten engraisser, devenir gras; fatness graisse; пученïе le gonflement.

בטנים (BTNIM) sunt אגוזים nuces avellanæ. Πινα et πιννα genus conchæ, pinna; βατιον parvus cadus, fructus rubi; angl. pinnace sorte de chaloupe; esp. pinaza pinasse, petit bâtiment; пучина gouffre, abîme, mer. Hinc Ponto et Bithyniæ nomen factum volunt; ubi nuces abundabant, ad quas alludit poëta Statius, cum dicit quidquid nobile Ponticis nucetis; his affluebat Pontus et Bithynia. בטנים pinus, terebinthi fructus; πινος pinus pin; angl. pine; esp. pino.

CAPUT XLV.

נ EN. — כ ENEKA.

Ενεκεν propter, causa.

419.

כן (CN) sic, ità, taliter, rectè; id. quod אמת verè. אכן certè, siquidem, si ità, indè בכן pro, tunc; לכן ideo, propterea. — R. אך certè, utiquè; ככה, כה sic, ità; הן si, quod si. — Καν pour και εν et si; καν pro και εαν et si, même, si; nach à, en, pour. נכח id. quod נגד coram, antè. Ind. KAN luire.

כן idem quod נכון firmus, rectus; נכח id. quod ישר rectus; נכחה rectum, directio, in pl. נכוחות. Ind. CANS approuver, vouloir. — אנך (ANC) stannum ex quo fit perpendiculum quo fabri cæmentarii in opere suo diriguntur; idem scilicet quod משקל הבדיל; hinc חומת אנך murus ædificatus cum perpendiculo vel regulâ mensoriâ. Κανων canon, regula; κανονιζω ad regulam dirigo, ad artis præcepta revoco; καννα seu καννη storea, canna; angl. cane

Ενεχω immineo, insto.

420.

אכן (ACN) sic ne, ne fortè; נכח contrà, juxtà, idem quod נגד ex adverso; כאין penè, propè modum. — R. אך at, saltem, tamen; אין non, haud, nequaquam; καν pro και αν quamvis, etsi; all. nach selon, suivant; kein aucun, nul. Ind. NIC nuit.

כנע (CNO) incurvare, subdere, deprimere. — R. כהה debilitatio; ענוה animus demissus; αγκων coude; ancon le pli du coude; angl. knee genou; it. courbe; all. Knie; belge Knie; knichen plier; колѣно; grec γονυ; lat. genu; ital. ginocchio; ind. ANGAN jointure; JANUS genou; hinc γνυξ genuflexo, ad genua; γουνοομαι, γουνουμαι suppliciter oro, genua amplectens, supplico; s'agenouiller; κνημος jugum montis.

כנע (CNO) et in hiphil הכניע id. quod השפיל subju–

canne, roseau, bâton; esp. et ital. canna; камышъ canne; Senkel le plomb d'un maçon, perpendiculum; канамъ la corde, le câble; lat. ancon équerre. — קן funiculus, regula.

כנים recti, pacifici; Rabbi Sal. exponit אמתיים veraces, fideles; et venit à כן rectus, certus, stabilis, firmus. Ex.: droit, homme droit; les justes, les hommes de bien.

כן et כנה (CN, CNE) basis, pes, seu מושב sessio, locus residentiæ; exponitur pro מקום loco; quidam volunt כנה idem esse quod גנה locum quem plantavit dextera Dei; alii interpretantur מכון id est habitationem. Γωνια coin; конецъ coin; ancon coin, encognure de muraille. (קן nidus.)

מכונה basis, stabilitas; κιων columna ut stans et recta. — Κωνος; ital. cono cône, pyramide à base circulaire; конусъ; angl. cone; lat. conus.

gavit, subjecit, humiliavit, subdidit; נכאה pro נשפל humiliatus est; indè נכאה לבב compunctus corde. — R. כאה doluit; הכאה mœreri fecit; יגה contristavit, afflixit, vim fecit. — Caneo grisonner, blanchir, vieillir; canities vieillesse; ital. canuto chenu, grison; canutezza canities; esp. cano gris, blanc en parlant des cheveux. Κνεω, κναω, κνιζω seco, rado, pruritum excito; κνιζα scaptura, vellicatio; κενωσις evacuatio, humorum detractio; κενοω exinanio; knau=en ronger; angl. gnaw. Ind. KUN se flétrir, se rider; NAC détruire, effacer.

421.

אנכי (ANCI) id. quod אני ego, כנוי מדבר בעדו pronomen primæ personæ. — R. הכי verè, אני ego. Ind. AHAN je; G'ANA hommes. — Κεινος ille, hic; esp. alcuna gens, génération, quelqu'un, unus; כנה surculus. Γυιον totum corpus.

כנה (CNE) cognominavit, vocavit nomine peculiari, et obtexit nomen proprium; exponitur enim à David Kimhi per כסה et העלים occultavit; adulatus est magnifico titulo; in summâ significat cognominare alio quàm proprio nomine; aliqui etiam interpretantur commutare; hinc כנוי connotatio. — R. חך palatum faux. ענה clamor. — Χαινω, χανω parler avec chaleur, χανειν ouvrir la bouche pour parler; lat. cano dire, parler; ital. canna le gosier, le sifflet; ind. KAN résonner, retentir; esp. caño, cañulo tuyau, tube; cañuto, susurratio; caño conduit de la respiration dans les animaux. (אנק clamavit, mugivit; נאק clamavit.)

כנוה pl. כנות (CNUE, CNUUT) sunt חברות sodales, societates, congregationes. — Ex.: presser, presse, foule; קוה congregavit; Cana ville de Galilée; canaille; ital. canaglia; esp. canalla; канамя.

422.

נכה (NCE) percussit, verberavit; in hiphil הכה; נכה percussus est: in pass. hiphil הכה percussus est; מכה percussor, cæsor; et מכה plaga, cædes; מכות percussiones et contusiones; indè נכה רגלים claudus seu infirmus pedibus; in pl. נכים et נכאים; in passivo נכתה percussa est. — R. יכה redarguit, reprehendit; נוכה redargutus est; יגה oppressit; снемъ le pugilat; καινω perimo, occido; cania ortie très-piquante; esp. caninos se dit des dents de la vipère, canini dentes; angl. canine, canin qui tient du chien; ital. cinico mordant, cynique. Ind. ANC traverser, pénétrer; NAKK percer, dépouiller. (יקע suspendit, affixit, crucifixit.)

כנים (CNIM) cyniphes, vermiculi qui pediculi vocantur; angl. canker chenille, chancre; cancer; ital. cancro; нимки, гусеница, синелу chenille.

423.

נכאת (NCAT) collectio multorum aromatum; quidam Rabbi exponit שעוה ceram. — Κικιννος cheveux frisés, boucle, frisure; κικινον ελαιον huile faite avec le fruit du ricinus; ind. ANG oindre; cincinnus une touffe de cheveux frisés, tresse de cheveux; angl. ciceronian élégant; esp. cinamomino onguent aromatique; ital. cincinno flocon ou annelet de cheveux; Kinn menton, barbe; γενειον barbe.

424.

כנעה (CNOE) mercatio, confusio; Kimhi tamen exponit humiliationem aliis illatam. כנען mercator, negotiator, institor. (קנה possedit, acquisivit, procuravit, emit.) — R. חיק medietas; קו regula; הון divitiæ. — Gain; angl. gain; all. et belge Gewinn; ital. guadagno; esp. ganancia, ganacia victoire, avantage. Cens location, rente census; ital. et esp. censo; angl. cense; auf Zinse sub censu, usurâ.

425.

כון (CUN) intendit; כונה intentio, mens; הכנה dispositio. — R. חקק statuit, decrevit; חקק cogitationes; יקה auscultavit; עין aspectus, visio; מענה capitur pro cogitatione vel imaginatione. — Γνοω, γνωσις cognitio, sapientia, doctrina; νοος, νους mens, cogitatio, prudentia; kennen connaître, reconnaître, savoir, entendre; belge kennen; ital. conoscere; esp. conocer; angl. know; знать id. Ind. CANSA opinion, census, sensus; G'NA connaître. כוין id. quod חלונות fenestræ. (Voyez כוים, n° 128.) תכונה dispositio, figura, id. ordo; מכון præparatio.

כון et כן (CN, CUN), paratus fuit; in pass. נכון paratus, in pl. נכנים præparati, convenientes; הכין paravit, stabilivit, disposuit, ordinavit, firmavit; מכין parans, stabiliens. — R. חקק statuit; און labor, fortitudo. All. keinen produire, konnen pouvoir, savoir, kühn hardi, osé. Ind. CAN agir, servir. Kunst art, adresse, métier, étude; belge Konste. Russe натуга un excès en travail; ικανος idoneus, aptus, sufficiens; κονεω operari, properare; lat. conor, conatus; ital. conato la tâche d'un travail; esp. conato effort, soin.

חנך (ANC) imbuit, instituit, à primis rudimentis exercuit; idem quod למד מעט מעט; indè חניכים domestici, vernaculi, legibus domesticis imbuti; Onkelos vertit עולמין adolescentes. Κονεω festino, curo, ministro, famulor; διακονος minister; діаконъ; Diaconus; sax. acenan generare, et cenned genitus quasi γεννητης; sax. cind, cecynde genus, natura; angl. kind; item sax. Cinne, Cynne; dan. Kion; belge Kindt; all. Kind genus, generatio; sax. Quena uxor, γυνη idem; belge Quene, etc.

חנך (ANC) dedicare, initiare, consecrare, domum primùm habitare; hinc חנכה dedicatio quæ fit consummato opere. — R. נוה celebravit; חקק statuit, decrevit; Konig roi, à Chunn-i chef de famille; angl. king. Εγκαινια encænia, dedicatio; εγκαινιζειν dedicare, à καινος novus; sax. aginnan, oginnan incipere, initiare; angl., belg., all. beginnam; run., dan. begynde; sax. Anginna initium; russe начать commencer.

כהן (CEN) ministravit, sacerdotio functus est, decoravit sacerdotem; Kimhi exponit גדל magnificavit; כהן sacerdos, prælatus, præses, minister sacrorum, in pl. כהנים; כהנה sacerdotium, in pl. כהנות. — Κναζω auxilior, juvo; κανονικος regularis, secundùm canones electus, factus; angl. canonist; законный canonique; каноникъ chanoine; all. Canonicus.

426.

כון (CUN) placenta, pl. כונים; Kimhi dicit quòd sit aliqua species ciborum qui parabantur et offerebantur planetæ alicui, quem quidam putant fuisse Saturnum. — R. כוה combussit, incendit; און substantia; חון ubertas; Kuchen gâteau, cœna; esp., ital. cena; тайная вечеря cène, repas du soir. כיון Rabbi David Kimhi dicit esse placentam quæ parabatur idolo, vel quod sit quædam stella, nempè Saturni. All. Krone couronne; χρονος tempus; Κρονος Saturne; esp. corona couronne, auréole, cercle lumineux; coronar terminer, finir.

RÉSUMÉ.

כן sic, ità, taliter, rectè, id. verè; אכן certè, siquidem, si ità, indè בכן pro tunc, לכן ideò, propterea; נכח coram, ante; כן id. quod נכון firmus, rectus, נכח rectus, נכחה rectum, directio; אנך stannum ex quo fit perpendiculum quo fabri cæmentarii in opere suo diriguntur; כנים recti, pacifici, veraces, fideles, et venit à כן rectus, certus, stabilis, firmus, מכונה basis, stabilitas; כן et כנה basis, pes, seu sessio, locus residentiæ; אנכי ego, pronomen primæ personæ; כנה cognominavit, vocavit nomine peculiari, adulatus est magnifico titulo; כנות, pl. כנות sodales, societates; נכאת collectio multorum aromatum; כון intendit; כונה intentio, mens; הכנה dispositio; כון et כן paratus fuit, in pass. נכון paratus; נכנים præparati, convenientes; הכין paravit, stabilivit, firmavit; מכין parans, stabiliens; חנך imbuit, instituit, à primis rudimentis exercuit, indè חניכים domestici, vernaculi, legibus domesticis imbuti. Onkelos vertit adolescentes.

חנך dedicare, initiare, consecrare, domum primùm habitare; hinc חנכה dedicatio quæ fit consummato opere; כהן ministravit, sacerdotio functus est, decoravit sacerdotem; כהן sacerdos, prælatus, præses, minister sacrorum; כהנה sacerdotium; כונים placentæ.

אכן sic ne, ne fortè; נכח contrà, ex adverso; כאין penè, propèmodum; כנע incurvare, subdere; כנע et in hiphil הכניע subjugavit, subjecit, humiliavit, subdidit; נכאה humiliatus est. נכה percussit, verberavit; נכה percussus est in pass. hiphil הכה percussus est; מכה percussor, cæsor; et מכה plaga, cædes; מכות percussiones, contusiones indè נכה רגלים claudus seu infirmus pedibus, in pl. נכים et נכאים. כנים cyniphes, vermiculi qui pediculi vocantur; כנעה mercatio, confusio; Kimhi tamen exponit humiliationem aliis illatam. כנען mercator, negotiator, institor.

427.

נבכי ים flots de la mer. — R. בכה pleurs; ים éaux. Ex. : fluctus. — R. pluo, fluo, et luctus.

428.

דכן (DCN) hic, ille.— R. דך hic; כן sic, ità. — Εκεινος ille; εκεινως illo modo. — Καθοδον rectè, ordine; καθοδος reditus, regressus; καθο, sicut, quod, in quantum, in hoc.

429.

כידון (CIDUN) hasta, lancea. — R. כיד pernicies; דן, דין certavit, litigavit. — Κινδυνος periculum; κινητηρ quassator, à κινεω. Cinasonus aiguille, poinçon; Stange tige, perche; angl. keeness subtilité, aigreur. Ex. : esp. lance jet, coup violent; lance occasion, rencontre, moyen; lance événement, issue, réussite, cas, succès, casus, eventus; lance terme, fin, extrémité, terminus, finis, lances dard, javelot, trait d'arbalète; á pocos lances en peu de temps, avec peu de circonstances ou de raisons, etc.

CAPUT XLVI.

נ EN. ל ΥΠΕΡ, ΥΠΟ.

Υπεριων, ονος, supergrediens.

430.

חלון fenestra. — R. חלל confodit, vel הלל lucere; עין aspectus, visio. — Angl. nill étincelle; λουνος splendidus; angl. luminous lumineux; ital. luminosa une fenêtre, luminoso le jour; луна la lune. נחללים foramina. Ex. : Lucke ouverture; λυκη lumière; Licht id.; Loch trou.

432.

נחל (NAL) fluvius, torrens, alveus, rivus; in pl. נחלים. — R. נהלאה longè projectus. — נוע moveri; Νειλος Nilus Ægypti fluvius; εναυλος torrens; αυλων canalis, tractus maris angustus et oblongus; canal chenal; каналъ; Canal.

מנעליך quidam interpretantur incessus pedum. — R. נהל duxit; על, עול venire, ingredi. Ind. ANILA vent; ναυλοω naulo loco vel conduco; ital. nolare fréter un vaisseau, louer une voiture; Lohn paye, loyer, gages, voiture; жалованье paye, solde, salaire. Naulum la pièce de monnaie qu'on mettait dans la bouche des morts pour le passage des enfers.

נהל (NEL) duxit, nutrivit. נהלל pascuum. — R. הון ubertas; חלה placenta, libum. — Λεαινω levigare, polire; λεια præda; gulo goulu, gourmand; ital. alunno; nourrisson alumnus; ulmus un ormeau; alnus un aune arbre; ital. ulno. אלון pinus : même rapport d'idées pour l'arbre appelé le hêtre, fagus, fau qui porte du gland; φαγος de φαγω edo, comedo.

Υπερινος exilis, effetus, evacuitas.

431.

לאין (LAIN) ut non. R. לא non, nec. אין non, haud, nequaquam. Nullus nul; nolo ne vouloir pas; ital. nollo; non lo, non ille; esp. nolicion acte de la volonté qui nous fait rejeter une chose; angl. nolition mauvaise volonté; НОЛЬ nulle; angl. nill refuser, rejeter; НЕЛЬЗЯ cela ne se peut pas, il est impossible.

נלה (NLE) in hiphil הנלה consummavit, perfecit, finivit; νεηλυς qui paulo antè advenit, nuper defunctus; angl. et all. null annulé; lat. nil, nihil; ληγω cesso, desino. Ind. LINA dissous, fondu.

לן, לון (LUN, LN) pernoctare. — R. לילה nox. — Λυγη, ηλυγη tenebræ, umbra; lugen mentir; Luge mensonge; belge leugen lugubre; esp. en lugar en l'absence, au lieu et place.

433.

נעל (NOL) clausit sera, vel pessulo obseravit; it. calceavit; הנעיל calceavit; נעל calceus, calceamentum; מנעול repagulum. — R. על עול jugum. — Lufen fermer; angl. lock serrure; gall. loquet; защолка loquet. Mulleus, calceus; gall. mules, galoches; ital. zoccoli di ligno; angl. loks entraves; longe bande de cuir; ital. longa; esp. lonja courroie, lanière; ДОНЖЬ; Leine; angl. loin of veal, longe.

נהל (NEL) minavit; νηλης, νηλεης crudelis, sævus; ανηλιος sine sole, opacus; ανηλεης immisericors, inclemens, sævus; λαιος sinister, durus; ital. niello brun, couleur de plomb;

gall. nielle humeur maligne qui noircit et gâte les blés ; аунь le milan à longue queue.

לענה (LONE) nomen herbæ amaræ quæ vulgo אשינצו absinthium vocatur ; exponitur pro רוש felle ; in pl. לענות ; gallicè olim dicebatur aluyne ; esp. alosna ; belge Alsene ; ital. veleno ; злова venin.

434.

נחל (NAL) planities, vallis ; אלון convallis, planities ; pl. אלנים ; David Kimhi interpretatur castaneam. — R. לח viride, humidum ; חל ager ; נאות arva, sive loca amœna et pascuosa. — Αυλων vallis, convallis, planities, pratum ; λαινος terra frumento consita ; λαιον seges ; Land pays, terre, région, contrée, campagne, champs ; ital. lenda lande, campagne ; земля terre, sol.

נחל (NAL) hæreditatem accepit, in hiphil הנחיל fecit hæreditare ; indè נחלה hæreditas.— R. לוה mutuum accepit, commodato accepit ; הון substantia. — Legs lat. legatum ; ital. legato ; angl. legacy ; esp. legado ; отказь. Ληνος lana : ληναιζω uvas prelo exprimo ; lana, lanio, laniatio ; esp. lana laine, toison ; lana argent monnayé, pecunia ; волна laine ; Wolle, Wollauf abondance.

נחללים (NELLIM) secundum chaldaicam translationem est בית הושבחתא domus laudis, et secundum Rabbi Kimhi est nomen ligni seu arboris humilis. — R. נוה habitatio, domus ; אני navis ; אלה quercus arbor. — Μελινος fraxineus, à μελια fraxinus ; esp. leñoso ligneux, qui a la propriété du bois ; leño le tronc d'un arbre ; naguela cabane, chaumière ; lat. lignum ; ital. ligneo de bois ; ложа bois.

436.

נחילה , נחילות (NAILE, NAILUT) instrumenta musica susurrantia in modum דבורים id est apum, quale est lyra. — R. חל , חלל chorum ducere, psallere ; ענה laudavit, resonavit, cantavit. — Ναυλιον psalterion ; αυλων tubulus ; μελος carmen ; λινον chorda citharæ. לון vigilare ; λεγω dico, loquor. Легчу alléger, soulever ; легкое le poumon ; die Lunge.

435.

נול (NUL) id. quod דומן sterquilinium, latrina.

נול (NUL) idem quod טנף inquinavit. — R. יון lutum, cœnum ; חלל confossus ; מחלות fossæ, cavernæ. — Λυμα purgamentum, sordes ; λυμα piscina ; lat. lama ; λυμεων pestis, noxa ; esp. lugar comun lieu commun ; лунка petite fosse ronde.

מלון (MLUN) diversiorum, quod scilicet mox relinquitur, in const. מלון ארחים hospitium viatorum ; invenitur etiam מלונה pro tugurio, indè מלים commorantes. — R. נוה habitatio. עליה camera, cœnaculum, cubile. ליל nox. — Καταλυμα diversorium. Αυλειον vestibulum, atrium ; esp. naguela tugurium.

לון , לן (LUN, LN) commorari. — Νωλεμης et νωλεμες indesinens, assiduus ; langsam lentus, esp. lento lent. Et facilè mutat vav in iod, ut לין פה pernocta hic ; id. התלונן in hiphil, Psal. xc, capitur quoque nonnunquam pro שקד vigilare. All. liegen coucher, être couché, étendu, posé, situé ; λεγω cubare facio ; it. dico, loquor ; лежу, лечь, лежать coucher ; деганїе le coucher.

לן et הלין (LN et ELIN), idem quod רעם tumultuari, murmurare, mussitare ; indè תלונה, idem quod תרעומה murmur, querela ; et מלינים murmuratores.— R. ילל ululavit, clamavit ; עני clamor ; לחנה pellex, concubina. R. ערנה coitus, concubitus ; חלל profanare. Ληνις baccha, temulenta ; lat. leno, lenonius, lenocinor ; λαγνης mulierosus, libidinosus.

RÉSUMÉ.

חלון fenestra ; נחללים foramina ; נחל fluvius, torrens, alveus, rivus ; מנעליך quidam interpretantur incessus pedum ; נהל duxit, nutrivit ; נחל planities, vallis ; אלון convallis, planities, pl. אלנים ; נחל hæreditatem accepit, in hiphil הנחיל fecit hæreditare, indè נחלה hæreditas ; נחללים domus laudis ; vel nomen ligni seu arboris humilis. נחילה instrumenta musica ; לון vigilare ; לן, הלין tumultuari, murmurare, mussitare ; indè תלונה murmur, querela ; et מלינים murmurantes.

לאין ut non ; נלה in hiphil הנלה consummavit, perfecit, finivit ; לן, לון pernoctare ; נעל clausit sera, vel pessulo obseravit, item calceavit; נעל calceus, calceamentum; מנעול repagulum; נהל minavit; לענה nomen herbæ amaræ quæ vulgò absinthium vocatur, exponitur pro felle; נול sterquilinium, latrina; נול inquinavit; מלון diversorium, quod scilicet mox relinquitur; invenitur מלונה pro tugurio, indè מלים commorantes; לן, לון commorari.

437.

לבן (LBN) albus, candidus; in fem. לבנה; et verbaliter הלבין albus fuit vel factus est; לבנה luna, propter candorem quem habet. — R. להבה flamma. (Voyez לבת n° 187.) — Fanal; italien fanale; espagnol fanal; φαλον conus galeæ. Blanc; αλφος albus; φαλος splendidus, albus. Πολιος albus; бѣлилы blanc; esp. blanco; ital. bianco. Ex. : Lucina Lucine, Diane, Junon, déesse qui présidait aux accouchements. — R. lux, lucis le jour, la lumière; par abréviation de Lucina, luna. Λυχανος lucerna; leuchten luire, briller, éclairer, resplendir; angl. lighten éclairer, réjouir.

439.

לבנה (LBNE) arbor quam populum vocant. — R. בול palus, truncus, pullulans arbor; נבע emanavit, ebullivit. — Πολλον beaucoup, de beaucoup, très. Angl. leven levain. Ind. PHULLAN bourgeon, fleur. Populus peuplier; populus peuple, multitude, essaim; pullus, pullulans, pulsus; πολλος, πολυς multus, frequens, copiosus; πολλη puls, de la bouillie; Poppel peuplier; Pappe bouillie; Popel peuple; angl. poplar peuplier; people peuple; pap bouillie; ital. popol bianco peuplier, populus alba; popolo peuple; pappa papin; тополь peuplier; поселенцы peuplade; полню remplir, emplir; полно pleinement, plein; παλυντη polenta à παλυνω. (Voy. לבב.)

441.

לבונה (LBUNE) thus purum, à לבנון Libano, monte feraci arborum thuriferarum.— R. חלב lac, pinguedo, arvina medulla. הבן l'ébène, l'ébénier. — Λιβανωτος encens; ливанъ encens.

הלבנה (ELBNE) aroma galbane. Judæi thus à Libano monte, cui forsan ipsi nomen factum est ob nives suas perpetuas, ut Alpes dictæ ab eodem nivorum albore.

442.

לבן (LBN) laterem fecit, indè לבנה later, lapis coctus, in const. לבנת lapis lateritius, secundum alios species lapidis saphirini, indè מלבן; et dicit Kimhi quod sit cæmentum, undè fiunt lateres, vel est cæmentum quod fit ex calce et arenâ. — R. לבב coquere. אבן lapis. — Πολινθοω lateribus conficio. — R. πολιν τονοω urbem firmo. Πολιζω urbem condo, statuo; laben fortifier; Backstein brique. R. Stein backen cuire la pierre.

443.

נבל (NBL) est כלי זמר musicum instrumentum, psalte-

438.

נבל (NBL) defluxit, expalluit, emarcuit; item abjecit, dejecit, humiliavit; נבלה cadâver, corpus collapsum et marcidum, in const. נבלת. R. כלה consummavit, finivit; בלה inveteravit, consenuit; πολιος senilis, canus; φαλανθος canus; φαλαινα cicindela quæ noctu lucernis advolat; angl. villanous bas, vilain, scélérat; slovenly vilenie; ital. villana, villania; Wolfeile vilitas.

נבל (NBL) stultè agere, marcessere; נבל stultus, insipiens, stolidus; נבלה stultitia, nequitia, nefas; res turpis et inconveniens. — R. הבל vanitas, fatuitas. — Глупой sot; νηπελει nequit, invalidus est, à νη et πελω. Νηπιος imprudens, stultus; esp. neblina, confusion, obscurité dans les choses dont on traite.

440.

נבל (NBL) pluvia, inundatio.— R. נהל fluvius, torrens; בול mensis october in quo fit inundatio pluviarum. — Νεφελη nebula; ital. nuvola; esp. nublo nuée, nuage; angl. nubilous sombre, nébuleux; Nebel; облакь nuée; Wolcken nuages; Volkchen petit peuple, populace. R. Volk kein; наводненїе l'inondation. Ind. PALAN fange, marais. Ex. : ομβρια imbrium copia.— R. βρι valdè, ομας universitas; pluo pleuvoir; plus πλεων; βλυω, βλυζω pluo. רביב gouttes de pluie; רבב multiplier.

נבל (NBL) uter, lagena, vasculum.— Πλυνος labrum ubi lavatur; βαλανευω aquam lavantibus affundo; balneum; ampulla; ital. bolla une ampoule, bouteille que fait l'eau en pleuvant; ital. ampolla; esp. id.; ванна bain; булла bulle; Bulle.

Rapprochement. — Λυκη lux quia alba; λευκος albus, serenus; λευκοθεα albuna, mater matutina; λευκη populus alba, vitiligo alba; λευκιον arbor in Lycia proveniens, ejus arboris succus; λυγη obscuritas, tenebræ, etc.

rium, alii lute quod concham vocant. — R. נחילה nomen instrumenti musici; נחילות id.; אבל funiculus; אבל lamentatus est, planxit. — Ναβλιον instrumentum musicum, quod aliàs psalterion dicitur; hinc τηνελλα lyræ harmonia. Nablia vero ita dicta quod utrium formam haberent, undè et utriculi dicebantur.

444.

נזל (NZL) fluxit, defluxit, stillavit; indè הזיל fluere fecit seu produxit aquam; נזלים fluenta, rivi; hinc etiam putant derivari מזלות, quod planetæ in cursu suo fluere videantur. — R. אזל fluxit; נחל fluvius, torrens. — Ναυστολια navigatio; ναυτελος nauticus; ναυλος naulum, vecturæ pretium; ναυσθλοω naulo, navem conscendo (Voyez מנעליך, n° 432.)

445.

נטל (NTL) tulit, levavit; הטיל projecit, item collisit, conquassavit, à radice טיל. R. טלטל projecit. — Ελατινη rave sauvage; ελατινος de sapin, de palmier; ελατινη herbæ nomen. R. Θαλλω pousser, verdir; Θαλυνω chauffer, brûler; ελαυνω pousser en avant, inciter, aiguillonner; hinc tolutaris equus cheval qui va l'amble; молоченїе l'action de fouler le blé; молченїе l'action de piler, de concasser.

446.

נטל (NTL) imposuit alicui seq. על; indè נטל, id. quod משא pondus, onus, gravitas. נטיל interpretatur נושא ferens, onustus. — R. תלל cumulavit, acervavit. — Ατλας, ατλαντος; lat. atlas. R. τλαω p. ταλαω suffero, tollo, sustineo. Tholus bâtiment rond, voûte d'un temple, maison ronde voûtée; молща l'épaisseur; молщина grosseur, corpulence. Hinc τελαμωνες telamones statuæ gibbosæ quæ videntur columnas sustollere vel ædes.

CAPUT XLVII.

נ EN. מ META.

Νεμεθω pasco, depascor; μεταναιετης incola.

447.

מן (MN) à vel ab, è vel de; מאין undè. — מן est cibus quo filii Israel quondam in deserto pascebantur; μαν pro μαννα manna; Manna; angl., esp. et ital. manna; манна. — Ναμα fluentum, ex ναω, ναιω fluo; mano couler, sortir goutte à goutte; emano, manatio; angl. to emanate; esp. emanar, emanacion; ital. emanatione; истеченїе. — R. עין fons, scaturigo aquæ.

מן (MN) id. quod מי qui, quæ, quis, quid. — R. הן en, ecce; הנה illæ, istæ; אם si. — Μιν ipsum, ipsam; man on, l'on; Mann homme; saxon Man, Mon homo; angl., belge, all. Man, Mann; dan. Mand; ital. mona, d'où monaca, etc.; Мущина homme. Ind. MANAS.

449.

מנית (MNIT) est locus quidam ubi crescit optimum triticum; alii dicunt esse genus frumenti, alii milium interpretantur. מענה capitur pro mensurâ vel spatio terræ, quod jugo boum in die uno arari potest. — R. נאות arva; מאה centum. — Νομη pabulum, res pecuniaria, provincia, præfectura, possessio legitima; μνασιον mensuræ genus duorum modiorum capax; Manlehn fief; Munze mon-

Μετανaιετης exul, μετανεμω divido.

448.

מנע (MNO) prohibuit, vitavit, abnuit, privavit, impedivit. מניעה prohibitio, impedimentum. — R. מהמה tardavit, distulit, dissimulavit; נוא prohibuit, impedivit. Μηον, μειον minus; μονοω solum reliquo, destituo; μανος rarus, laxus; lat. nemo personne; niemand; ital. nimmo; немного peu, un peu; немогу être malade; немощь la maladie, l'infirmité; esp. nimiedad petitesse. Ind. MAN restreindre. En français le mot personne aliquis et personne nemo, correspond à מן quis et מאן renuit.

מאן (MAN) renuit, noluit, recusavit, in fem. מאנה; hinc adv. מאן nolens; мѣна le troc, le change.

חנם (ANM) gratis, frustrà, supervacuè; id. quod בלי סבה sine causâ, absque occasione, demptâ causâ; et est mem finale littera hæmantica in ipso verbo. — R. הניח, ינח dimisit; אין non, haud.

מנח (MNA) locus dimissus. — R. הנח dimissus est. Μονωτι solitariè, clam; νεμεσιη, νεμεια ex νεμος nemus.

naie ; angl. money ; esp. moneda ; ital. moneta ; belge Munte ; монета ; νομισμα, nummus, etc.

מאן chald. vas, in pl. מאני, מאניא et מאנין vasa. — Μανης, ου, vasis genus.

אמון (AMUN) id. quod המון multitudo hominum. — Mons mont ; ital., esp. monte ; angl. mount. Promettre monts et merveilles ; sax. manig multus ; esp. nimio excessif ; lat. nimius ; angl. many plusieurs, beaucoup. Maint en vieux français beaucoup. Ind. MANAN quantité, munio munir.

המן verbaliter sumptum, capitur pro ditescere et augescere in bonis ; мамона der Mammon, mammone trésors, richesses du monde. — R. הון divitiæ ; מאה centum.

מתנה (MTNE) pars, munus. מנה (MNE) est libra, talentum, mina, pondus certum. — Μνα, ας, mina ; esp. mina ; pièce de monnaie chez les anciens, qui pesait chez les Grecs cent drachmes ou une livre ; Mine mine d'or, d'argent. Ind. MANAN mesure. Min est pondus quo omnia Persæ ponderant.

450.

מנה (MNE) idem quod הזמין præparare, decernere, constituere. — R. און labor, fortitudo ; ענין occupatio, labor, negotium ; עים fortitudo. — Νεμω tribuo, pasco, rego, guberno ; munia, munio ; муниція munition.

מנה (MNE) numeravit, computavit, chaldaicè מנא ; indè מנין numerus, computus ; id. מני ut scilicet capiatur pro numero septem erraticarum stellarum. Νεμη distributio ; Νεμεσις Nemesis la fortune ; מנה et מתנה pars, sors, munus ; lat. munus, munero récompenser ; numero nombrer ; Nummer ; нумерь numero ; angl. numeral. Ind. MAN penser, ressentir ; MAN informer, avertir ; MANAS esprit ; μενος. אמון pædagogus, alumnus ; νομευς pastor ; νομος lex, institutum.

451.

נום et נם (NUM, NM) dormire, citra vehementiam dormitare, indè נומת et תנומה dormitatio, in pl. תנומות. — R. עמם opertus est, obtenebratus est ; תנואה cessatio, recessus. — Μυνη excusatio, mora ; μυνδος mutus ; somnus ; ital. sonno ; angl. somnolency assoupissement ; дреманïе l'assoupissement ; умедльнïе retard.

452.

אמנה (AMNE) superliminare, columna. — R. אמה superliminare, postis, frons. אמה locus testudinis sub quo postes januæ locabantur. מני juxta Rabbi David est nomen stellæ ; alii exponunt pro septem stellis planetarum quod sint מנוים speciosæ, vel in certo numero. — Μανα, μηνη luna ; ital. nume, numine déité ; lat. numen ; sax. Mana ; angl. moon ; belge Möne ; dan. Maane ; all. Mund lune. Quin etiam apud Sinas min est claritas, maximè lunæ. Gall. mine, air, aspect ; miene ; мигь. מין species, genus ; מון indè תמונה forma, figura, effigies, imago.

מנה, in pl. מנים (MNE, MNIM) vices seu partes temporis. — Μην, μηνος mensis, μηνυω indico, significo ; μανυω indico ; russe манение le signe ; Monath mois ; angl. moneth ; dan. Maanet ; belge Maendt ; undè manacus et à dialecto arabicâ almanachi almanacs, ou éphémérides lunaires.

מנחה (MNAE) capitur pro tempore sacrificii matutini ; mane le matin, esp. la mañana le matin, le commencement du jour : ital. la mattina.

453.

ימין (IMIN) dextra (manus) ; nonnunquàm usurpatur pro כח virtute : manus pouvoir, puissance, disposition. Esp. mano puissance, autorité ; maña dextérité, habileté ; ital. la mano la main droite ; allem. nehmen prendre, accepter ; belg. nemen maniement ; esp. manejo ; angl. manner manière, façon, Manier ; иманïе l'action de saisir, prendre (ימין n° 283). אמן artifex excellens ; minister ministre, министрь ; ministrare. ימין accipitur pro meridie

454.

הימין dextraxit, ad dexteram declinavit ; αμενηνοω debilito, comminuo ; μινυος pro μικρος exilis, parvus ; μινυθω minuo ; миий le cadet ; меньше moins, plus petit ; ind. MIN'AS ôté, réduit, menu, délié ; esp. menudo ; ital. men, meno, minuire, sminuire ; Minute moment ; минута minute ; מימינים dextrantes, ad dexteram jacentes.

(voyez ים, ימה meridies, n° 282) ; ημινα hemina dimidium sextarii ; ημισευμα dimidia pars.

455.

אמן (AMN) veritas ; אמונה veracitas, fidelitas ; אמנה verè ; מען intentio. — R. עים fortitudo ; עם cum, in ; אין si, quod si ; ימא juravit ; μαν pro μην certè. אמן amen, נאמן firmus ; аминь ; Amen ; μενω maneo ; μενος robur, animus ; καμμονη perseverantia ; μηνιγξ meninx méninges, membranæ prohibentes ne cerebrum lædatur.

נאמן fidelis. — Μνεια souvenir ; αμυνω secourir, s'armer pour la défense, combattre pour ; esp. miente mémoire, souvenance ; поминаю se ressouvenir, faire mention ; поможе́ніе l'action d'aider, d'assister ; ind. NAM s'incliner, adorer.

457.

נאם edixit, oracula fudit. — R. ענה laudavit, resonavit ; ימא juravit ; ονομα nom, cause, raison ; Name nom ; nennen nommer, appeler, dire ; ital. nome ; angl. name ; ind. MAN informer, avertir ; NAMAN nom, NAM énoncer ; наименовать nommer, именую nommer ; meinen penser, estimer, croire ; belge meinen, indè mens, etc.

מין (MIN) instrumentum musicum ; מנענעים cistra ; מנים psalterium ; имнь, υμνος hymnus, carmen in honorem Dei scriptum ; νομος cantilena ; μαγιζειν magade instrumento musico uti ; μαγετας incantans blando carmine demulcens ; внимаю louer.

456.

אמן (AMN) probabile fuit. — R. אם si, sive, an, utrum ; μην quidem ; μαν, μην tamen ; man mais, seulement.

חמן (AMN) simulacrum, imago, pl. חמנים, idem quod גלולים idola, ab חמה furore, sic dicta, nam cultores eorum furore agitabantur ; Rabbi Salom. vult quod habuerint figuram solis ; vel secundum Rabbi Kimhi, ità sunt vocata, quòd cultores solis fecerunt ea. — Μηνιγμα simultas, simulatus, mentitus ; ind. MANAS orgueil, passion ; μηνις ira permanens ; μηνοειδης lunatus, Eumenides ; manie, maniaque, amentia. Hieronymus ait quod transtulerunt τω δαιμονιω, in hebræo habet מני ; hinc μαινομαι furere ; μαντις poeta furens ; μαιναδες mænades.

נהם fremere, gemere, rugire ; נהמה rugitus, fremitus. — R. חמה tumultuari, strepere. — Νεμεσαω indignor ; Νεμεσις dea ultionum ; неминуемый inévitable ; ind. MANYUS ressentiment.

458.

נחם (NAM) consolari, misertus est, pepercit ; התנחם consolationem accepit, indè מנחם consolator. — R. חנן misertus est ; חן, חין gratia, deprecatio ; αμυνα propulsatio injuriæ, auxilium ; αμυνω auxilior ; hinc ניחום compassio, commotio ; angl. amnesty amnistie, pardon ; ital. amnestia ; aumône ; амнистія.

נעם placuit, jucundum fuit, pulchrum fuit ; indè נועם id. ferè quod יופי pulchritudo, suavitas ; נעים jucundus, amœnus, pulcher, delectabilis, id. נעמן ; pl. נעימים ; מנעמים deliciæ, jucunditates, delectationes. — R. נאות loca amœna. — Amœnus, amœnitas ; αμηνιτος iræ expers, placidus ; ανηνεμια tranquillitas ; ανηνεμος sine vento ; angl. amenity aménité ; ital. amenita ; esp. ameno, amenidad ; мана l'action d'attirer, l'appât.

מעונה id. quod משכן habitatio, cubile ; מעון habitaculum, id. quod מקום מחסה locus refugii, in pl. מעונות à radice עון. — מנוח quies.

Μονη, ης mansio, à maneo demeure, logis (voyez נוה habitavit).

459.

הנום (ENUM) Hennom, qui locus erat ubi Israelitæ filios suos Baali immolabant ; undè גיא הנום vallis filiorum Hennom, dicta est quòd filii essent gemitum ; hinc gehenna vallée d'horreur, de larmes ; геенна l'enfer ; γεεννα gehenne, d'où gêne, être à la gêne.

נחם (NAM) doluit, pœnituit, compunctus est, in passivo נחם pro ננחם ; accipitur etiam pro comminari ; Onkelos insidiari exponit. — R. און dolor, mœror, luctus ; ינה contristavit, afflixit, vim fecit ; המם fremuit, conturbavit ; ανομεω iniquè ago ; ανομια iniquitas ; ανομημα peccatum ; намучаю troubler.

מונים hostes, Rabbi Kimhi exponit violentiam inferentes. — R. ינה delevit, et חמה furor, ira. — Inimicus ; angl. enemy ; ital. nemico ; esp. enemigo ennemi.

המון sonitus, tumultus, fremitus ; item multitudo, vulgus, divitiæ, copia ; המנים populi. — R. המם fremuit, conturbavit, tumultum fecit ; הום tumultuosè egit.

RÉSUMÉ.

מן à vel ab, è vel de. מאין indè ; מן est cibus quo filii Israel quondam in deserto pascebantur ; מן id. quod מי quis, quæ, quid. מנית est locus quidam ubi crescit optimum triticum ; alii dicunt esse genus frumenti ; alii milium interpretantur ; מענה capitur pro mensurâ vel spatio terræ, quod jugo boum in die uno arari potest ; אמון multitudo hominum ; מתנה pars, munus ; מנה præparare, constituere ; אמון pædagogus, alumnus ; מנה numeravit, computavit ; indè מנין numerus, computus, id. מני, ut scilicet capiatur pro numero septem erraticarum stellarum. מני juxta Rabbi David est nomen stellæ ; מנה, in pl. מנים vices seu partes temporis ; מנחה capitur pro tempore sacrificii matutini ; ימין dextra (manus) ; אמן artifex excellens ; ימין accipitur pro meridie ; אמן veritas, אמנה verè ; אמונה fidelitas ; מען intentio ; אמן amen ; נאמן firmus ; נאמן fidelis ; נאם edixit ; מין instrumentum musicum ; מנענעים cistra ; מנים psalterium ; נחם consolari, misertus est, pepercit ; indè מנחם consolator ; ניחום compassio, commotio ; נעם placuit, jucundum fuit, pulchrum fuit ; נועם pulchritudo, suavitas ; נעים jucundus, amœnus, delectabilis, id. נעמן ; מעונה habitatio, cubile ; מעון habitaculum, locus refugii.

מנע prohibuit, abnuit, impedivit ; מניעה prohibitio ; מאן renuit, noluit, recusavit ; חנם gratis, frustrà, sine causâ, absque occasione ; מנוח locus dimissus, quies ; נם, נום dormire, citrà vehementiam dormitare ; indè נומת et תנומה dormitatio, somnus absque profunditate ; הימין dextraxit, ad dexteram declinavit ; מימינים dextrantes, ad dexteram jacentes ; אמן probabile fuit ; חמן simulacrum, imago, pl. חמנים idola, ab חמה furore ; נחם fremere, gemere ; נחמה fremitus, rugitus ; הנום Hennom, qui locus erat ubi Israelitæ filios suos Baali immolabant ; נחם doluit, pœnituit, compunctus est ; in passivo נחם pro ננחם ; accipitur etiam pro comminari ; Onkelos insidiari exponit. מונים hostes, Kimhi exponit violentiam inferentes ; המון sonitus, tumultus, fremitus ; it. multitudo, vulgus, divitiæ, copia ; חמנים populi.

460.

אגמון juncus, carectum. — R. גמא juncus, arundo, nº 293.

מגן (MGN) defendit, protexit, it. tradidit ; sic Kimhi interpretatur נתן et מסר ; indè מגן protector, in pl. מגנים, id. quod שרים principes ; it. clypeus, scutum. — R. גנן protexit, obtexit ; מג magus ; magnus ; ital. magno, magnati potentats ; esp. magnate qui est des premiers, qui est des principaux d'une ville ; lat. magnates ; angl. magnitude grandeur ; all. Magnaten les grands ; магистрать le magistrat.

מגנות (MGNUT) capitur pro squamis quæ sunt fortes ut scutum ; at quum significat protectionem vel scutum, magis est à גנן protexit. — Μαγγανα vas vinarium ligneum ; Magen estomac, ventricule ; мамонь estomac ; стомахь idem ; esp. magacen, almagazen magasin. Ex. : vas, vasis un vase, un vaisseau ; vas, vadis répondant, caution, garant.

461.

מנדה (MNDE) est genus tributi, secundum Rabbi Salomonem ·מס מן הרכוש. — R. חמן ditescere ; נד cumulus, collectio. — Νεμησις distributio ; νεμεσις ultio, indignatio.

463.

זמן (ZMN) tempus constitutum, et verbaliter זמן statuit, constituit ; זמנא tempus ; הזמין paravit ; in hithpael הזמן paravit se ; מזומן paratus. — R. מנה compter, établir ; מני

462.

דמן (DMN) sterquilinium, stercus, fimus, id. ·מדמנה — R. נדה fluxus, abominatio, immunditia. — Μυδαινω putrefacio ex nimio humore. Immonde, immondices ; esp. et ital. immundo, immundicia ; lat. immundus, immundities ; mundare ; esp. mondar ; mundus clair, net ; mundus l'univers, etc.

lune; זמם avertit, statuit. — Σημαινω signum do, significo, præcipio, impero, obsigno; σημειον signum, nota, indicium; angl. samness identité, répétition; знаме́нїе signe.

נזם (NZM) est חלי האף ornamentum faciei, inauris, sicut et pro ornamento aurium invenitur, in pl. נזמים. — R. אזן oreille; מני lune. — Ενωτιον, id. ενωτη inauris (voyez מזל; σεληνη luna, σεληνις lunula).

464.

המניכא torques, ornamentum colli, id. quod רביד. — R. מני lune; כן, כון paratus fuit; הכין disposuit, ordinavit. — Μανιακης torques; μανιακ tortile, circulus quasi à μηνη luna; μηνισκος lunula, ornamentum; undè lat. lemniscus; монисто un collier; esp. meniscos lunula; hinc μναω, μναομαι uxorem ambio, nuptias duco, à μηνη luna, Juno Lucina, nuptiarum præses. Conveniunt græca recentiora μανακιον, μανιακης armillæ ad manus; undè meniques, menicles, menottes quo manus constringuntur (ענק torques, torque cingere).

466.

כמון (CMUN) cyminum, semen notum quo utuntur homines pro condimento. — Angl. cumin; ital. cumino; Kümmel, кминъ, cumin.

467.

למען (LMON) propter, idcirco. — R. מען intentio; μαλλον magis; נמלה formica. — R. מלה sonitus seu strepitus multitudinis; מלא implevit, replevit; אמלה excisa. — Manalis qui coule; manalis fons une fontaine d'où l'eau coule toujours; wimmeln fourmiller. — Μυρμος formica; муравей id.; angl. pismire; Μυρμιδονες Myrmidones milites Achillis; μυρμηκια multitudo, locus in quem confluunt innumeri; formicatio fourmilière; formicans qui fourmille; Ameise fourmi; amas. — מנלה possessio, opes, divitiæ.

465.

מכמן (MCMN) thesaurus, à verbo כמן recondidit. — Crumena bourse. R. κρυπτω abscondo, occulto, tego. — Κειμηλια reconditæ et pretiosæ res.

מכון habitaculum (R. כון, n° 425).

468.

אלמן (ALMN) viduus, in fæm. אלמנה, pl. אלמנות; אלמן viduitas; μοναυλια vita solitaria, cœlibatus; μωλυνω marcesco, decipio. — R. אמלה excisa, desolata; מנע prohibuit, privavit; маленькой petit, малю diminuer, маломощїе l'impuissance, la faiblesse.

נמל id. quod קוץ et קצר succidit, amputavit. — R. מלל succidit, abscidit. — Μελανια nigredo; λημνιος lemnius, improbus, audax, atrox, ater.

מנלה (MNLE) consommation, achèvement; λυμεων perditor, corruptor, pestis, noxa; λυμαινω purgo, vasto.

מנעל (MNOL) verrou, serrure (voyez נעל obserare, obsignare); אלמני sic vocatur cujus nomen obticetur. — R. אלם obmutescere; αλημων vagus, erro, etc.

www.ingramcontent.com/pod-product-compliance
Ingram Content Group UK Ltd.
Pitfield, Milton Keynes, MK11 3LW, UK
UKHW020225220726
13923UKWH00002B/520